빠른 시 작

중학 국어 **문학 독해**

3

▌중학 국어 빠작 시리즈

비문학 독해 0, 1, 2, 3 ┃ 독해력과 어휘력을 함께 키우는 독해 기본서

문학 독해 1, 2, 3 ┃ 필수 작품을 통해 문학 독해력을 기르는 독해 기본서

문학x비문학 독해 1, 2, 3 ┃ 문학 독해력과 비문학 독해력을 함께 키우는 독해 기본서

고전 문학 독해 ┃ 필수 작품을 통해 고전 문학 독해력을 기르는 독해 기본서

어휘 1, 2, 3 ┃ 내신과 수능의 기초를 마련하는 중학 어휘 기본서

한자 어휘 ┃ 한자를 통해 중학 국어 필수 어휘를 배우는 한자 어휘 기본서

첫 문법 ┃ 중학 국어 문법을 쉽게 익히는 문법 입문서

문법 ┃ 풍부한 문제로 문법 개념을 정리하는 문법서

서술형 쓰기 ┃ 유형으로 익히는 실전 TIP 중심의 서술형 실전서

▌이 책을 쓰신 선생님

남궁민(와부고) 박종혁(보성중) 이원영(배명고) 이은정(신천중) 이재찬(수락고) 이창우(중산고) 정철(중산고) 허단비(전 인화여중)

빠른시작
빠작

중학 국어
문학 독해

3

차례 CONTENTS

구성과 특징 STRUCTURES

1 개념 잡기

갈래별 핵심 개념을 한눈에 정리!

*소설, 시, 수필, 극의 각 갈래별로 꼭 알아야 할 기본 개념을 먼저 익힐 수 있습니다.

*갈래별 기본 개념을 미리 정리해 두면 앞으로 작품들을 분석하고 이해하는 데 큰 도움이 됩니다.

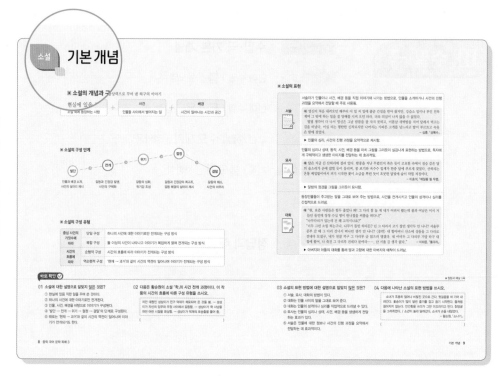

2 작품 미리 보기

소설 전문(全文) 읽기의 부담감 해소!

*소설의 경우, 각 구성 단계별 중심 내용을 바탕으로 자세한 전체 줄거리를 제시했습니다.

*시험에 꼭 나오는 핵심 장면을 출제 이유와 함께 제시하여 작품의 핵심 내용을 더욱 쉽게 이해할 수 있습니다.

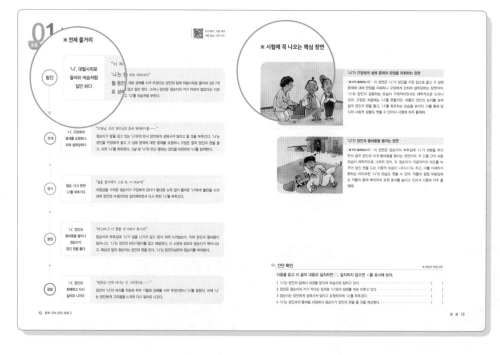

❸ 작품 살펴보기

내신과 수능에서 다루는 작품들을 한발 앞서 준비!

*중·고등 교과서 수록 작품, 수능 및 모의고사 기출 작품 등 필수 문학 작품을 수록하였습니다.

➕ 빠작ON⁺

*빠른 채점, 작품 해제, 배경지식 영상 자료, 추가 어휘 퀴즈를 온라인으로 이용할 수 있습니다.

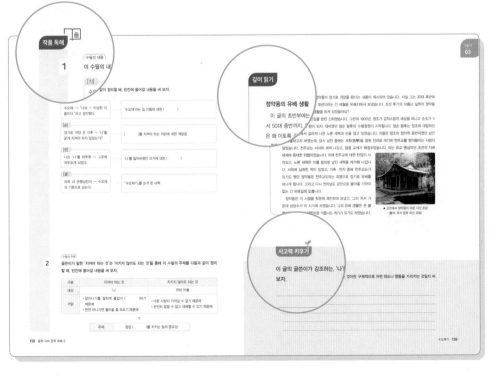

❹ 확장하기

작품 이해와 함께 사고력 향상!

*작품 독해 포인트를 통해 독해 방법을 자연스럽게 익힐 수 있습니다.

*'깊이 읽기'와 '사고력 키우기'를 통해 확장 학습을 할 수 있습니다.

I

소설

✺ 소설의 개념과 구성 요소

현실에 있음 직한 일을 작가의 상상력으로 꾸며 낸 허구의 이야기

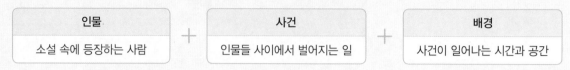

인물		사건		배경
소설 속에 등장하는 사람	+	인물들 사이에서 벌어지는 일	+	사건이 일어나는 시간과 공간

✺ 소설의 구성 단계

발단	전개	위기	절정	결말
인물과 배경 소개, 사건의 실마리 제시	갈등과 긴장감 발생, 사건의 구체화	갈등의 심화, 위기감 조성	갈등과 긴장감의 최고조, 갈등 해결의 실마리 제시	갈등의 해소, 사건의 마무리

✺ 소설의 구성 유형

중심 사건의 가짓수에 따라	단일 구성	하나의 사건에 대한 이야기로만 전개되는 구성 방식
	복합 구성	둘 이상의 사건이 나타나고 이야기가 복잡하게 얽혀 전개되는 구성 방식
시간의 흐름에 따라	순행적 구성	시간의 흐름에 따라 이야기가 전개되는 구성 방식
	역순행적 구성	'현재 → 과거'와 같이 시간의 역전이 일어나며 이야기가 전개되는 구성 방식

바로 확인 ✓

01 소설에 대한 설명으로 알맞지 않은 것은?

① 현실에 있음 직한 일을 꾸며 쓴 것이다.
② 하나의 사건에 대한 이야기로만 전개된다.
③ 인물, 사건, 배경을 바탕으로 이야기가 구성된다.
④ '발단 → 전개 → 위기 → 절정 → 결말'의 단계로 구성된다.
⑤ 때로는 '현재 → 과거'와 같이 시간의 역전이 일어나며 이야기가 전개되기도 한다.

02 다음은 황순원의 소설 「학」의 사건 전개 과정이다. 이 작품의 시간의 흐름에 따른 구성 유형을 쓰시오.

치안 대원인 성삼이가 친구 덕재가 체포되어 온 것을 봄. → 성삼이가 자신의 임무와 우정 사이에서 갈등함. → 성삼이가 학 사냥을 하던 어린 시절을 회상함. → 성삼이가 덕재의 포승줄을 풀어 줌.

( )

✎ 소설의 표현

서술	서술자가 인물이나 사건, 배경 등을 직접 이야기해 나가는 방법으로, 인물을 소개하거나 사건의 진행 과정을 요약해서 전달할 때 주로 사용됨. 예 영신이 처음 내려오던 해부터 이 일 저 일에 줄곧 간섭을 받아 왔지만, 강습소 일이나 부인 친목계며 그 밖에 하는 일을 잘 양해를 시켜 오던 터라, 더욱 의심이 나지 않을 수 없었다. 　별별 생각이 다 나서 영신은 그날 밤잠을 잘 자지 못하고, 이튿날 새벽밥을 지어 달래서 먹고는 길을 떠났다. 이십 리는 평탄한 신작로지만 나머지는 가파른 고개를 넘느라고 발이 부르트고 속옷은 땀에 젖었다. 　　　　　　　　　　　　　　　　　　　　　　　　ㅡ 심훈, 「상록수」 ▶ 인물의 심리, 사건의 진행 과정을 요약적으로 제시함.
묘사	인물의 심리나 상태, 동작, 사건, 배경 등을 마치 그림을 그리듯이 실감나게 표현하는 방법으로, 독자에게 구체적이고 생생한 이미지를 전달하는 데 효과적임. 예 달은 지금 긴 산허리에 걸려 있다. 밤중을 지난 무렵인지 죽은 듯이 고요한 속에서 짐승 같은 달의 숨소리가 손에 잡힐 듯이 들리며, 콩 포기와 옥수수 잎새가 한층 달에 푸르게 젖었다. 산허리는 온통 메밀밭이어서 피기 시작한 꽃이 소금을 뿌린 듯이 흐뭇한 달빛에 숨이 막힐 지경이다. 　　　　　　　　　　　　　　　　　　　　　　　　ㅡ 이효석, 「메밀꽃 필 무렵」 ▶ 달밤의 정경을 그림을 그리듯이 묘사함.
대화	등장인물들이 주고받는 말을 그대로 보여 주는 방법으로, 사건을 전개시키고 인물의 성격이나 심리를 간접적으로 드러냄. 예 "원, 요즘 사람들은 힘두 줄었나 봐! 그 다리 첨 놀 제 내가 어려서 봤는데 불과 여남은 이서 거들던 돌인데 장정 수십 명이 한나절을 씨름을 허다니!" 　"나무다리가 있는데 건 왜 고치시나요?" 　"너두 그런 소릴 허는구나. 나무가 돌만 하다든? 넌 그 다리서 고기 잡던 생각두 안 나니? 서울루 공부 갈 때 그 다리 건너서 떠나던 생각 안 나니? 〈중략〉 내 할아버니 산소에 상돌을 그 다리로 건네다 모셨구, 내가 천잘 끼구 그 다리루 글 읽으러 댕겼다. 네 어미두 그 다리루 가말 타구 내 집에 왔어. 나 죽건 그 다리루 건네다 묻어라……. 난 서울 갈 생각 없다." 　　ㅡ 이태준, 「돌다리」 ▶ 아버지와 아들의 대화를 통해 땅과 고향에 대한 아버지의 애착이 드러남.

■ 정답과 해설 1쪽

03 소설의 표현 방법에 대한 설명으로 알맞지 않은 것은?

① 서술, 묘사, 대화의 방법이 있다.
② 대화는 인물 사이의 말을 그대로 보여 준다.
③ 대화는 인물의 성격이나 심리를 직접적으로 드러낼 수 있다.
④ 묘사는 인물의 심리나 상태, 사건, 배경 등을 생생하게 전달하는 효과가 있다.
⑤ 서술은 인물에 대한 정보나 사건의 진행 과정을 요약해서 전달하는 데 효과적이다.

04 다음에 나타난 소설의 표현 방법을 쓰시오.

소녀가 조용히 일어나 비탈진 곳으로 간다. 뒷걸음을 쳐 기어 내려간다. 꽃송이가 많이 달린 줄기를 잡고 끊기 시작한다. 좀처럼 끊어지지 않는다. 안간힘을 쓰다가 그만 미끄러지고 만다. 칡덩굴을 그러쥐었다. / 소년이 놀라 달려갔다. 소녀가 손을 내밀었다.
　　　　　　　　　　　　　　ㅡ 황순원, 「소나기」

(　　　　　　　　　　　　　　　)

※ 소설의 인물 제시 방법

직접적 제시(말하기)	간접적 제시(보여주기)
• 서술자가 인물의 심리와 성격 등을 분석하여 독자들에게 직접 설명하는 방법 • 인물에 대해 간단명료하게 요약하며 설명할 수 있으나 독자의 상상력을 제한할 수 있음.	• 인물의 말과 행동을 통해 인물의 심리와 성격 등을 간접적으로 드러내는 방법 • 극적 효과를 높이고 독자의 상상력을 자극할 수 있지만, 사건 진행이 느리고 표현상의 제약이 있음.

※ 소설의 배경

인물의 행위와 사건이 일어나는 시간과 공간 등의 구체적인 정황

자연적 배경	인물이 행동하고 사건이 일어나는 구체적인 시간과 장소(공간)
사회적 배경	인물을 둘러싼 사회 현실과 역사적 상황

▼

배경의 효과	• 작품 전체의 분위기를 조성함. • 현실감을 부여하여 사실성을 높임. • 인물의 심리나 앞으로의 사건 전개 방향을 암시하기도 함.

예 선술집은 훈훈하고 뜨뜻하였다. 추어탕을 끓이는 솥뚜껑을 열 적마다 뭉게뭉게 떠오르는 흰 김, 석쇠에서 빠지지 빠지지 구워지는 너비아니며, 굴이며, 제육이며, 간이며, 콩팥이며, 북어며, 빈대떡…… 이 너저분하게 늘어놓인 안주 탁자, 김 첨지는 갑자기 속이 쓰려서 견딜 수 없었다.　　　　－ 현진건, 「운수 좋은 날」

▶ 선술집의 모습을 구체적으로 밝혀 현실감을 부여하고 사실성을 높임.

예 참 먹장구름 한 장이 머리 위에 와 있다. 갑자기 사면이 소란스러워진 것 같다. 바람이 우수수 소리를 내며 지나간다. 삽시간에 주위가 보랏빛으로 변했다.
　　　　　　　　　　－ 황순원, 「소나기」

▶ 작품의 분위기를 조성하고, 앞으로 좋지 않은 일이 있을 것임을 암시함.

바로 확인 ✓

05 다음은 소설에서 인물을 제시하는 방법에 대한 설명이다. 빈칸에 들어갈 내용을 순서대로 쓰시오.

> 소설에서는 (　　　　)가 인물의 심리와 성격을 직접 설명하기도 하고, 인물의 말과 (　　　　) 등을 통해 간접적으로 인물의 심리와 성격을 드러내기도 한다. 전자를 직접적 제시, 후자를 간접적 제시라고 한다.

06 소설의 배경에 대한 설명으로 알맞지 않은 것은?

① 작품 전체의 분위기를 조성한다.
② 현실감을 부여하여 사실성을 높인다.
③ 사건이 일어나는 시간이나 공간 등과 관련된다.
④ 인물의 심리나 앞으로의 사건 전개 방향을 암시한다.
⑤ 사건 전개 과정에서 인물의 성격을 입체적으로 변화시킨다.

✹ 소설의 시점

1인칭 주인공 시점	작품 속 주인공인 '나'가 자신의 이야기를 하는 시점. 주인공의 심리를 드러내는 데 효과적이며, 주인공이 직접 이야기를 해 주기 때문에 독자가 친근감을 느낌. 예 그래두 장인님은 놓질 않더니 내가 기어히 땅바닥에 쓰러져서 거진 까무러치게 되니까 놓는다. 더럽다, 더럽다. 이게 장인님인가? 나는 한참을 못 일어나고 쩔쩔맸다. 그러다 얼굴을 드니(눈에 참 아무것도 보이지 않았다.) 사지가 부르르 떨리면서 나도 엉금엉금 기어가 장인님의 바지가랭이를 꽉 움키고 잡아나꿨다. – 김유정, 「봄·봄」 ▶ 작품 속 주인공인 '나'가 자신이 겪은 일과 자신의 심리를 서술함.
1인칭 관찰자 시점	작품 속 주변 인물인 '나'가 관찰자의 입장에서 주인공에 대한 이야기를 하는 시점. 주인공의 심리가 직접적으로 드러나지 않으므로 독자는 주인공의 심리나 성격을 추측하여 판단하게 됨. 예 아버지는 더는 말이 없었다. 그러고는 어머니가 보아 온 밥상을 한옆으로 밀어 놓고는 쓰러지듯 방 한가운데 드러눕고 말았다. 아버지는 지금 내일부터 당장 벌이를 나갈 수 없는 아픔보다도 길들여 키워 온 노새가 가여워서 저러는지도 모를 일이었다. – 최일남, 「노새 두 마리」 ▶ 작품 속 주변 인물인 '나'가 주인공인 아버지를 관찰한 내용을 전달함.
전지적 작가 시점	작품 밖에 위치한 서술자가 전지전능한 위치에서 사건의 내막과 인물의 내면 심리까지 모두 알고 이야기하는 시점. 사건의 총체적 모습과 인물의 다양한 면모를 보여 주는 데 효과적임. 예 이때까지 술이 취하면 주정으로 이런 말을 하는 것을 듣기도 많이 하였지만 오늘은 친기라 하여 술 한 잔 안 자신 이 영감이 맑은 정신으로 여러 젊은 애들 앞에서 떠들어 놓는 것은 처음이다. 그래야 이 방중은 고사하고 이 집안 속에서 자기편을 들어 줄 사람이라고는 하나 없구나 하는 생각을 하니 상훈이는 새삼스러이 고독을 느끼고 모든 사람이 야속하였다. – 염상섭, 「삼대」 ▶ 작품 밖에 위치한 서술자가 인물의 내면 심리를 전달함.
3인칭 관찰자 시점	작품 밖에 위치한 서술자가 관찰자의 입장에서 작품 속 인물들의 행동이나 사건을 관찰하여 이야기하는 시점. 관찰한 내용을 객관적으로 전달하기 때문에 독자의 상상력을 유발할 수 있음. 예 그러다가 소녀가 물속에서 무엇을 하나 집어낸다. 하얀 조약돌이었다. 그리고는 벌떡 일어나 팔짝팔짝 징검다리를 뛰어 건너간다. / 다 건너가더니만 휙 이리로 돌아서며, "이 바보." / 조약돌이 날아왔다. / 소년은 저도 모르게 벌떡 일어섰다. – 황순원, 「소나기」 ▶ 작품 밖에 위치한 서술자가 인물의 행동을 관찰하여 전달함.

3인칭 관찰자 시점은 인물의 심리, 사건의 전개에 있어 서술자가 아무런 언급도 할 수 없기 때문에 작품 전체에 3인칭 관찰자 시점이 적용되는 경우는 극히 드물다. 이 시점은 전지적 작가 시점의 작품에서 '부분적'으로 사용되는 경우가 많다.

---

07 다음에 제시된 소설의 시점을 쓰시오.

> 동길이는 눈이 번쩍 뜨였다. 참 희한한 것을 보았기 때문이다. 저만큼 먼 거리였으나 얼른 보아 그것이 무슨 광고판이라는 것을 알 수 있었다. 〈중략〉 순간, 동길이의 가슴이 철렁 내려앉고 말았다. 뒤통수를 야물게 한 대 얻어맞은 것 같았다. 그리고 눈물이 핑 돌았다. 어처구니가 없었다. / 그 희한한 사람이 바로 아버지였던 것이다.   – 하근찬, 「흰 종이수염」

(   )

08 시점에 대한 설명이 맞으면 ○, 틀리면 ×를 표시하시오.

⑴ 1인칭 시점은 소설 밖에 위치한 서술자가 '나'로 등장한다. ┄┄┄┄ (   )

⑵ 관찰자 시점의 작품은 독자로 하여금 인물의 심리나 성격을 상상하고 추측하게 한다. ┄┄┄┄ (   )

⑶ 전지적 작가 시점은 사건의 총체적 모습과 인물의 속마음 등 다양한 면모를 보여 주기에 효과적이다. ┄┄┄┄ (   )

01 봄·봄 | 김유정

📖 전체 줄거리

발단

'나', 데릴사위로 들어와 머슴처럼 일만 하다

"이 자식아! 성례구 뭐구 미처 자라야지!"

'나'는 점순이가 자라는 대로 성례를 시켜 주겠다는 장인의 말에 데릴사위로 들어와 3년 7개월 동안 돈 한 푼 받지 않고 일만 한다. 그러나 장인은 점순이의 키가 자라지 않았다는 이유로 성례를 계속 미루고, '나'를 머슴처럼 부린다.

전개

'나', 구장에게 중재를 요청하나 되려 설득당하다

"구장님, 우리 장인님과 첨에 계약하기를……."

점순이가 밭을 갈고 있는 '나'에게 와서 장인에게 성례시켜 달라고 할 것을 부추긴다. '나'는 장인을 구장에게 끌고 가 성례 문제에 대한 중재를 요청하나 구장은 결국 장인의 편을 들고, 되려 '나'를 회유한다. 그날 밤 '나'와 만난 뭉태는 장인을 비판하며 '나'를 질책한다.

위기

점순, 다시 한번 '나'를 부추기다

"쇰을 잡아채지 그냥 둬, 이 바보야!"

아침상을 가져온 점순이가 구장에게 갔다가 별다른 소득 없이 돌아온 '나'에게 불만을 드러내며 장인의 수염이라도 잡아채라면서 다시 한번 '나'를 부추긴다.

절정

'나', 장인과 몸싸움을 벌이나 점순이가 장인 편을 들다

"에그머니! 이 망할 게 아버지 죽이네!"

점순이의 부추김에 '나'가 일을 나가지 않고 멍석 위에 드러눕는다. 이에 장인과 몸싸움이 일어나고, '나'는 장인의 바짓가랑이를 잡고 매달린다. 이 소란에 장모와 점순이가 뛰어나오고, 예상과 달리 점순이는 장인의 편을 든다. '나'는 망연자실하여 점순이를 바라본다.

결말

'나', 장인과 화해하고 다시 일터로 나가다

"빙장님! 인제 다시는 안 그러겠어유……."

장인이 '나'의 머리를 치료해 주며 가을에 성례를 시켜 주겠다면서 '나'를 달랜다. 이에 '나'는 장인에게 고마움을 느끼며 다시 일터로 나간다.

'나'가 구장에게 성례 문제의 판정을 의뢰하는 장면

(왜 자주 출제되는가?) 이 장면은 '나'가 장인을 구장 집으로 끌고 가 성례 문제에 대해 판정을 의뢰하나 구장에게 오히려 설득당하는 장면이야. '나'와 장인이 갈등하는 모습이 구체적이면서도 해학적으로 드러나 있어. 구장은 처음에는 '나'를 편들지만, 마름인 장인의 눈치를 보며 결국 장인의 편을 들고, '나'를 회유하는 모습을 보이지. 이를 통해 당시의 사회적 상황도 엿볼 수 있어서 시험에 자주 출제돼.

'나'가 장인과 몸싸움을 벌이는 장면

(왜 자주 출제되는가?) 이 장면은 점순이의 부추김에 '나'가 꾀병을 부리면서 결국 장인과 크게 몸싸움을 벌이는 장면이야. 두 인물 간의 싸움 모습이 해학적으로 그려져 있어. 또 점순이가 지금까지의 태도를 바꾸어 장인 편을 드는 이중적 모습이 나타나기도 하고, 이를 이해하지 못하는 어리숙한 '나'의 모습도 엿볼 수 있어. 작품의 절정 부분임에도 작품의 끝에 배치되어 표현 효과를 높이고 있어서 시험에 자주 출제돼.

간단 확인
■ 정답과 해설 2쪽

다음을 읽고 이 글의 내용과 일치하면 ○, 일치하지 않으면 ✕를 표시해 보자.

1 '나'는 장인의 집에서 새경을 받으며 머슴으로 일하고 있다. ·········· (　　)
2 장인은 점순이의 키가 작다는 핑계로 '나'와의 성례를 계속 미루고 있다. ·········· (　　)
3 점순이는 장인에게 성례시켜 달라고 요청하라며 '나'를 부추겼다. ·········· (　　)
4 '나'는 장인과의 몸싸움 과정에서 점순이가 장인의 편을 들 것을 예상했다. ·········· (　　)

봄·봄

모의평가 출제 작품

발단 — 전개 — 위기 — 절정 — 결말

'나'가 뭉태와 점순이의 충동질로, 성례시켜 달라고 꾀병을 부리며 장인과 몸싸움을 벌이는 상황이다.

김유정(1908~1937)
일제강점기 소설가이다. 대표 작품으로 「금 따는 콩밭」, 「만무방」, 「동백꽃」, 「떡」 등이 있다.

| 작품 개관 |
· **갈래**: 현대 소설, 단편 소설
· **성격**: 해학적, 토속적
· **시점**: 1인칭 주인공 시점
· **배경**: 1930년대, 강원도 농촌

◆
뱀이 상하다 '뱀'은 '배알'의 준말. '배알'은 '창자'의 비속어. 마음이 상하다.
전수히 '전수이'의 잘못된 표기. 모두 다.
샐쭉하다 샐쭉하다. 마음에 차지 아니하여서 약간 고까워하는 태도가 드러나다.

ⓐ별의별 소리를 다 해서 그대로 옮길 수는 없으나 그 줄거리는 이렇다⋯⋯.

우리 장인님의 딸이 셋이 있는데 맏딸은 재작년 가을에 시집을 갔다. 정말은 시집을 간 것이 아니라 그 딸도 데릴사위를 해 가지고 있다가 내보냈다. 그런데 딸이 열 살 때부터 열아홉, 즉 십 년 동안에 데릴사위를 갈아들이기를, 동리에선 사위 부자라고 이름이 났지마는 열네 놈이란 참 너무 많다. 장인님이 아들은 없고 딸만 있는 고로 그담 딸을 데릴사위를 해 올 때까지는 부려 먹지 않으면 안 된다. 물론 머슴을 두면 좋지만 그건 돈이 드니까, 일 잘하는 놈을 고르누라고 ⓑ연팡 바꿔 들였다. 또 한편, 놈들이 욕만 ⓒ줄창 퍼붓고 심히도 부려 먹으니까 뱀이 상해서 달아나기도 했겠지. 점순이는 둘째 딸인데, 내가 일테면 그 세 번째 데릴사위로 들어온 셈이다. 내 담으로 네 번째 놈이 들어올 것을 내가 일두 참 잘하구, 그리고 사람이 좀 어수룩하니까 장인님이 잔뜩 붙들고 놓질 않는다. 셋째 딸이 인제 여섯 살, 적어두 열 살은 돼야 데릴사위를 할 테므로 그동안은 죽도록 부려 먹어야 된다. 그러니 인제는 속 좀 채리고 장가를 들여 달라구 떼를 쓰고 나자빠져라 이것이다.

나는 ⓓ건으로 '엉, 엉.' 하며 귓등으로 들었다. 뭉태는 땅을 얻어 부치다가 떨어진 뒤로는 장인님만 보면 공연히 못 먹어서 으릉거린다. 그것두 장인님이 저 달라구 할 적에 제 집에서 위한다는 그 감투(예전에 원님이 쓰던 것이라나, 옆구리에 뽕뽕 좀먹은 걸레)를 선뜻 주었드면 그럴 리도 없었든걸⋯⋯.

그러나 나는 뭉태란 놈의 말을 전수히˙ 곧이듣지 않았다. 꼭 곧이들었다면 간밤에 와서 장인님과 싸웠지 무사히 있었을 리가 없지 않은가. 그러면 딸에게까지 인심을 잃은 장인님이 혼자 나빴다.

실토이지 나는 점순이가 아츰상을 가지고 나올 때까지는 오늘은 또 얼마나 밥을 담었나 하고 이것만 생각했다. 상에는 된장찌개하고 간장 한 종지, 조밥 한 그릇, 그리고 밥보다 더 수부룩하게 담은 산나물이 한 대접, 이렇다. 나물은 점순이가 틈틈이 해 오니까 두 대접이고 네 대접이고 멋대루 먹어도 좋으나, 밥은 장인님이 한 사발 외엔 더 주지 말라고 해서 안 된다. 그런데 점순이가 그 상을 내 앞에 나려놓며 제 말로 지껄이는 소리가

"구장님한테 갔다 그냥 온담 그래!"

하고 엊그제 산에서와 같이 ⓔ되우 쫑알거린다. 딴은 내가 더 단단히 덤비지 않고 만 것이 좀 어리석었다. 속으로 그랬다. 나도 저쪽 벽을 향하야 외면하면서 내 말로

"안 된다는 걸 그럼 어떻건담!"

하니까,

"쉼을 잡아채지 그냥 둬, 이 바보야!"

하고 또 얼굴이 빨개지면서 성을 내며 안으로 샐쭉하니˙ 튀들어 가지 않느냐. 이때 아무도 본 사람이 없었게 망정이지, 보았다면 내 얼굴이 에미 잃은 황새 새끼처럼 가여웁다 했을 것이다.

1 윗글의 등장인물들에 대한 설명으로 적절하지 <u>않은</u> 것은?

① 뭉태는 장인에게 좋지 않은 감정이 있다.

② 점순이는 '나'의 무능력함과 소극적 태도를 비난하고 있다.

③ '나'는 장인이 자신을 이용하고 있다는 사실을 잘 모르고 있다.

④ 장인은 '나'를 높이 평가하여 점순이와의 성례를 추진하고 있다.

⑤ 뭉태는 '나'에게 성례를 시켜 달라고 떼를 쓰라며 충고하고 있다.

2 '나'에 대한 설명으로 적절한 것은?

① 자기 이익만 챙기려고 하는 이기적인 인물이다.

② 어수룩하여 상황 판단이 느리고 단순한 인물이다.

③ 목적을 이루기 위해 수단과 방법을 가리지 않는 인물이다.

④ 다른 사람의 말을 듣고 깊이 생각하며 고민하는 인물이다.

⑤ 자신의 곤란함보다는 남을 먼저 생각하는 이타적인 인물이다.

3 ⓐ~ⓔ의 뜻풀이로 적절하지 <u>않은</u> 것은?

① ⓐ: 보통과 다른 갖가지의.

② ⓑ: 연방. 연속해서 자꾸.

③ ⓒ: 줄곧. 끊임없이 잇따라.

④ ⓓ: 공연히. 실속이 없이 건성으로.

⑤ ⓔ: 아닌 게 아니라 정말로.

사실, 이때만치 슬펐든 일이 또 있었는지 모른다. ㉠다른 사람은 암만 못생겼다 해두 괜찮지만 내 안해 될 점순이가 병신으로 본다면 참 신세는 따분하다. 밥을 먹은 뒤 지게를 지고 일터로 갈랴 하다 도루 벗어던지고 바깥마당 공석˚ 우에 들어누어서, 나는 차라리 죽느니만 같지 못하다 생각했다.

내가 일 안 하면 장인님 저는 나이가 먹어 못 하고 결국 농사 못 짓고 만다. 뒷짐으로 트림을 꿀꺽 하고 대문 밖으로 나오다 날 보고서

"이 자식아, 왜 또 이러니?"

㉡"관객이 났어유, 어이구 배야!"

"기껀 밥 처먹구 나서 무슨 관객이야? 남의 농사 버려 주면 이 자식아, 징역 간다, 봐라!"

"가두 좋아유. 아이구 배야!"

참말 난 일 안 해서 징역 가도 좋다 생각했다. 일후˚ 아들을 낳아도 그 앞에서 '바보, 바보.' 이렇게 별명을 들을 테니까 ㉢오늘은 열 쪽에 난대도 결정을 내고 싶었다.

장인님이 일어나라고 해도 내가 안 일어나니까 눈에 독이 올라서 저편으로 힝하게 가더니 지게막대기를 들고 왔다. 그리고 그걸로 내 허리를 마치 돌 떠넘기듯이 쿡 찍어서 넘기고 넘기고 했다. 밥을 잔뜩 먹고 딱딱한 배가 그럴 적마다 퉁겨지면서 뱃창˚이 꼿꼿한 것이 여간 켕기지 않았다. 그래도 안 일어나니까 이번에는 배를 지게막대기로 우에서 쿡쿡 찌르고 발길로 옆구리를 차고 했다.

장인님은 원체 심청˚이 궂어서 그러지만, 나도 저만 못하지 않게 배를 채었다. 아픈 것을 눈을 꽉 감고 넌 해라 난 재미난 듯이 있었으나, 볼기짝을 후려갈길 적에는 나도 모르는 결에 벌떡 일어나서 그 수염을 잡아챘다마는, 내 골이 난 것이 아니라 정말은 아까부터 벅˚ 뒤 울타리 구멍으로 점순이가 우리들의 꼴을 몰래 엿보고 있었기 때문이다. 가뜩이나 말 한마디 톡톡히 못 한다고 바보라는데 매까지 잠자코 맞는 걸 보면 짜정˚ 바보로 알 게 아닌가. 또, 점순이도 미워하는 이까진 놈의 장인님 나곤 아무것도 안 되니까 막 때려도 좋지만 사정 보아서 수염만 채고(제 원대로 했으니까 이때 점순이는 퍽 기뻤겠지.) ㉣저기까지 잘 들리도록 / "이걸 까셀라부다!" / 하고 소리를 쳤다.

장인님은 더 약이 바짝 올라서 잡은 참 지게막대기로 내 어깨를 그냥 나려 갈겼다. 정신이 다 아찔하다. 다시 고개를 들었을 때 그때엔 나도 온몸에 약이 올랐다. 이 녀석의 장인님을 하고 눈에서 불이 퍽 나서 그 아래 밭 있는 넝 알로˚ 그대로 떼밀어 굴려 버렸다.

기어오르면 굴리고 굴리면 기어오르고 이러길 한 너덧 번을 하며, 그럴 적마다

㉤"부려만 먹구 왜 성례 안 하지유!"

나는 이렇게 호령했다. 허지만, 장인님이 선뜻 오냐 낼이라두 성례시켜 주마 했으면 나도 성가신 걸 그만두었을지 모른다. 나야 이러면 때린 건 아니니까 나중에 장인 쳤다는 누명도 안 들을 터이고 얼마든지 해도 좋다.

공석 빈 멍석.
관객 관격. 먹은 음식이 갑자기 체하여 가슴 속이 막히고 위로는 계속 토하며 아래로는 대소변이 통하지 않는 위급한 증상.
일후 뒷날.
뱃창 배알. 창자를 비속하게 이르는 말.
심청 마음보.
벅 '부엌'의 방언.
짜정 짜장. 과연 정말로.
까세다 여기서는 '까슬르다'의 뜻. '까슬르다'는 '그슬리다'의 방언임.
넝 알로 넝 아래로. '넝'은 논밭들이 언덕진 곳을 뜻함.

4 윗글에 대한 설명으로 적절한 것은?

① 인물들의 행동을 해학적으로 표현하고 있다.

② 인물의 내면적 성찰을 자세하게 묘사하고 있다.

③ 부정적 인물인 작품 속 서술자를 비판하고 있다.

④ 인물들의 대화를 통해 사건을 속도감 있게 전개하고 있다.

⑤ 인물들이 처한 상황을 통해 사회적 문제를 신랄하게 고발하고 있다.

 개념⁺ 해학

태도나 동작, 표정, 어투 등을 우스꽝스럽게 표현하여 웃음을 유발하는 것을 말함. 부정적인 인물을 우스꽝스럽게 만듦으로써 비판하는 '풍자'와 달리, 서술의 대상인 인물에 대하여 선의를 가지고 있어 그 인물에 대한 동정이나 공감을 유발하며, 글의 흥미를 높이는 효과가 있음.

 5 〈보기〉를 참고하여 윗글의 갈등을 파악한 내용으로 적절한 것은?

┌─────────────── 보기 ───────────────┐

　　소설에서의 갈등에는 외적 갈등과 내적 갈등이 있다. 외적 갈등은 인물과 인물 사이의 갈등, 인물과 사회와의 갈등, 인물과 운명과의 갈등으로 나타나며, 내적 갈등은 인물의 심리 변화에 따른 내면적 갈등으로 나타난다.

└─────────────────────────────────────┘

① 인물과 사회와의 외적 갈등을 다루고 있다.

② 인물과 인물 사이의 외적 갈등이 핵심적인 갈등이다.

③ 인물이 처한 상황에 따른 심리 변화에 기반한 내적 갈등이 나타난다.

④ 인물과 인물 사이의 갈등과 인물과 사회와의 갈등이 동시에 나타난다.

⑤ 인물과 인물 사이의 갈등과 인물과 운명과의 갈등이 교차되어 나타난다.

◆
기반 기초가 되는 바탕. 또는 사물의 토대.

6 ㉠~㉤에 대한 설명으로 적절하지 <u>않은</u> 것은?

① ㉠: 점순이에게 무시당하고 싶지 않은 '나'의 심리가 드러난다.

② ㉡: 꾀병을 부려 장인과 담판을 지으려는 '나'의 의도가 담겨 있다.

③ ㉢: 문제 상황을 해결하려는 '나'의 강한 의지가 드러나 있다.

④ ㉣: 진심으로 장인을 위협하려는 '나'의 의도가 담겨 있다.

⑤ ㉤: 장인과의 갈등의 원인이 직접적으로 드러나 있다.

한번은 장인님이 헐떡헐떡 기어서 올라오더니 내 바지가랭이를 요렇게 노리고서 담박 움켜잡고 매달렸다. 악, 소리를 치고 나는 그만 세상이 다 팽그르 도는 것이

"빙장님! 빙장님! 빙장님!"

"이 자식! 잡아먹어라, 잡아먹어!"

"아! 아! 할아버지! 살려 줍쇼, 할아버지!"

하고 두 팔을 허둥지둥 내절 적에는 이마에 진땀이 쭉 내솟고 인젠 참으로 죽나 보다 했다. 그래두 장인님은 놓질 않드니 내가 기어히 땅바닥에 쓰러져서 거진 까무러치게 되니까 놓는다. 더럽다, 더럽다. 이게 장인님인가? 나는 한참을 못 일어나고 쩔쩔맸다. 그러다 얼굴을 드니(눈에 참 아무것도 보이지 않았다.) 사지가 부르르 떨리면서 나도 엉금엉금 기어가 장인님의 바지가랭이를 꽉 움키고 잡아나꿨다.

내가 머리가 터지도록 매를 얻어맞은 것이 이 때문이다. 그러나 여기가 또한 우리 장인님이 유달리 착한 곳이다. 여느 사람이면 사경을 주어서라도 당장 내쫓았지, 터진 머리를 불솜으로 손수 지져 주고, 호주머니에 히연 한 봉을 넣어 주고, 그리고

"올 갈엔 꼭 성례를 시켜 주마. 암말 말구 가서 뒷골의 콩밭이나 얼른 갈아라."

하고 등을 뚜덕여 줄 사람이 누구냐.

나는 장인님이 너무나 고마워서 어느덧 눈물까지 났다. 점순이를 남기고 인젠 내쫓기려니 하다 뜻밖의 말을 듣고,

"빙장님! 인제 다시는 안 그러겠어유……"

이렇게 맹서를 하며 불랴살야 지게를 지고 일터로 갔다. 그러나 ⊙이때는 그걸 모르고 장인님을 원수로만 여겨서 잔뜩 잡아다렸다.

"아! 아! 이놈아! 놔라, 놔, 놔……"

장인님은 헷손질을 하며 솔개미에 챈 닭의 소리를 연해 질렀다. 놓긴 왜, 이왕이면 호되게 혼을 내 주리라 생각하고 짓궂이 더 댕겼다마는, 장인님이 땅에 쓰러져서 눈에 눈물이 피잉 도는 것을 알고 좀 겁도 났다.

"할아버지! 놔라, 놔, 놔, 놔, 놔놔."

그래도 안 되니까, / "애, 점순아! 점순아!"

이 악장에 안에 있었든 장모님과 점순이가 헐레벌떡하고 단숨에 뛰어나왔다.

나의 생각에 장모님은 제 남편이니까 역성을 하는지도 모른다. 그러나 점순이는 내 편을 들어서 속으로 고수해서 하겠지……. 대체 이게 웬 속인지(지금까지도 난 영문을 모른다.), 아버질 혼내 주기는 제가 내래 놓고 이제 와서는 달겨 들며

"에그머니! 이 망할 게 아버지 죽이네!"

하고 내 귀를 뒤로 잡아댕기며 마냥 우는 것이 아니냐. 그만 여기에 기운이 탁 꺾이어 나는 얼빠진 등신이 되고 말았다. 장모님도 덤벼들어 한쪽 귀마저 뒤로 잡아채면서 또 우는 것이다.

담박 단박. 그 자리에서 바로를 이르는 말.
잡아나꾸다 잡아 낚다. 잡아서 낚아채다.
불솜 상처를 소독하기 위하여 불에 그슬린 솜방망이.
히연 희연. 일제 강점기 때의 담배 이름.
불랴살야 부랴사랴. 매우 부산하고 급하게 서두르는 모양.
솔개미 '솔개'의 방언.
역성 옳고 그름에는 관계없이 무조건 한쪽 편을 들어 주는 일.

이렇게 꼼짝 못하게 해 놓고 장인님은 지게막대기를 들어서 사뭇 나려조졌다. 그러나 나는 구태여 피할랴지도 않고 암만해도 그 속 알 수 없는 점순이의 얼굴만 멀거니 들여다보았다.

"이 자식! 장인 입에서 할아버지 소리가 나오도록 해?"

7 윗글에 대한 설명으로 적절한 것은?

① 사건이 역순행적으로 구성되어 있다.

② 주인공과 관련된 일화를 여러 개 삽입하고 있다.

③ 액자식 구성으로 두 가지 이야기를 동시에 전하고 있다.

④ 외부에 위치한 서술자가 중심 사건에 대해 평가하고 있다.

⑤ 하나의 사건을 각기 다른 두 인물의 시선에서 서술하고 있다.

개념⁺ 역순행적 구성

사건이 시간 순서가 아니라 작가의 의도에 따라 '현재 → 과거', '현재 → 과거 → 미래' 등과 같이 시간의 역전이 일어나며 이야기가 전개되는 구성 방식을 말함. 입체적 구성이라고도 하며, 작품에 등장하는 인물이나 서술자의 서술에 따라 교차되는 경우가 많음.

8 〈보기〉의 밑줄 친 부분에 해당하는 내용으로 적절한 것은?

> ─〈보기〉─
>
> 소설에서 인물 사이의 대립은 대체로 사건과 행동의 주체가 되는 주인공과 그에 맞서 대립하는 인물 사이의 갈등으로 나타난다. 그런데 이 작품에서 점순이는 두 인물 사이의 대립에서 특이한 모습을 보이고 있다.

① 점순이는 장인과 '나' 사이에서 갈등을 중재하고 있다.

② 점순이는 장인과 '나' 사이에서 이중적인 태도를 취하고 있다.

③ 점순이는 혈육인 장인의 행동을 비난하며 '나'의 편을 들고 있다.

④ 점순이는 어머니의 조언에 따라 아버지인 장인의 편만 들고 있다.

⑤ 점순이는 문제 해결을 위해 '나'와 장인의 행동을 객관적으로 평가하고 있다.

9 윗글의 내용으로 보아 ㉠에 해당하는 것은?

① '나'가 장인의 바짓가랑이를 잡고 싸울 때이다.

② 점순이가 '나'를 한심하게 여기며 몰아세울 때이다.

③ 점순이가 장인의 편을 들며 '나'에게 화를 낼 때이다.

④ 싸움이 있은 후 장인이 '나'를 달래고 격려해 주던 때이다.

⑤ 장인과 다투는 과정에서 '나'가 지게막대기로 맞던 때이다.

인물의 성격

1 주요 인물의 성격을 다음과 같이 정리할 때, 빈칸에 들어갈 내용을 써 보자.

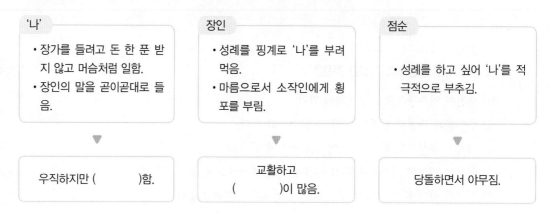

'나'	장인	점순
• 장가를 들려고 돈 한 푼 받지 않고 머슴처럼 일함. • 장인의 말을 곧이곧대로 들음.	• 성례를 핑계로 '나'를 부려 먹음. • 마름으로서 소작인에게 횡포를 부림.	• 성례를 하고 싶어 '나'를 적극적으로 부추김.

▼	▼	▼
우직하지만 (　　　)함.	교활하고 (　　　)이 많음.	당돌하면서 야무짐.

소설의 갈등

2 인물 간의 관계를 바탕으로 이 소설에 나타난 갈등 양상을 살펴보고 빈칸에 들어갈 내용을 써 보자.

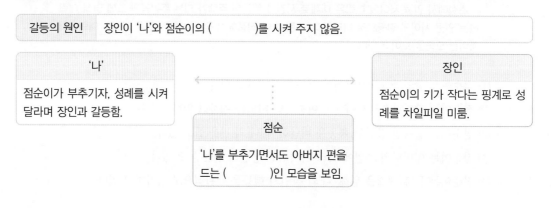

갈등의 원인	장인이 '나'와 점순이의 (　　　)를 시켜 주지 않음.

'나'		장인
점순이가 부추기자, 성례를 시켜 달라며 장인과 갈등함.	←→	점순이의 키가 작다는 핑계로 성례를 차일피일 미룸.

점순
'나'를 부추기면서도 아버지 편을 드는 (　　　)인 모습을 보임.

서술상 특징

3 이 소설의 서술상 특징과 효과를 파악하여 빈칸에 들어갈 내용을 써 보자.

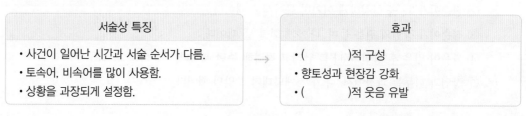

서술상 특징	효과
• 사건이 일어난 시간과 서술 순서가 다름. • 토속어, 비속어를 많이 사용함. • 상황을 과장되게 설정함.	• (　　　)적 구성 • 향토성과 현장감 강화 • (　　　)적 웃음 유발

깊이 읽기

마름과 소작인, 그리고 데릴사위

'허나, 인심을 정말 잃었다면 욕보다 읍의 배 참봉 댁 마름으로 더 잃었다.'

이 문장에서 장인의 신분이 드러납니다. 양반 집안인 배 참봉네의 마름이라는 것이지요. 땅을 소유한 사람을 지주라고 합니다. 이들은 농사를 짓고자 하는 사람들에게 땅을 빌려주고, 그 대신 수확한 농작물의 일부나 돈을 받아 갑니다. 그리고 다른 사람의 땅을 빌려 농사를 짓는 사람을 소작인이라고 합니다. 마름은 지주와 소작인 사이에 위치한 존재로, 지주를 대신해 소작권을 관리합니다. 마름은 소작권의 박탈 등 실질적인 영향력을 가졌기 때문에, 소작인들에게는 마름이 지주보다 더 무서운 존재였습니다. 마름이 마음만 먹으면 한순간에 농사를 지을 수 없는 처지에 놓이기 때문입니다. 이 작품에서 구장이 장인 편을 드는 것도 이러한 권력 관계에 따른 것으로 추측할 수 있습니다.

그렇다면 '나'는 어떨까요? '나'는 논밭일을 하고는 있지만 소작인이 아닙니다. '나'는 점순이와의 성례를 조건으로 데릴사위로 들어온 인물입니다. 데릴사위는 딸만 있는 집안에서 혼인한 딸을 시집으로 보내지 않고, 처가에서 데리고 사는 사위를 말합니다. 그렇기에 '나'는 마름인 장인에게 화를 내기도 하고, 싸우기도 할 수 있는 것이지요.

이 작품이 발표된 것은 1935년으로, 당시 친일 지주들은 마름을 내세워 소작인들을 가혹하게 수탈했습니다. 이를 고려한다면 이 작품은 '데릴사위'라는 소재를 통해 당시 농촌에서 마름이 약자를 착취하던 심각한 수탈의 상황을 해학적으로 그려 냈다고 이해할 수도 있습니다.

▲ 김유정 문학촌에 조성되어 있는 「봄·봄」의 한 장면

사고력 키우기

이 작품의 결말 부분에서 장인은 가을에 성례를 시켜 주겠다며 '나'를 회유하고, 이에 '나'는 장인과 화해한다. 오는 가을에 '나'와 점순이의 성례가 이루어질지 자신의 생각을 써 보자.

_____

_____

_____

_____

_____

02 태평천하 | 채만식

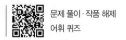

▣ 전체 줄거리

발단

대지주인
윤 직원,
구두쇠로 살다

"인력거 쌕이 몇 푼이당가?" …… "그저 처분해 줍사요!" …… "그럼, 그냥 가소!"

평민 출신의 대지주인 윤 직원 영감. 그는 인력거를 타고서 그 삯을 내지 않으려다 마음대로 깎고, 버스비를 내지 않고 무임승차를 하며, 어린 기생을 데리고 다니면서도 아무것도 사 주지 않으려고 하는 등 지독한 구두쇠이다.

전개

윤 직원,
일본인에게
진심으로
고마워하다

"태평한 이 시절을 생각하면, 안심되고 만족한 웃음이 절로 솟아날 때가 많습니다."

윤 직원 영감은 구한말에 화적패에게 아버지가 죽임을 당한 아픔이 있다. 이에 윤 직원 영감은 일본인들이 화적패로부터 자신의 재산을 지켜 준다며 고마워한다. 또 그는 재산을 지키기 위해 양반을 사고, 족보를 도금하고, 가난한 양반집에서 며느리를 들이는 한편, 손자인 종수와 종학이 군수와 경찰서장이 되어 가문을 빛내기를 바란다.

위기

윤 직원,
종학에게 마지막
기대를 걸다

"싸움 싸움 싸움, 사뭇 이 집안은 싸움을 근저당해 놓고 씁니다."

윤 직원 영감의 아들 창식은 노름을 하여 가산을 탕진하고, 손자 종수 또한 방탕한 생활로 많은 돈을 날린다. 며느리나 손자며느리도 윤 직원 영감에게 고분고분하지가 않으며, 딸마저 시댁에서 소박을 맞고 와 함께 살고 있다. 이에 윤 직원 영감에게는 일본에서 유학 중인 손자 종학이 마지막 희망으로 남아 있다.

절정

윤 직원,
종학의 피검
소식을 듣다

"종학, 사 — 상 관계 — 로, 경 — 시청에 피검!…… 이라니? 이게 무슨 소리다냐?"

그러던 어느 날, 윤 직원 영감은 유일한 기대로 남아 있던 손자 종학이 사회주의 운동에 참여하여 사상 관계로 경시청에 피검되었다는 전보를 받고 충격에 휩싸인다.

결말

윤 직원,
종학에게
크게 분노하다

"…… 이 태평천하에! 이 태평천하에…….."

윤 직원 영감은 화적 떼도 없고, 부랑당 같은 수령도 없으며, 순사가 보호해 주는 이런 태평천하에 종학이 이상한 사상에 빠져 부랑당 패같은 사회주의 운동을 한 것을 이해할 수 없다면서 크게 분노한다. 그리고 가족들은 분노하는 윤 직원 영감을 보며 불안함을 느낀다.

🔅 시험에 꼭 나오는 핵심 장면

윤 직원이 인력거꾼과 실랑이를 벌이는 장면

(왜 자주 출제되는가?) 이 장면은 윤 직원이 인력거를 타고 온 뒤 인력거 삯을 적게 내기 위해 온갖 억지를 부리는 장면이야. 윤 직원은 매우 부유한 사람임에도 불구하고 인력거꾼의 말꼬리를 잡고 인색하고 까탈스럽게 행동하는 등 자신의 이익만 생각하는 이기적인 모습을 보이지. 이를 통해 독자들은 윤 직원이 부정적인 인물임을 알게 돼. 작품의 중심인물인 윤 직원의 인색하고 이기적인 성격이 잘 드러나 있어서 시험에 자주 출제돼.

윤 직원이 종학의 피검 소식에 '태평천하'임을 외치는 장면

(왜 자주 출제되는가?) 이 장면은 손자 종학이 사회주의 운동으로 피검되었다는 소식을 들은 윤 직원이 크게 분노하는 장면이야. 이 과정에서 윤 직원은 지금과 같은 '태평천하'에 편하게 살 것이지, 사회주의에 참섭하냐며 화를 내지. 당시 사회가 일제 강점기였음을 고려하면, 윤 직원은 국가와 민족이 겪는 고통에는 관심이 없는 부정적 인물임을 알 수 있어. 작품의 제목이기도 한 '태평천하'가 반어적으로 사용된 부분으로, 작품의 주제가 담겨 있어서 시험에 자주 출제돼.

🪶 간단 확인

■ 정답과 해설 3쪽

다음을 읽고 이 글의 내용과 일치하면 ○, 일치하지 않으면 ×를 표시해 보자.

1 윤 직원은 양반 출신의 대지주이나 지나치게 인색하다. ······································ (　　　)
2 윤 직원은 일본인들을 겉으로만 신뢰하고 있다. ·· (　　　)
3 윤 직원의 손자 종학은 사회주의 운동에 참여하여 피검되었다. ························· (　　　)
4 윤 직원은 종학이 꿈을 펼치지 못한 것을 크게 안타까워한다. ························· (　　　)

태평천하

윤 직원이 가족들이 모인 앞에서 큰손자 종수를 훈계하다가 윤 주사가 가져온 전보를 보고 분노하는 상황이다.

채만식(1902~1950)
일제강점기 소설가이다. 주요 작품으로 「치숙」, 「논 이야기」, 「미스터 방」, 「이상한 선생님」 등이 있다.

| 작품 개관 |
· **갈래**: 가족사 소설, 풍자 소설
· **성격**: 풍자적, 반어적
· **시점**: 전지적 작가 시점
· **배경**: 1930년대 일제 강점기, 서울의 한 지주 집안

노적 곡식 따위를 한데에 수북이 쌓음. 또는 그런 물건.
화광 타는 불의 빛.
충천 하늘을 찌를 듯이 공중으로 높이 솟아오름.
옹위 주위를 둘러쌈.
치름 처럼.
허랑하다 허랑하다. 언행이나 상황 따위가 허황하고 착실하지 못하다.
다직 '기껏'의 뜻을 나타내는 말.
경부 대한 제국 때에, 경찰 고등관인 경시의 아래. 경부보의 위에 있던 판임 경찰관.
족통 '발'을 속되게 이르는 말.
워너니 워낙.
자별허다 자별하다. 본디부터 남다르고 특별하다.
히피 헤프게.

일찍이 윤 직원 영감은 그의 소싯적 윤 두꺼비 시절에 자기 부친 말 대가리 윤용규가 화적의 손에 무참히 맞아 죽은 시체 옆에 서서, 노적이 불타느라고 화광이 충천한 하늘을 우러러,

"이놈의 세상, 언제나 망하려느냐?"

"우리만 빼놓고 어서 망해라!"

하고 부르짖은 적이 있겠다요.

이미 반세기 전, 그리고 그것은 당시의 나한테 불리한 세상에 대한 격분된 저주요 겸하여 웅장한 투쟁의 선언이었습니다.

해서 ㉠윤 직원 영감은 과연 승리를 했겠다요. 그런데……

식구들은 시아버지 윤 직원 영감이 보기가 싫은 건넌방 고 씨만 빼놓고, 서울 아씨, 태식이, 뒤채의 두 동서, 모두 안방에 모여 종수를 맞이하는 예를 표하고, 그들의 옹위 아래 윤 직원 영감과 종수는 각기 아랫목과 뒷벽 앞으로 갈라 앉았습니다. 방금 점심 밥상을 받을 참입니다.

"너 경손 애비, 부디 정신 채리라……!"

윤 직원 영감이 종수더러 곰곰이 훈계를 하던 것입니다. 안식구가 있는 네라 점잖게 경손 애비지요.

"……정신을 채리야 헐 것이 늬가 암만히여두 네 아우 종학이만 못히여! 종학이는 그놈이 재주두 있고, 착실히여서, 너치름 허랑허지두 않고 그럴 뿐더러 내년 내후년이머넌 대학교를 졸업허잖냐? 내후년이지?" / "네."

"그렇지? 응, 그래, 내후년이면 대학교 졸업을 허구 나와서, 삼 년이나 다직 사 년만 찌들어 나머넌 그놈은 지가 목적헌, 요새 그 목적이란 소리 잘 쓰더구나, 응? 목적……. 목적헌 경부가 되야 각구서, 경찰서장이 된담 말이다! 응? 알겄어." / "네."

"그러닝개루 너두 정신을 바싹 채리 각구서, 어서어서 군수가 되야야 않겠냐? …… 아, 동생 놈은 버젓한 경찰서장인디, 형 놈은 게우 군 서기를 댕기구 있담! 남부끄러서 어쩔 티여? 응? …… 아 글씨, 군수 되구 경찰서장 되구 허머넌, 느덜 좋구 느덜 호강이지, 머 그 호강 날 주냐? 내가 이렇기 아등아등 잔소리를 허넌 것두 다 느덜 위히여서 그러지, 나는 파리 족통만치두 상관읎어야! 알아듣냐?" / "네."

"그놈 종학이는 참말루 쓰겄어! 그놈이 어려서버텀두 워너니 나를 자별허게 따르구, 재주두 있구 착실허구, 커서두 내 말을 잘 듣구……. 내가 그놈 하나넌 꼭 믿넌다 꼭 믿어. 작년 올루 들어서 그놈이 돈을 어찌 좀 히피 쓰기는 허넝가 부더라마는, 그것두 허기사 네게다 대머는 안 쓰는 심이지. 사내자식이 너처럼 허랑허지만 말구서, 제 줏대만 실헐 양이면 돈을 좀 써두 괜찮언 법이여……. 그리서 지난달에두 오백 원 꼭 쓸 디가 있다구 핀지히였길래, 두말 않고 보내 주었다!"

윗글에 대한 설명으로 적절하지 않은 것은?

① 일제 강점기를 시대적 배경으로 하고 있다.

② 등장인물을 통해 사회 현실을 비판하고 있다.

③ 인물의 말을 통해 부정적 면모를 드러내고 있다.

④ 주인공이 자신의 이야기를 스스로 서술하고 있다.

⑤ 가족의 이야기가 주를 이루는 가족사 소설에 해당한다.

2 **윗글에서 알 수 있는 윤 직원의 욕망으로 가장 적절한 것은?**

① 손자들이 권력을 획득하기를 바란다.

② 아들이 자기 대신에 경부가 되기를 바란다.

③ 자신의 말을 듣지 않는 가족들과 헤어지려고 한다.

④ 자신이 가진 재산을 가족들에게 나눠 주지 않으려고 한다.

⑤ 손자만이라도 자신이 하지 못한 독립운동을 하기를 바란다.

3 **〈보기〉를 참고할 때, ㉠에 대한 설명으로 가장 적절한 것은?**

 개념⁺ 판소리의 계승

 보기

　「태평천하」의 서술자는 경어체를 구사하고, 때로는 인물에 관해 폭로하거나 일러 바치기도 하면서, 마치 판소리의 창자 같은 말투로 독자와의 거리를 좁힌다. 이를 통해 서술자와 독자가 같은 편이 되어, 인물을 비판하고 조롱하는 효과가 극대화된다. 이러한 까닭으로 채만식은 판소리 창자의 목소리를 소설 속에 되살렸다는 평을 받는다.

'판소리'는 한국 구전 문학의 대표적인 갈래로, 소리꾼인 창자(唱者)와 북을 치는 고수(鼓手)가 짝을 이루어 음악적 이야기를 엮어 가며 연행하는 공연 방식임. 특히 관객들을 대상으로 하는 말하기 방식 즉, 경어체의 사용. 관객에게 말 건네기 등의 방식은 문학적 전통으로 현대 문학에 계승되고 있음.

① 서술자가 판소리 창자 같은 말투를 최대한 자제하고 있다.

② 서술자가 판소리 창자와 같이 인물에 관해 폭로하고 있다.

③ 서술자가 판소리 창자 같은 말투로 작가를 조롱하고 있다.

④ 서술자가 판소리 창자 같은 말투로 독자와 거리를 두고 있다.

⑤ 서술자가 판소리 창자와 같이 경어체를 구사하며 인물을 조롱하고 있다.

마침 이때, 마당에서 헴헴, 점잖은 밭은기침˙ 소리가 납니다. 창식이 윤 주사가 조금 아까야 일어나서, 간밤에 ㉠동경서 온 전보 때문에 억지로 억지로 큰댁 행보를 하던 것입니다.

㉡윤 주사는 토방˙으로 내려서는 아들 종수더러, 언제 왔느냐고 심상히˙ 알은체를 하면서, 역시 토방으로 내려서는 두 며느리의 삼가로운 무언의 인사와, 마루까지만 나선 이복 누이동생 서울 아씨의 입인사를 받으면서, 방으로 들어가서는 부친 윤 직원 영감한테 절을 한 자리 꾸부리고서, 아들 종수한테 한 자리 절과, 이복동생 태식이한테 경례를 받은 후, 비로소 한옆으로 꿇어앉습니다.

㉢"해가 서쪽으서 뜨겠구나?"

윤 직원 영감은 아들의 이렇듯 부르지도 않은 걸음을, 더욱이나 안방에까지 들어온 것을 이상타고 꼬집는 소립니다.

"……멋허러 오냐? 돈 달라러 오지?" / "동경서 전보가 왔는데요……."

지체˙를 바꾸어, 윤 주사를 점잖고 너그러운 아버지로, 윤 직원 영감을 속 사납고 경망스런 어린 아들로 둘러놓았으면 꼬옥 맞겠습니다.

"동경서? 전보?"

"종학이 놈이 경시청에 붙잽혔다구요!" / "으엉?"

외치는 소리도 컸거니와, 엉덩이를 꿍 찧는 바람에, 하마 방구들이 내려앉을 뻔했습니다. 모여 선 온 식구가 제가끔 정도에 따라 제각기 놀란 것은 물론이구요.

윤 직원 영감은 마치 묵직한 몽치˙로 뒤통수를 얻어맞은 양 정신이 멍해서 입을 벌리고 눈만 휘둥그랬지, 한동안 말을 못 하고 꼼짝도 않습니다.

그러다가 이윽고 으르렁거리면서 잔뜩 쪼글트리고 앉습니다.

"거, 웬 소리냐? 으응? 으응?…… 거 웬 소리여? 으응? 으응?"

"그놈 동무가 친 전본가 본데, 전보가 돼서 자세는 모르겠습니다."

윤 주사는 조끼 호주머니에서 간밤의 그 전보를 꺼내어 부친한테 올립니다. 윤 직원 영감은 채듯 전보를 받아 쓰윽 들여다보더니 커다랗게 읽습니다. 물론 원문은 일문이니까 몰라보고, 윤 주사네 서사˙ 민 서방이 번역한 그대로지요.

"종학, 사 — 상 관계 — 로, 경 — 시청에 피검˙!…… 이라니? 이게 무슨 소리다냐?"

"종학이가 사상 관계로 경시청에 붙잽혔다는 뜻일 테지요!"

"사상 관계라니?" / "그놈이 사회주의에 참예를……." / "으엉?"

아까보다 더 크게 외치면서, 벌떡 뒤로 나동그라질 뻔하다가 겨우 몸을 가눕니다.

윤 직원 영감은 먼저에는 몽치로 뒤통수를 얻어맞은 것같이 멍했지만, 이번에는 앉아 있는 땅이 지함˙을 해서 수천 길 밑으로 꺼져 내려가는 듯 정신이 아찔했습니다.

그러나 그것은 결단코 자기가 믿고 사랑하고 하는 종학이의 신상을 여겨서가 아닙니다.

윤 직원 영감은 시방 종학이가 사회주의를 한다는 그 한 가지 사실이 진실로 옛날의 드세던 부랑당 패가 백 길 천 길로 침노하는˙ 그것보다도 더 분하고, 물론 무서웠던 것입니다.

밭은기침 병이나 버릇으로 소리도 크지 아니하고 힘도 그다지 들이지 않으며 자주 하는 기침.
토방 방에 들어가는 문 앞에 좀 높이 편평하게 다진 흙바닥.
심상히 대수롭지 않고 예사롭게.
지체 어떤 집안이나 개인이 사회에서 차지하고 있는 신분이나 지위.
몽치 짤막하고 단단한 몽둥이.
서사 대서(代書)나 필사(筆寫)를 직업으로 하는 사람.
피검 수사 기관에 잡혀감.
지함 땅이 움푹 가리앉아 꺼짐.
침노하다 성가시게 달라붙어 손해를 끼치거나 해치다.

진(秦)나라를 망할 자 호(胡)라는 예언을 듣고서, 변방을 막으려 만리장성을 쌓던 진시황, 그는 진나라를 망한 자 호가 아니요, 그의 자식 호해(胡亥)임을 눈으로 보지 못하고 죽었으니, 오히려 행복이라 하겠습니다.

"사회주의라니? 으응? 으응?……."

윤 직원 영감은 사뭇 사람을 아무나 하나 잡아먹을 듯, 집이 떠나게 큰 소리로 포효(咆哮)를 합니다.

---

4 윗글에서 ㉠의 역할로 적절하지 <u>않은</u> 것은?

① 이야기의 흐름을 전환하는 역할을 한다.

② 종학이 검거되었다는 사실을 알려 준다.

③ 윤 직원의 삶의 태도가 변하는 계기가 된다.

④ 사회주의에 대한 윤 직원의 생각을 알 수 있게 한다.

⑤ 종학을 향한 윤 직원의 기대가 컸다는 것을 알 수 있게 한다.

---

5 윗글을 바탕으로 ㉡에 대해 보인 학생들의 반응으로 적절하지 <u>않은</u> 것은?

① 학생 1: 윤 직원과의 관계가 좋다고 보기 어렵군.

② 학생 2: 일본어도 잘하는 똑똑한 사람일 것 같군.

③ 학생 3: 윤 직원에 비해서는 점잖은 성품을 지니고 있을 것 같군.

④ 학생 4: 윤 직원은 돈이 필요할 때나 오는 사람이라고 생각하고 있군.

⑤ 학생 5: 가족들의 반응을 보니 윤 직원의 아들이자 종수의 아버지로군.

---

6 이 글에서 ㉢이 의미하는 바로 적절한 것은?

① 아주 쉬운 일이라는 의미로, 윤 주사가 윤 직원 집에 쉽게 찾아왔음을 알려 준다.

② 양이 매우 적다는 의미로, 윤 직원의 집에 윤 주사가 찾아온 횟수가 매우 적다는 것을 알려 준다.

③ 남이 잘되는 것을 시기한다는 의미로, 윤 직원이 평소 윤 주사를 시기하고 있음을 알려 준다.

④ 남의 일을 망치고 도와주는 척 한다는 의미로, 윤 주사가 윤 직원이 원하던 일을 망치고 있다는 것을 알려 준다.

⑤ 평소에 하지 않던 일을 한다는 의미로, 윤 주사가 평소에 윤 직원의 집에 먼저 찾아온 적이 별로 없음을 알려 준다.

"……으응? 그놈이 사회주의를 허다니! 으응? 그게, 참말이냐? 참말이여?"

"허긴 그놈이 작년 여름 방학에 나왔을 때버틈 그런 기미가 좀 뵈긴 했어요!"

"그러먼넌 참말이구나! 그러먼넌 참말이여, 으응!……."

윤 직원 영감은 이마로 얼굴로 땀이 방울방울 배어 오릅니다.

"……그런 쳐 죽일 놈이, 깎어 죽여두 아깝잖을 놈이! 그놈이 경찰서장 허라닝개루, 생판 사회주의 허다가 뎁다 경찰서에 잽혀? 으응?…… 오사육시를 헐 놈이, 그놈이 그게 어디 당헌 것이라구 지가 사회주의를 히여? 부잣놈의 자식이 무엇이 대껴서 부랑당 패에 들어?……."

아무도 숨도 크게 쉬지 못하고, 고개를 떨어뜨리고 섰기 아니면 앉았을 뿐, 윤 직원 영감이 잠깐 말을 그치자 방 안은 물을 친 듯이 조용합니다.

"……오죽이나 좋은 세상이여? 오죽이나……."

윤 직원 영감은 팔을 부르걷은 주먹으로 방바닥을 땅 치면서 성난 황소가 영각을 하듯 고함을 지릅니다.

"화적패가 있너냐아? 부랑당 같은 수령(守令)들이 있너냐?……. 재산이 있대야 도적놈의 것이요, 목숨은 파리 목숨 같던 말세(末世)년 다 지내가고오……. 자 부아라, 거리거리 순사요, 골골마다 공명헌 정사(政事), 오죽이나 좋은 세상이여……. 남은 수십만 명 동병(動兵)을 히여서, 우리 조선 놈 보호히여 주니, 오죽이나 고마운 세상이여? 으응?…… 제 것 지니고 앉어서 편안허게 살 태평 세상, 이걸 태평천하라구 허는 것이여, 태평천하!…… 그런디 이런 태평천하에 태어난 부잣놈의 자식이, 더군다나 왜 지가 떵떵거리구 편안허게 살 것이지, 어찌서 지가 세상 망쳐 놀 부랑당 패에 참섭을 헌담 말이여, 으응?"

땅 방바닥을 치면서 벌떡 일어섭니다. 그 몸짓이 어떻게도 요란스럽고 괄괄한지, 방금 발광이 되는가 싶습니다. 아닌 게 아니라 모여 선 가권들은 방바닥 치는 소리에도 놀랐지만, 이 어른이 혹시 상성이 되지나 않는가 하는 의구의 빛이 눈에 나타남을 가리지 못합니다.

"…… 착착 깎어 죽일 놈! …… 그놈을 내가 핀지히여서, 백 년 지녁을 살리라구 헐걸! 백 년 지녁 살리라구 헐 테여……. 오냐, 그놈을 삼천 석 거리는 직분[分財]히여 줄라구 히였더니, 오냐, 그놈 삼천 석 거리를 톡톡 팔어서, 경찰서으다가 사회주의 허는 놈 잡어 가두는 경찰서으다가 주어 버릴걸! 으응, 죽일 놈!"

마지막의 으응 죽일 놈 소리는 차라리 울음소리에 가깝습니다.

"…… 이 태평천하에! 이 태평천하에……."

쿵쿵 발을 구르면서 마루로 나가고, 꿇어앉았던 윤 주사와 종수도 따라 일어섭니다.

"……그놈이, 만석꾼의 집 자식이, 세상 망쳐 놀 사회주의 부랑당 패에 참섭을 히여. 으응, 죽일 놈! 죽일 놈!"

연해 부르짖는 죽일 놈 소리가 차차로 사랑께로 멀리 사라집니다.

오사육시 오사(형벌이나 재앙으로 제 목숨대로 살지 못하고 비명에 죽음.)하여 육시(이미 죽은 사람의 시체에 다시 목을 베는 형벌을 가함.)까지 당한다는, 몹시 저주하는 말.

영각 소가 길게 우는 소리.

정사 정치 또는 행정상의 일.

동병 군사를 일으킴.

참섭 어떤 일에 끼어들어 간섭함.

가권 호주나 가구주에게 딸린 식구.

상성 본래의 성질을 잃어버리고 전혀 다른 사람처럼 됨.

지녁 징역.

만석꾼 곡식 만 섬가량을 거두어들일 만한 논밭을 가진 큰 부자를 비유적으로 이르는 말.

7 종학에 대한 윤 직원의 태도 변화로 적절한 것은?

① 종학에 대한 기대가 무너져 오히려 강하게 비난하고 있다.

② 종학에 대한 기대가 없었으나, 전보를 읽고 기대감이 상승하였다.

③ 기대하던 종학에 대한 소식을 듣고 전보다 더 크게 기대하고 있다.

④ 다른 가족들의 이목을 고려하여 종학을 구해 줘야겠다고 생각하고 있다.

⑤ 평소 종학에 대한 부정적 태도가 전보를 본 후 더 강하게 드러나고 있다.

8 윗글에 드러나는 윤 직원의 현실 인식으로 적절하지 <u>않은</u> 것은?

① 자신의 재산은 국가 기관에 헌납해야 한다.

② 사회주의는 세상을 망치게 할 부랑당 패다.

③ 일제 강점기는 치안이 잘되고 있으므로 태평천하이다.

④ 일본 순사와 군사는 조선 사람들을 안전하게 보호해 주고 있다.

⑤ 자신의 가족은 부유한 집에서 태어났으므로 이대로 평안하게 살면 된다.

 9 〈보기〉를 참고할 때 윗글에 대한 설명으로 가장 적절한 것은?

> ─〈보기〉─
>
> 서술자, 인물, 독자 사이에는 '거리'의 개념이 존재한다. 이때 거리는 심리적 거리를 말한다. 소설의 시점에 따라서는, 1인칭 주인공 시점과 전지적 작가 시점의 경우 서술자가 인물 내면을 제시하기 때문에 서술자와 인물 사이의 거리가 가까우며, 독자의 개입을 제한하므로 독자와 인물 사이의 거리는 멀다. 1인칭 관찰자 시점과 3인칭 관찰자 시점의 경우에는 서술자가 인물의 외면만을 제시하므로 서술자와 인물 사이의 거리가 멀고, 독자는 인물에 더 다가가므로 독자와 인물 사이의 거리가 가깝다.

① 독자가 인물을 직접 평가해야 하므로 독자와 인물 사이의 거리가 가깝다.

② 서술자가 작품 속에 등장하는 관찰자이므로 서술자와 인물의 사이의 거리가 멀다.

③ 서술자가 인물을 직접 평가하고 있으므로 서술자와 인물 사이의 거리가 가깝다.

④ 서술자가 작품 속에 등장하는 주인공이므로 서술자와 인물 사이의 거리가 가깝다.

⑤ 서술자가 행동과 대화만을 통해 인물을 간접적으로 제시하고 있으므로 서술자와 인물 사이의 거리가 멀다.

개념+ 거리

- **개념:** 소설에서 서술자, 인물, 독자 사이의 심리적 친밀도를 거리라고 한다. 거리는 인물 제시 방법이나 시점과 관련이 깊다.
- **인물 제시 방법과 거리:** 인물의 성격을 직접 설명하는 방식인 '직접적 제시'는 서술자와 인물 사이가 가깝고, 행동이나 대화를 통해 간접적으로 인물의 성격을 드러내는 '간접적 제시'는 서술자와 인물 사이의 거리가 멀다. 독자와 인물 사이의 거리는 '직접적 제시'의 경우 독자와 인물 사이가 멀고, '간접적 제시'의 경우 독자와 인물 사이가 가깝다.

인물 간의 관계

1 이 소설에 등장하는 인물들의 관계를 윤 직원을 중심으로 분석하여 빈칸에 들어갈 내용을 써 보자.

윤 직원

윤 주사(윤창식)
윤 직원의 (   )로, 윤 직원은 창식이 돈이 필요할 때만 찾아온다고 생각함.

윤종수	윤종학
• 윤창식의 아들로, 방탕한 생활을 하고 있음. • 윤 직원은 방탕한 종수를 마음에 들어 하지 않음. • 윤 직원은 종수가 가문을 위해 ( )가 되기를 기대함.	• 윤창식의 아들로, 윤 직원은 종학이 경찰서장이 되기를 기대함. • 일본 유학 중 ( ) 운동으로 피검되어 윤 직원을 분노하게 만듦.

시대적 배경

2 이 소설에서 윤 직원이 인식하는 현실과 창작 당시의 실제 현실을 비교하여 살펴보고 빈칸에 들어갈 내용을 써 보자.

윤 직원의 인식	( )	• 화적패, 불한당 같은 수령이 없음. • 일제 통치 아래에서 안정된 생활이 가능함.
실제 현실	( )	• 민족 문화 말살 및 병참 기지화 • 민족의 심리적·물리적 고통 심화

서술상 특징

3 이 소설의 서술상 특징과 효과를 다음과 같이 정리할 때, 빈칸에 들어갈 내용을 써 보자.

서술상 특징	효과
편집자적 논평	( )의 개입을 통해 독자의 이해를 도움.
'–겠다요', '–ㅂ니다' 등과 같은 어투 사용	( ) 창자가 사용하는 경어체 문장을 활용하여 독자에게 친근감을 느끼게 하며, 인물을 조롱하고 희화화함.
비속어 사용 및 상황에 대한 반어적 표현	대상을 희화화하고 격하하여 ( )을 유발함.

채만식 작품에 나타나는 풍자의 특징

풍자는 어떤 사실이나 현상을 있는 그대로 드러내지 않고 과장하거나 왜곡하여 비꼼으로써 웃음을 유발하는 기법을 말합니다. 채만식의 작품에는 이 풍자가 사용된 것이 많습니다. 그리고 또 하나 특징적인 것은 부정적 인물을 전면에 내세운다는 것입니다. 그러니까 부정적 인물을 주인공이나 서술자로 삼는다는 것이지요. 그리고 이 부정적 인물을 한껏 추켜세우고, 부정적 인물의 시선에서 긍정적 인물을 비판하기도 합니다.

이 작품에서도 이러한 특징이 잘 드러납니다. 이 작품의 중심인물은 윤 직원 영감입니다. 그는 인색하고 탐욕적이며, 일제 강점기 현실을 '태평천하'라고 여기는 등 역사의식이 결여된 부정적인 인물입니다. 이 작품에서 작가는 윤 직원 영감을 한껏 추켜세우고, 그의 가치관을 강조합니다. 하지만 그럴수록 오히려 윤 직원 영감에 대한 풍자가 더욱 강해지지요. 또 윤 직원 영감의 입을 빌려, 현실의 문제를 해결하려 하는 긍정적 인물인 종학을 비판하는 모습도 발견할 수 있습니다.

부정적 인물이 긍정적 인물보다 주목을 받고, 긍정적인 인물은 부정적인 인물의 조롱 대상이 된다는 점에서 채만식은 반어적 수법을 잘 활용하고 있다고 볼 수 있습니다. 또 이렇게 부정적 인물을 내세워 풍자하는 채만식의 서술 기법은 일제의 검열을 피해 우회적으로 자신의 생각을 드러내기 위한 것으로도 이해할 수 있습니다.

▲ 채만식

사고력 키우기

이 작품에서 작가가 부정적 인물인 윤 직원을 주인공으로 내세운 이유와, 그를 통해 드러내고자 했던 현실은 무엇인지 추측해 보자.

_____

_____

_____

_____

_____

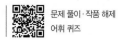

소설 03 유자소전 | 이문구

◉ 전체 줄거리

| 발단 | 유자, 선비의 덕을 지니다 | "이른바 …… 선비적인 덕량의 본보기라 하지 않을 수 없는 친구였다."

작가인 '나'에게는 유재필이라는 친구가 있다. 그는 심성이 밝고 깔끔하며 매사에 생각이 깊고 침착한 인물로, 남의 아픔을 자신의 아픔으로 여길 줄 아는 선비의 덕을 지닌 인물이기에 '나'는 그를 유자라고 부른다. |

| 전개 | 유자, 정계에 몸담다 총수의 운전기사가 되다 | "그는 …… 붙임성이 있었고, …… 두름성이 있었으며, …… 눈썰미와 손속이 뛰어난 터수였다."

유자는 어릴 적부터 입담이 좋고 넉살이 많아 명물로 불리며 인기가 많았다. 중학교 졸업 이후 정치 식객들과 어울리던 유자는 야당 위원장의 일을 돕는다. 4·19 혁명 이후 선거에 당선된 위원장을 따라 상경한 유자는 의원 비서관으로 지내다가 5·16 사건으로 낙향하여 군에 입대한다. 제대 후 고향에서 택시를 몰던 유자는 투철한 직업의식과 장인 정신 덕분에 서울에서 재벌 그룹 총수의 운전기사가 된다. |

| 위기 | 유자, 총수의 위선을 경험하고 결국 쫓겨나다 | "그는 총수가 틀거지만 그럴듯한 보잘것없는 위선자로 비치기 시작하자,"

유자는 비싼 비단잉어를 키우고 집 안에 황금 불상을 두고 사는 총수의 위선을 목격하고, 그동안 총수를 모신 일에 회의를 느낀다. 유자는 모두가 부러워하는 총수의 운전기사 자리를 벗어나고 싶어 하다가, 결국 어느 날 침을 뱉어 불상을 닦다가 총수에게 목격되어 쫓겨난다. |

| 절정 | 유자, 노선 상무가 되어 인간의 도리를 실천하다 | "그는 자신의 양심과 정서를 바탕으로 …… 소임을 다하고자 노력하였다."

총수에게 쫓겨난 유자는 운수 회사의 노선 상무가 되어 교통사고 처리를 떠맡는다. 더 낮은 보직으로 옮긴 것이었지만 유자는 떳떳하고 속 편하다고 위안을 삼으며, 공명정대하면서도 인간적으로 일을 처리하여 사람들의 존경을 받는다. |

| 결말 | 유자, 간암으로 생을 마감하다 | "이제 찬한다. 유명이 갈렸건만 아직도 그대를 찾음이여."

말년에 종합 병원 원무 실장이 된 유자는 6·29 선언 때 시위를 하다가 부상당한 사람들을 치료해 주고 사표를 낸 후 뜻밖의 간암으로 생을 마감한다. 유자를 아는 문인들과 '나'는 유자의 죽음을 애도한다. |

유자가 재벌 총수를 비꼬는 장면

(왜 자주 출제되는가?) 이 장면은 재벌 총수의 운전기사로 일하던 유자가 사람보다 비단잉어를 중시하는 총수를 비꼬는 장면이야. 총수가 애지중지하던 비단잉어가 죽자 유자는 비단잉어를 술안주로 먹고, 이에 화를 내는 총수에게 능청스럽게 대응하며 그를 비꼬고 있어. 웃음을 유발하는 해학과 풍자가 잘 표현되어 있고, 유자의 가치관 등을 엿볼 수 있어서 시험에 자주 출제돼.

유자가 죽은 뒤 유자를 추모하는 장면

(왜 자주 출제되는가?) 이 장면은 유자가 죽은 뒤, 유자와 친분이 있던 사람들이 모여 유자를 추모하는 장면이야. 이 장면에는 유자를 추모하는 시, 그리고 유자에 대한 평가가 요약적으로 담긴 글이 제시되어 있지. 이는 이 작품이 인물의 일대기를 요약적으로 서술하고 마지막에 평가를 붙이는 고전 산문의 양식 중 하나인 '전'의 구조를 계승하고 있음을 보여 주는 부분이야. 이 작품이 한국 문학의 전통을 계승한 작품임을 확인할 수 있어서 시험에 자주 출제돼.

간단 확인

■ 정답과 해설 5쪽

다음을 읽고 이 글의 내용과 일치하면 ○, 일치하지 않으면 ×를 표시해 보자.

1 유자는 성품이 곧고, 빼어난 입담을 지닌 인물이다. ·· (   )

2 유자는 군에 입대하기 전, 의원 비서관으로 지냈다. ·· (   )

3 유자는 재벌 총수에게 실망하면서도 운전기사 일은 계속하고 싶어 했다. ············ (   )

4 유자는 종합 병원에서 근무하던 중 불의의 사고로 생을 마감하였다. ·················· (   )

유자소전

발단 전개 위기 절정 결말

유자가 '나'를 민물고기 집으로 불러내 비단잉어에 얽힌 이야기를 전하는 상황이다.

이문구(1941~2003)
소설가이다. 대표 작품으로 「일락서산」, 「관촌수필」 등이 있다.

| 작품 개관 |
· **갈래:** 단편 소설, 세태 소설
· **성격:** 전기적, 풍자적, 해학적
· **시점:** 1인칭 관찰자 시점(부분적으로 전지적 작가 시점 혼용)
· **배경:** 1970년대, 서울

◆
해후 오랫동안 헤어졌다가 뜻밖에 다시 만남.
이산 김광섭의 호.
사기 중국 한나라의 사마천이 상고(上古)의 황제로부터 전한(前漢) 무제까지의 역대 왕조의 사적을 엮은 역사책.
답쌓이다 사람이나 사물 따위가 한꺼번에 몰리다.
장근 '거의'의 뜻을 나타내는 말.
비일비재 같은 현상이나 일이 한두 번이나 한둘이 아니고 많음.
귀꿈맞다 전혀 어울리지 아니하고 촌스럽다.
한내 충청남도 대천의 옛 지명.
해감내 바닷물 따위에서 흙과 유기물이 썩어서 생긴 찌꺼기의 냄새.
하꾸라이 '외래'를 뜻하는 일본 말.

1970년, 내가 지금의 세종 문화 회관 자리에 있던 예총 회관의 문인 협회 사무실에서 협회 기관지를 편집하고 있을 어름이었다.

어느 날 난데없이 유자가 불쑥 찾아왔다. 10년도 넘어 된 해후였다. 이산(怡山)의 시처럼 "어디서 무엇이 되어 다시 만나랴" 했더니, 그는 재벌 그룹 총수의 승용차 운전수가 되고, 나는 글이라고 끄적거려 봤자 누구 하나 알아주는 이가 없는 무명작가가 되어서 다시 만나게 된 것이었다.

그가 잡지를 보다가 우연히 나를 알아보고, 그 잡지사에 전화로 내 소재를 찾는 번거로운 절차를 무릅쓰고 찾아온 데에는 그 나름의 속셈이 한 가지 있었기 때문이었다. 지금은 대학교수의 부인이 된 자기 누이동생을 내게 중매해 봤으면 하고 찾아본 것이었다. 아니, 결혼을 하면 처자를 굶길 놈인지 먹일 놈인지 우선 그것부터 슬쩍 엿보려고 온 것이었다. 그는 해가 바뀌어 그 누이동생을 여의고 난 뒤에야 비로소 그 말을 내게 하였다. 그는 처음 만났던 날 저녁에 내가 말술을 마시고도 양에 안 차 하는 데에 질려서 대번에 가위표를 쳐 버리고 말았다는 것이었다.

한번은 다 본 책이 있으면 달라고 하여 번역판 『사기(史記)』를 한 질 주었더니, 그 후부터는 올 때마다 책 탐을 드러내는 것이었다. 잡지사 편집실에는 사시장철 기증본으로 들어오는 책만 해도 이루 주체를 못 하도록 더미로 답쌓이기 마련이었다. 그는 오는 족족 자기 욕심껏 그 책 더미를 헐어 갔다. 장근 17년 동안 밥상머리에서도 책을 놓지 않았던 그의 열정적인 독서 생활이야말로 실은 그렇게 출발한 것이었다.

또 책 때문에 오는 것만도 아니었다. 직장에서 답답한 일이 있으면 터놓고 하소연할 만한 상대로서 나를 택했던 것도 비일비재의 경우에 속하였다.

하루는 어디로 어디로 해서 어디로 좀 와 보라고 하기에 물어물어 찾아갔더니, 귀꿈맞게도 붕어니 메기니 하고 민물고기로만 술상을 보는 후미진 대폿집이었다.

나는 한내를 떠난 이래 처음 대하는 민물고기 요리여서 새삼스럽게도 해감내가 역하고 싫었으나, 그는 흙탕 내도 아니고 시궁 내도 아닌 그 해감내가 문득 그리워져서 부득이 그 집으로 불러냈다는 것이었다.

"㉠허울 좋은 하눌타리지, 수챗구녕 내가 나서 워디 먹겠나, 이까짓 냄새가 뭣이 그리워서 이걸 다 돈 주고 사 먹어. 나 원 참, 취미두 별 움둑가지 같은 취미가 다 있구먼."

내가 사뭇 마뜩잖아했더니,

"그래두 좀 구적구적헌 디서 사는 고기가 하꾸라이버덤은 맛이 낫어."

하면서 그날사 말고 수그러들 기미를 보이지 않는 것이었다. 그가 자기주장에 완강할 때는 반드시 경험론적인 설득 논리로써 무장이 되어 있는 경우였다.

"무슨 얘기가 있는 모양이구먼."

"있다면 있구 읎다면 읎는디, 들어 볼라남?"

그는 이야기를 펼쳐 놓았다.

총수의 자택에 연못이 생긴 것은 그 며칠 전의 일이었다. 뜰 안에다 벽이고 바닥이고 시멘트를 들이부어 만들었으니 연못이라기보다는 수족관이라고 하는 편이 알맞은 시설이었다. 시멘트가 굳어지자 물을 채우고 울긋불긋한 비단잉어들을 풀어 놓았다.

1 **윗글의 서술상 특징으로 적절한 것은?**

① 주로 1인칭 관찰자 시점에서 주인공의 일화를 서술하고 있다.

② 주로 1인칭 주인공 시점에서 '나'가 겪은 사건을 서술하고 있다.

③ 주로 1인칭 관찰자 시점에서 주인공을 비판적으로 서술하고 있다.

④ 주로 1인칭 주인공 시점에서 사건들을 분석하면서 서술하고 있다.

⑤ 주로 전지적 작가 시점에서 인물들의 내면 심리를 서술하고 있다.

2 **윗글의 내용과 일치하지 않는 것은?**

① '나'와 유자는 오랜만에 다시 만난 친구 사이이다.

② '나'는 유자와 달리 민물고기 요리를 좋아하지 않았다.

③ 유자는 '나'를 만난 이후 책 읽기에 취미를 들이게 되었다.

④ 유자는 '나'에게 자신의 답답한 사정들을 하소연하고는 했다.

⑤ 유자는 경험이 부족해도 근거가 확실할 때는 완강하게 자기주장을 했다.

3 **㉠과 의미가 통하는 한자 성어로 적절한 것은?**

① 외화내빈(外華內貧)

② 갑론을박(甲論乙駁)

③ 주마간산(走馬看山)

④ 동분서주(東奔西走)

⑤ 오비이락(烏飛梨落)

> **속담·한자 성어 익히기**

- **외화내빈** 겉은 화려하나 속은 빈곤함.

- **갑론을박** 여러 사람이 서로 자신의 주장을 내세우며 상대편의 주장을 반박함.

- **주마간산** 말을 타고 달리며 산천을 구경한다는 뜻으로, 자세히 살피지 아니하고 대충대충 보고 지나감을 이르는 말.

- **동분서주** 동쪽으로 뛰고 서쪽으로 뛴다는 뜻으로, 사방으로 이리저리 몹시 바쁘게 돌아다님을 이르는 말.

- **오비이락** 까마귀 날자 배 떨어진다는 뜻으로, 아무 관계도 없이 한 일이 공교롭게도 때가 같아 억울하게 의심을 받거나 난처한 위치에 서게 됨을 이르는 말.

비단잉어들은 화려하고 귀티 나는 맵시로 보는 사람마다 탄성을 자아내게 하였으나, 그는 처음부터 흘기눈을 떴다. 비행기를 타고 온 수입 고기라서가 아니었다. 그 회사 직원의 몇 사람 치 월급을 합쳐도 못 미치는 상식 밖의 몸값 때문이었다.

"대관절 월매짜리 고기간디 그려?"

내가 물어보았다.

"마리당 팔십만 원씩 주구 가져왔댜."

그 회사 직원들의 봉급 수준을 모르기에 내 월급으로 계산을 해 보니, 자그마치 3년 4개월 동안이나 봉투째로 쌓아야 겨우 한 마리 만져 볼까 말까 한 값이었다.

"웬 늠으 잉어가 사람버덤 비싸다나?"

내가 기가 막혀 두런거렸더니,

"보통 것은 아닐러면그려. ㉠뿰어낸메네토(베토벤)라나 뭬라나를 틀어 주면 그 가락대루 따러서 허구, 차에코풀구싶어(차이콥스키)라나 뭬라나를 틀어 주면 또 그 가락대루 따러서 허구, 좌우간 곡을 틀어 주는 대루 못 추는 춤이 읎는 순전 딴따라 고기닝께. 물고기 두 꼬랑지 흔들어서 먹구사는 물고기가 있다는 건 이번에 그 집에서 츰 봤구먼."

그런데 이 비단잉어들이 어제 새벽에 떼죽음을 한 거였다. 자고 일어나 보니 죄다 허옇게 뒤집어진 채로 떠 있는 것이었다.

총수가 실내화를 꿴 발로 뛰어나왔지만 아무 소용 없는 일이었다.

"어떻게 된 거야?"

한동안 넋 나간 듯이 서 있던 총수가 하고많은 사람 중에 하필이면 유자를 겨냥하며 물은 말이었다.

"글쎄유, 아마 밤새에 고뿔이 들었던 개비네유." / 유자는 부러 딴청을 하였다.

"뭐야? 물고기가 물에서 감기 들어 죽는 물고기두 봤어?"

총수는 그가 마치 혐의자나 되는 것처럼 화풀이를 하려 드는 것이었다.

그는 비위가 상해서

[A]
┌ "그야 팔자가 사나서 이런 후진국에 시집와 살라닝께 여라 가지루다 객고(客苦)가 쌯
│ 여서 조시두 안 좋았을 테구…… 그런디다가 부룻쓰구 지루박이구 가락을 트는 대루
│ 디립다 춰 댔으니께 과로해서 몸살끼두 다소 있었을 테구…… 본래 받들어서 키우는
└ 새끼덜일수록이 다다 탈이 많은 법이니께……."

그는 시멘트의 독성을 충분히 우려내지 않고 고기를 넣은 것이 탈이었으려니 하면서 부러 배참으로 의뭉을 떨었다.

"하는 말마다 저 말 같잖은 소리…… 시끄러 이 사람아."

총수는 말 가운데 어디가 어떻게 듣기 싫었는지 자기 성질을 못 이기며 돌아섰다.

그는 총수가 그랬다고 속상해할 만큼 속이 옹색한 편이 아니었다.

그렇지만 오늘 아침에 들은 말만은 쉽사리 삭일 수가 없었다.

흘기눈 흑보기(눈동자가 한쪽으로 쏠려, 정면으로 보지 못하고 언제나 흘겨보는 사람). 여기서는 못마땅하게 흘겨보는 것을 뜻함.
대관절 여러 말 할 것 없이 요점만 말하건대.
고뿔 '감기'를 일상적으로 이르는 말.
혐의자 범죄를 저질렀을 것으로 의심을 받는 사람.
객고 객지에서 고생을 겪음. 또는 그 고생.
배참 꾸지람을 듣고 그 화풀이를 다른 데다 함.
의뭉 겉으로는 어리석은 것처럼 보이면서 속으로는 엉큼함.
옹색하다 생각이 막혀서 답답하고 옹졸하다.
삭이다 긴장이나 화를 풀어 마음을 가라앉히다.

4 〈보기〉의 밑줄 친 부분에 해당하는 내용으로 적절하지 <u>않은</u> 것은?

〈보기〉

소설에서는 어느 한 지방에서만 쓰는, 표준어가 아닌 말 즉 방언이 쓰이는 경우가 많이 있다. 이 소설에서 방언을 사용하는 유자의 대화 장면은 표준어로 이루어진 대화보다 <u>더욱 다양한 효과를 거두고 있다.</u>

① 사실적 느낌을 준다.

② 현장감을 느끼게 한다.

③ 인물을 생동감 있게 만든다.

④ 향토적 정감을 불러일으킨다.

⑤ 현실 비판적 태도를 드러낸다.

> 개념+ **방언 사용의 효과**
>
> '방언'은 특정한 지역이나 사회 계층에서 사용하는 언어 체계를 뜻하는 말로, 소설에서는 주로 특정 지역을 기반으로 형성되어 해당 지역의 전통과 역사, 정서가 배어 있는 지역 방언이 쓰이는 경우가 많음. 작가들은 특정 인물을 구체적으로 형상화하거나 사실성·현장성·생동감 등을 높이기 위해 방언을 적극적으로 사용하기도 함.

5 [A]에 나타난 유자의 말하기 방식으로 적절한 것은?

① 능청스러운 말투로 상대방을 비꼬고 있다.

② 자신의 생각을 논리적으로 주장하고 있다.

③ 상대방을 진정시키려고 부드럽게 말하고 있다.

④ 의도적으로 상대방을 높이면서 아첨하고 있다.

⑤ 일어난 사건에 대해 객관적으로 설명하고 있다.

6 〈보기〉를 참고하여 ㉠을 이해한 내용으로 가장 적절한 것은?

〈보기〉

언어유희는 어떤 의미를 암시하거나 전달하기 위해 재치 있게 꾸미는 표현이다. 언어유희에는 문장의 어순을 바꾸거나 발음의 유사성을 이용하거나 유사한 음운을 반복하거나 동음이의어를 이용하는 방법 등이 있다.

① 문장의 어순을 바꾼 언어유희이다.

② 동음이의어를 이용한 언어유희이다.

③ 발음의 유사성을 이용한 언어유희이다.

④ 유사한 음운을 반복하는 언어유희이다.

⑤ 유사한 음운을 반복하고 문장의 어순을 바꾼 언어유희이다.

총수는 오늘도 연못이 텅 빈 것이 못내 아쉬운지 식전마다 하던 정원 산책도 그만두고 연못가로만 맴돌더니

"유 기사, 어제 그 고기들은 다 어떡했나?"

또 그를 지명하며 묻는 것이었다.

그는 아무렇지 않게 대답했다.

"한 마리가 황소 너댓 마리 값이나 나간다는디, 아까워서 그냥 내뻗지기두 거시기 허구, 비싼 고기는 맛두 괜찮겄다 싶기두 허구…… 게 비눌을 대강 긁어서 된장끼 좀 허구, 꼬치장두 좀 풀구, 마늘두 서너 통 다져 놓구, 멀국두 좀 있게 지져서 한 고뿌덜씩 했지유."

"뭣이 어쩌구 어째?" / "왜유?"

"왜애유? 이런 ㉠잔인무도한 것들 같으니……."

총수는 ㉡분기탱천하여 부쩌지를 못하였다. 보아하니 아는 문자는 다 동원하여 호통을 쳤으면 하나 혈압을 생각하여 참는 눈치였다.

"달리 처리헐 방법두 읎잖은감유."

총수의 성깔을 덧들이려고 한 말이 아니었다. 그가 할 수 있는 것이 그 방법 말고는 없었기 때문에 그렇게 ㉢뒷동을 단 거였다.

총수는 우악스럽고 무식하기 짝이 없는 아랫것들하고 ㉣따따부따해 봤자 공연히 위신이나 흠이 가고 득될 것이 없다고 판단했는지, 숨결이 웬만큼 고루 잡힌 어조로,

"그 불쌍한 것들을 저쪽 잔디밭에다 고이 묻어 주지 않고, 그래 그걸 술안주해서 처먹어 버려? 에이…… 에이…… 피두 눈물두 없는 독종들……."

하고 혼잣말처럼 중얼거리면서 들어가 버리는 것이었다.

"그리, 지져 먹어 보니 맛이 워떻타?"

내가 물은 말이었다.

"워떻기는 뭬가 워뗘…… 살이라구 허벅허벅헌 것이, 별맛도 읎더구만그려."

하고 그는 다시 말을 이었다.

"내가 독종이면 저는 말종인디…… 좌우지간 맛대가리 읎는 서양 물고기 한 사발에 국산 욕을 두 사발이나 먹구 났더니, 지금지금허구 해감내가 나더래두 이런 붕어 지지미 생각이 절루 나길래 예까장 나오라구 했던겨."

총수는 그 뒤로 그를 비롯하여 비단잉어를 나눠 먹었음 직한 대문 경비원이며, 보일러실 화부며, 자녀들 등하교용 승용차 운전수며, 자택에서 근무하는 종업원들에게는 조석으로 눈을 흘기면서도, 비단잉어 회식 사건을 ㉤빌미로 인사이동을 단행할 의향까지는 없는 것 같았다.

그는 하루바삐 총수의 승용차 운전석을 떠나고 싶었다. 남들은 그룹 소속 운전수들의 정상(頂上)이나 다름없는 그 자리에 서로 못 앉아서 턱주가리가 떨어지게 올려다보고들 있었지만, 그는 총수가 틀거지만 그럴듯한 보잘것없는 위선자로 비치기 시작하자, 그동안 그런

◆
멀국 국물.
고뿌 컵.
덧들이다 남을 건드려서 언짢게 하다.
위신 위엄과 신망을 아울러 이르는 말.
허벅허벅하다 과일 따위가 너무 익었거나 딴 지 오래되어 물기가 적고 퍼석퍼석하다.
지금지금하다 음식에 섞인 모래나 흙 따위가 거볍게 자꾸 씹히다.
화부 기관이나 난로 따위에 불을 때거나 조절하는 일을 맡은 사람.
틀거지 튼실하고 위엄이 있는 겉모양.
칙살맞다 하는 짓이나 말 따위가 얄밉게 잗고 다랍다.

줄도 모르고 주야로 모셔 온 나날들이 그렇게 욕스러울 수가 없었고, 그런 위선자에게 이렇 듯 매인 몸으로 살 수밖에 없는 구차스러운 삶이 칙살맞고 가련하지 않을 수가 없었다.

7 윗글에 대한 설명으로 적절한 것은?

① 유자의 일화를 통해 그의 무례한 태도를 비꼬고 있다.

② 유자에 대한 희극적인 묘사를 통해 그의 업적을 드러내고 있다.

③ 유자의 일화를 통해 독자에게 삶에 대한 반성을 촉구하고 있다.

④ 유자의 특징을 드러내는 일화를 통해 현대인의 모습을 비판하고 있다.

⑤ 현실에 저항하는 유자의 모습을 통해 사회 제도의 변화를 촉구하고 있다.

8 총수에 대한 설명으로 가장 적절한 것은?

① 동물의 생명을 소중히 여기는 이타적 인물이다.

② 상류층의 허영심을 드러내는 위선적인 인물이다.

③ 자신의 잘못을 깨끗이 인정하고 자책하는 인물이다.

④ 어려운 상황을 웃음으로 넘기는 긍정적인 인물이다.

⑤ 힘겨운 상황에서도 사리 판단을 정확하게 하는 인물이다.

9 ㉠~㉤의 뜻풀이로 적절하지 않은 것은?

① ㉠: 더할 수 없이 잔인함.

② ㉡: 분한 마음이 하늘을 찌를 듯이 북받쳐 오름.

③ ㉢: 일의 뒷부분. 또는 뒤 토막.

④ ㉣: 큰소리로 떠드는 모양.

⑤ ㉤: 재앙이나 탈 따위가 생기는 원인.

(인물의 특징)

1 이 소설에 등장하는 인물의 특징을 다음과 같이 정리할 때, 빈칸에 들어갈 내용을 써 보자.

유자	총수
총수가 아끼는 비싼 비단잉어가 죽자 술안주로 요리해 먹음.	비단잉어를 사람보다 아끼며 비단잉어를 먹은 직원들을 ( )이라고 비난함.

↓ ↓

위선적인 ( )를 풍자하고 비꼬며 비판하는 인물	상류층의 허영심과 사치스러움을 보여 주는 위선적인 인물

(서술상 특징)

2 이 소설의 서술상 특징과 효과를 다음과 같이 정리할 때, 빈칸에 들어갈 내용을 써 보자.

서술상 특징	효과
• 충청도 ( )을 사용함. • 발음의 유사성을 이용한 언어유희를 사용함. • 비속어와 우스꽝스러운 말로 비꼬는 어투를 사용함.	• 토속적인 정감과 사실성을 획득함. • 총수의 허영과 사치를 풍자함. • 총수를 비꼬며 ( ) 태도를 드러냄.

(소재의 의미)

3 이 소설에 사용된 중심 소재의 상징적 의미와 역할을 살펴보고 빈칸에 들어갈 내용을 써 보자.

(   )
회사 직원의 몇 사람 치 월급을 넘어서는 비싼 가격

↓

유자와 총수 사이에 갈등을 유발함.

↓

• 상류층의 사치스러움과 허영심을 보여 줌. • 총수와 유자의 가치관 차이를 보여 주면서 유자의 신념과 소신을 드러냄.

↓

(   ) 만능주의의 가치관을 비판함.

깊이 읽기

'전(傳)'의 양식

이 작품의 제목은 '유자소전(俞子小傳)'입니다. '전(傳)'은 어떤 특정 인물의 일대기를 요약적으로 서술하고, 교훈적인 내용이나 비판을 덧붙여 일정한 관점에서 평가하는 전기 문학의 한 갈래를 말합니다. '소전(小傳)'이라고 했으니 그중에서도 짧은 전기라고 이해할 수 있습니다. '전(傳)'은 우리나라의 소설 형성 과정에서 적지 않은 영향을 미친 것으로 추측되고 있습니다. 「춘향전」, 「심청전」, 「전우치전」, 「흥부전」 등 고전 소설의 제목이 대부분 '전(傳)' 형식으로 되어 있다는 것이 대표적입니다.

'전(傳)'은 보통 '인물의 출생과 가계 → 인물의 생애를 대표할 만한 일화(삽화) → 인물에 대한 작가의 논평(평가)'의 구조를 지닙니다. 이 작품은 이러한 전통적인 전(傳)의 형식에 충실하게 구성되어 있습니다. 유자의 출생과 성장 과정에 대한 이야기를 먼저 서술하고, 유자의 품성을 보여 주는 여러 이야기를 시간 순서에 따라 일대기적으로 제시합니다. 그리고 유자의 사망 이후 '이제 찬(讚)한다.'라며 유자에 대한 서술자의 평가를 곁들이고 있습니다.

이처럼 소설 「유자소전」은 유자라는 인물의 삶을 전통적인 전(傳)의 양식을 차용하여 완성한 작품입니다. 작품 안에 가득한 해학과 풍자도 한국 문학의 전통적인 특징을 잘 보여 주는 것이며, 이러한 점에서 이 작품은 한국 문학의 전통을 계승한 작품이라고 평가할 수 있습니다.

사고력 키우기

〈보기〉를 참고하여 비단잉어와 관련한 일화에 나타난 유자의 인물됨을 설명해 보자.

보기

고전 문학의 서술 양식인 '전(傳)'은 인물의 생애를 대표할 만한 일화를 선택하여 인물에 대한 특징이나 사람됨을 드러낸다. '전(傳)'에서 서술하는 인물의 사람됨은 후세에 전하고 본보기가 될 만한 것이기에, 후세 사람들은 '전(傳)'에서 서술한 인물의 사람됨을 높이 평가하였다.

_____

_____

_____

_____

_____

04 노새 두 마리 | 최일남

문제 풀이 · 작품 해제
관련 영상 · 어휘 퀴즈

✿ 전체 줄거리

발단

새 동네가 들어서며 동네가 크게 변화하다

"하나둘 문화 주택이 들어서더니 이제는 제법 그럴듯한 동네 꼴이 잡혀 갔다."

2년 전 말과 바꾼 노새를 운송 수단으로 연탄 배달을 하는 아버지. '나'는 그런 아버지를 따라다니며 배달 일을 돕는다. 그러던 중 새 동네가 들어서면서 연탄 배달 주문이 많아진다. 새 동네 사람들은 구 동네 사람들과 달리 짐을 실은 마차를 끄는 노새에 많은 관심과 호기심을 보인다.

전개

연탄 배달을 하던 중 노새가 달아나다

"허우적거리며 마차에 질질 끌려가던 노새가 마차가 내박질러진 자리에서 벌떡 일어서더니 뒤도 안 돌아보고 냅다 뛰기 시작한 것이다."

어느 날, 연탄 배달을 위해 가파른 골목길을 오르던 중 마차가 아래로 밀려 내려가고, 노새가 고꾸라진다. 그리고 자유롭게 된 노새가 순식간에 달아난다. '나'와 아버지는 반대 방향으로 헤어져 노새를 찾으러 갔지만 끝내 노새를 찾지 못한다.

위기

'나', 아버지와 함께 노새를 찾으러 다니다

"아버지와 나는 한도 끝도 없이 걸었다. …… 노새는 보이지 않았다."

그날 밤, '나'는 노새가 번화가와 시장을 뛰어다니며 사람들을 놀라게 하고, 물건을 뒤엎는 등 동네를 난장판으로 만든 뒤 고속도로로 나가 멀리 달아나는 꿈을 꾼다. 다음 날 아침, 잠에서 깬 '나'는 아버지와 함께 다시 노새를 찾아 나선다.

절정

'나', 아버지가 노새와 닮았다고 생각하다

"그러다가 아버지의 얼굴이 어쩌면 그렇게 말이나 노새와 닮았는지 모르겠다고 생각하였다."

해가 질 무렵, '나'와 아버지는 정처 없이 걷다가 동물원으로 들어선다. '나'는 얼룩말이 있는 우리 앞에 선 아버지가 노새와 닮았다고 생각한다. 동물원을 나와 술만 거푸 마시던 아버지는 이제부터 자신이 노새라면서 취한 채 웃고, '나'도 따라 웃는다.

결말

아버지, 경찰이 찾아왔었다는 말을 듣고 말 없이 집을 나가다

"나는 그 순간 또 한 마리의 노새가 집을 나가는 것 같은 착각을 일으켰다."

집으로 돌아오자 어머니가 노새가 사람들을 다치게 하고 가게 물건들을 박살 내어 경찰이 찾아왔었다는 소식을 전한다. 그 말을 들은 아버지는 말 없이 문밖으로 나가 어두운 골목길로 향한다. '나'는 아버지를 찾아 캄캄한 골목길을 뛰어다닌다.

✿ 시험에 꼭 나오는 핵심 장면

새 동네와 구 동네가 소개되는 장면

(왜 자주 출제되는가?) 이 장면은 새 동네와 구 동네의 모습이 구체적으로 드러나 있는 장면이야. 이를 통해 당시 국가 정책으로 2층 슬래브 집, 통칭 문화 주택이 새로 들어서기 시작했지만, 가난한 사람들은 이전부터 지내던 허름한 판잣집에 그대로 살고 있었음을 알 수 있어. 당시의 사회·문화적 변화, 도시 개발이 이루어지던 1970년대의 시대상을 엿볼 수 있어서 시험에 자주 출제돼.

노새를 찾다 집에 돌아온 아버지가 다시 집을 나가는 장면

(왜 자주 출제되는가?) 이 장면은 도망간 노새를 찾지 못하고 집으로 돌아온 아버지가, 노새가 사람을 다치게 하고 가게 물건들을 박살 내어 경찰이 찾아왔었다는 소식을 듣고 말 없이 집 밖으로 나가 어두운 골목길로 향하는 장면이야. '나'는 아버지의 모습을 보며 또 한 마리의 노새가 집을 나가는 것 같은 착각을 느끼지. 아버지와 노새는 모두 변화한 시대에 적응하지 못하는 존재라고 할 수 있는데, 이 점에서 작품의 주제를 엿볼 수 있어서 시험에 자주 출제돼.

🐛 간단 확인
■ 정답과 해설 6쪽

다음을 읽고 이 글의 내용과 일치하면 ○, 일치하지 않으면 ×를 표시해 보자.

1 노새는 아버지가 연탄 배달을 할 때 짐을 끄는 운송 수단이다. .... (   )

2 노새가 도망을 친 것은 새 동네 사람들의 지나친 관심과 호기심 때문이다. .... (   )

3 '나'는 동물원에서 아버지가 노새와 닮았다고 생각했다. .... (   )

4 아버지는 노새의 난동으로 경찰이 찾아왔었다는 말을 듣고 말 없이 집을 나갔다. .... (   )

노새 두 마리

발단 전개 위기 절정 결말

새 동네가 생긴 후, 아버지가 노새를 이용해 짐을 많이 싣고 연탄 배달 일을 하는 상황이다.

최일남(1932~2023)
소설가이자 언론인이다. 대표작 「흐르는 북」으로 이상 문학상을 수상하였다.

| 작품 개관 |
· 갈래: 현대 소설, 단편 소설
· 성격: 현실적, 비극적
· 시점: 1인칭 관찰자 시점
· 배경: 1970년대, 서울 변두리 동네

◆
노새 말과의 포유류. 암말과 수나귀 사이에서 난 잡종으로 크기는 말보다 약간 작으며, 머리 모양과 귀·꼬리·울음소리는 나귀를 닮았다.
문화 주택 생활하기에 편리하고 보건 위생에 알맞은 새로운 형식의 주택.
슬래브 콘크리트 바닥이나 양옥의 지붕처럼 콘크리트를 부어서 한 장의 판처럼 만든 구조물.
등속 나열한 사물과 같은 종류의 것들을 몰아서 이르는 말.
비단 부정하는 말 앞에서 '다만', '오직'의 뜻으로 쓰이는 말.
홉 부피의 단위. 한 홉은 한 되의 10분의 1로 약 180밀리리터에 해당한다.

그 골목은 몹시도 가팔랐다. 아버지는 그 골목에 들어서기만 하면 미리 저만치 앞에서부터 마차를 세게 몰아가지고는 그 힘으로 하여 단숨에 올라가곤 했다. 그러나 이 작전이 매번 성공하는 것은 아니고 더러는 마차가 언덕의 중간쯤에서 더 올라가지를 못하고 주춤거릴 때도 있었다. 그러면 아버지는 이마에 심줄을 잔뜩 돋우며,

"이랴 이랴."

하면서 노새의 잔등을 손에 휘감고 있는 긴 고삐 줄로 세 번 네 번 후려쳤다. 노새는 그럴 때마다 뒷다리를 바득바득 바둥거리며 안간힘을 쓰는 듯했으나 그쯤 되면 마차가 슬슬 아래쪽으로 미끄러져 내리기는 할망정 조금씩이라도 올라가는 일은 드물었다.

물론 마차에 연탄을 많이 실었을 때와 적게 실었을 때에도 차이는 있었다. 적게 실었을 때는 그까짓 것 달랑달랑 단숨에 오르기도 했지만, 그런 때는 드물고 대개는 짐을 가득가득 싣고 다녔다. 가득 실으면 대충 오백 장에서 육백 장까지 실었는데 아버지는 그래야만 다소 신명이 나지 이백 장이나 삼백 장 같은 것은 처음부터 성이 안 차는 눈치였으며, 백 장쯤은 누가 부탁도 안 할뿐더러 아버지도 아예 실으려고 하지도 않았다.

우리 동네는 변두리였으므로 얼마 전까지도 모두 그날그날 벌어먹고 사는 사람들이 많아 연탄 배달도 일거리가 그리 많지 않았다. 기껏해야 구멍가게에서 두서너 장을 사서는 새끼줄에 대롱대롱 매달고 가는 게 고작이었다. 그랬는데 이삼 년 전부터 아직도 많은 빈터에 집터가 다져지고, 하나둘 문화 주택이 들어서더니 이제는 제법 그럴듯한 동네 꼴이 잡혀 갔다. 원래부터 있던 허름한 집들과 새로 생긴 집들과는 골목 하나를 경계로 하여 금을 긋듯 나누어져 있었는데, 먼 데서 보면 제법 그럴싸한 동네로 보였다. 일단 들어와 보면 지저분한 헌 동네가 이웃에 널려 있지만 그냥 먼발치로만 보면 2층 슬래브 집들에 가려 닥지닥지 붙인 판잣집 등속이 보이지 않으므로 서울의 변두리에 흔한 여느 신흥 부락으로만 보였다.

동네가 이렇게 바뀌자 그것을 가장 좋아한 사람 중의 하나가 아버지였다. 아까 말한 대로 그전에는 동네 사람들이 연탄을 두서너 장, 많아야 이삼십 장씩만 사가는 터여서 아버지의 일거리가 적고, 따라서 이곳에서 이삼 킬로나 떨어진 딴 동네까지 배달을 가야 했는데 동네에 새 집이 많이 들어서면서부터는 그렇게 먼 걸음을 하지 않아도 되었기 때문이다. 그런 집에서 연탄을 한번 들여놓았다 하면 몇 달씩 때니까 자주 주문을 하지 않아서 아버지의 일감이 이 동네에서 끝나는 것만은 아니고, 여전히 타동네까지 노새 마차를 몰기는 했지만 그전보다는 자주 먼 곳까지 가지 않아도 된 것만은 사실이었다.

㉠새 동네(우리는 우리가 그전부터 살던 동네를 ㉡구 동네, 문화 주택들이 차지하고 들어선 동네를 새 동네라 불렀다.)가 생기면서 좋아한 것은 비단 아버지만은 아니었다. 구 동네에 두 곳 있던 구멍가게 주인들도 은근히 무언가를 기대하는 눈치였다. 그전까지는 가게의 물건들이 뽀얗게 먼지를 쓰고 있었고, 두 홉짜리 ⓐ소주병만 육실하게 많았는데 그 병들 사이에 차츰 환타니 미린다니 하는 ⓑ음료수병들이며 퍼머스트 아이스크림도 섞이고,

할머니의 주름살처럼 주름이 좍좍 가 말라비틀어진 ©사과 사이에 @귤 상자도 끼게 되었
다. 그전에는 볼 수 없었던 우유 배달부가 아침마다 골목을 드나들고, 갖가지 신문 배달부
가 조석으로 골목 안을 누비고 다녔다.

1 윗글의 갈래상 특징으로 적절한 것은?

① 운율이 있는 함축적인 언어로 주제를 형상화한다.
② 작품 속 등장인물의 행동을 지시하는 지시문이 존재한다.
③ 작가의 실제 체험을 바탕으로 얻게 된 깨달음을 전달한다.
④ '발단 – 전개 – 위기 – 절정 – 결말'과 같은 일련의 구성 단계를 보안다.
⑤ 시간적·공간적 제약이 많으며, 인물의 대화와 행동을 통해서 내용이 전개된다.

2 〈보기〉를 참고하여 ㉠과 ㉡을 이해한 내용으로 적절하지 <u>않은</u> 것은?

┌─────────────── 보기 ───────────────┐
1970년대는 전쟁 후 황폐했던 사회가 어느 정도 안정을 찾으며 산업화와 도시화가 급속하
게 이루어진 시기이다. 삶의 여건도 많이 변화하여, 농촌 사회가 해체되고 농민들이 산업 노동
자로 유입되었으며, 이에 따라 인구가 도시에 집중하여 도시 빈민이 생기게 되었다. 이 무렵
인간 소외, 농촌 공동체의 붕괴 등이 사회적 문제로 대두되면서, 이 시기 도시에 밀집한 하층
민들의 고단한 삶을 묘사한 작품이 많이 등장했다.
└─────────────────────────────────┘

◆
황폐하다 집, 토지, 삼림 따
위가 거칠어져 못 쓰게 되다.

① ㉠은 도시화가 이루어지고 있는 장소라고 할 수 있겠군.
② ㉠은 문화 주택과 같은 소재들이 존재하는 장소라고 할 수 있겠군.
③ ㉡은 도시의 하층민들이 거주하는 공간이라고 할 수 있겠군.
④ ㉡은 슬래브 집과 같은 소재들이 존재하는 장소라고 할 수 있겠군.
⑤ ㉠과 ㉡은 모두 변화하고 있는 1970년대 사회의 모습을 보여 준다고 할 수 있겠군.

3 ⓐ~ⓓ 중 그 속성이 판잣집 과 유사한 것끼리 묶인 것은?

① ⓐ, ⓑ   ② ⓐ, ⓒ   ③ ⓐ, ⓓ
④ ⓑ, ⓒ   ⑤ ⓑ, ⓓ

발단-전개-위기-절정-결말

연탄 배달 일을 하는 데 이용되는, '나'의 집 노새를 설명하는 상황이다.

우리 집에 노새가 들어온 것은 이 년 전이었다. 그 전까지는 말을 부렸는데 누군가가 노새와 바꾸지 않겠느냐고 제의해 왔다. 싫으면 웃돈을 조금 얹어 주고라도 바꾸어 주겠다는 것이었다. 한 삼 년 가까이 그 말을 부려 온 아버지는 막상 놓기가 싫은 모양이었으나 그 말이 눈이 자주 짓무르고, 뒷다리 복사뼈 근처에 늘 상처가 가시지 않는 등 잔병치레가 잦은 터라 두 번째 말을 걸어왔을 때 그러자고 응낙해 버렸다. 할머니와 어머니, 그리고 큰형은 그래도 말이 낫지 그까짓 노새가 무슨 힘을 쓰겠느냐고, 바꾸지 말자고 했으나 노새를 한번 보고 온 아버지는 어떻게 생각했는지 그 길로 노새와 말을 맞바꾸었다. 아닌 게 아니라 노새는 힘이 하나도 없어 보였다. 보기에도 비리비리한 게 약하디 약하게만 보였다. 할머니나 어머니, 그리고 큰형은 그것 보라고, 이게 어떻게 그 무거운 연탄 짐을 나르겠느냐고 빈정댔는데 그래도 아버지는 가타부타 말이 없이 노새를 우리로 끌고 가 우선 솔질부터 시작했다. 말이 우리이지 그것은 방과 바로 잇닿아 있는 처마를 조금 더 달아낸 곳에 있었다. 그래서 우리 집에는 항상 말 오줌 냄새가, 똥 냄새가 가실 날이 없었다. 그뿐 아니라 그 우리의 바로 옆방이 내가 할머니나 큰형과 함께 자는 방이었으므로 나는 잠결에도 노새가 앉았다가 일어나는 소리, 히힝거리는 소리, 방귀 소리까지 들을 수 있었다. 어쨌거나 이 노새가 들어오면서 그 뒤치다꺼리는 주로 내가 맡게 되었다. 큰형도 더러 돌봐 주기는 했으나 큰형마저 군에 들어가고 난 뒤부터는 나에게 진직으로 그 일이 맡겨졌다. 고등학교를 나온 작은형이 있기는 해도 그는 아버지나 어머니의 성화에 아랑곳없이, 늘상 밖으로 싸다니기만 하고 집에 있을 때도 기타를 들고 골방에 처박히기가 일쑤였다. 가엾게도 노새는 원래는 회색빛이었는데도 우리 집에 온 뒤로는 차츰 연탄 때가 묻어 검정빛으로 변해 갔다. 엉덩이께는 물론 갈기도 까맣게 연탄 가루가 앉아 있었다. 내가 깜냥으로는 지성스럽게 털어 주고 닦아 주고 하는데도, 연탄 때는 속살까지 틀어박히는지 닦아 줄 때만 조금 희끗하다가 한바탕 배달을 갔다 오면 도로 그 모양이었다. 하지만 노새도 내 그런 정성을 짐작은 하는지, 멍청히 서 있다가도 내가 가까이 가면 고개를 위아래로 흔들어 아는 체를 했다. 그랬는데 그 노새가 오늘은 우리 집에 없다.

노새가 갑자기 달아난 건 어저께 일이었다. 아버지는 연탄을 실은 뒤 노새의 고삐를 잡고 나는 그냥 뒤따르고 있었다. 내가 뒤따르는 것은 아버지에게 큰 도움이 못 되고 하릴없이 따라다니기만 할 뿐이었다. 야트막한 언덕길을 오를 때 마차의 뒤를 밀기도 했으나 그것은 그대로 시늉일 뿐, 내 어린 힘으로 어떻게 된다든가 하는 일은 없었다. 아버지는 이따금 따라다니지 말고 집에 가서 공부나 하라고 했지만, 내가, 공부를 다 했어요, 하면 그 이상 더 말리지는 않았다. 그러나 탄을 싣거나 부릴 때 내가 거들려고 나서면 아버지는 한사코 그걸 말렸다. 아버지가 그랬으므로 나는 그러면 더 좋지 하는 홀가분한 마음으로 망아지 모양 마차 뒤만 졸졸 따라다녔다. 바로 어저께도 그랬다. 새 동네의 두 집에서 이백 장씩 갖다 달라고 해서 아버지는 연탄 사백 장을 싣고 새 동네로 들어가는 그 가파른 골목길을 들어서고 있었다. 얘기의 앞뒤가 조금 뒤바뀌었지만 우리 아버지는 연탄 가게의 주인이 아니

비리비리하다 비틀어질 정도로 여위고 연약하다.
뒤치다꺼리 뒤에서 일을 보살펴서 도와주는 일.
깜냥 스스로 일을 헤아림. 또는 헤아릴 수 있는 능력.
지성스럽다 보기에 지극히 정성스러운 데가 있다.
하릴없이 달리 어떻게 할 도리가 없이.
구전 흥정을 붙여 주고 그 보수로 받는 돈.

고 큰길가에 있는 연탄 공장에서 배달 일만 맡고 있다. 그러므로 연탄 공장의 배달 주임이 어느 동네 어느 집에 몇 장을 배달해 주라고 하면, 그만한 양의 탄을 실어다 주고 거기 따르는 구전만 받으면 그만이었다. 그런데 한 가지 자랑스러운 일은 아버지는 아무리 찾기 힘든 집이라도 척척 알아낸다는 것이다.

4 윗글의 내용과 일치하지 <u>않는</u> 것은?

① '나'의 집에서 부리던 말은 잔병치레가 많았다.
② '나'의 집은 예전에 노새와 함께 말을 부리고 있었다.
③ 할머니는 말을 노새로 바꾸자는 말에 동의하지 않았다.
④ 아버지는 연탄을 실을 때, '나'가 돕지 못하도록 하였다.
⑤ 아버지는 '나'에게 자신을 따라다니지 말고 공부를 하라고 하였다.

5 윗글의 서술자가 이야기를 전달하는 방식으로 적절한 것은?

① 서술자가 작품 안에서 자신의 이야기를 전달하고 있다.
② 서술자가 작품 밖에서 사건을 관찰하여 전달하고 있다.
③ 서술자가 작품 안에서 주로 다른 인물의 이야기를 전달하고 있다.
④ 서술자가 작품 안과 밖을 넘나들며 사건을 다각도로 조명하고 있다.
⑤ 서술자가 작품 밖에서 사건의 내막은 물론 인물의 내면 심리까지 전달하고 있다.

 서술자

작가가 창조해 낸 가상의 존재로, 작품에서 이야기를 전달하는 존재를 뜻함. 서술자의 위치와 태도에 따라 소설의 시점이 달라짐.

 6 〈보기〉의 밑줄 친 부분에 해당하는 인물들을 바르게 묶은 것은?

보기

아버지가 이 년 전 말과 바꾸어 집 안에 들이게 된 노새는 힘이 없고 약하며, 비리비리한 모습으로 묘사된다. 이러한 노새를 등장인물들은 각기 다른 태도로 대하는데, 인물들은 노새를 동정하거나 긍정적으로 바라보는 인물군과 노새를 부정적으로 바라보는 인물군으로 분류할 수 있다.

① 나, 작은형   ② 나, 아버지   ③ 큰형, 어머니
④ 할머니, 어머니   ⑤ 어머니, 아버지

우리 동네가 저만치 보였을 때 아버지는 바로 눈앞에 있는 대폿집에서 발을 멈추었다. 힐끗 나를 돌아보고 나서 다짜고짜 나를 술집으로 끌고 들어갔다. 이런 일도 전에는 없던 일이었다. 술집 안에는 사람들이 가득 차서 왁왁 떠들어 대고 있었다. 돼지고기를 굽는 냄새, 찌개 냄새, 김치 냄새가 집 안에 가득했다. 사람들은 우리를 의아스런 눈초리로 쳐다보았으나 이내 시선을 거두고 자기들의 얘기 속으로 다시 들어갔다. 나는 들어가자마자 그 냄새들을 힘껏 마셨다. 쓰러질 것 같았다. 아버지는 소주 한 병과 안주를 시키더니 안주는 내 쪽으로 밀어 주고 술만 거푸 마셔 댔다. 아버지는 술이 약한 편이어서 저러다가 어쩌나 하고 걱정이 되었다.

㉠"아버지, 고만 드세요. 몸에 해로워요."

"으응." / 대답하면서도 아버지는 술잔을 놓지 않았다. 얼마나 지났을까. 안주를 계속 주워 먹었으므로 어느 정도 시장기를 면한 나는 비로소 아버지를 쳐다보았다.

"이제부터 내가 노새다. 이제부터 내가 노새가 되어야지 별수 있니? 그놈이 도망쳤으니까, 이제 내가 노새가 되는 거지."

기분 좋게 취한 듯한 아버지는 놀라는 나를 보고 히힝 한번 웃었다. 나는 어쩐지 그런 아버지가 무섭지만은 않았다. 그러면 형들이나 나는 노새 새끼고, 어머니는 암노새고, 할머니는 어미 노새가 되는 것일까? 나도 아버지를 따라 **히히힝** 웃었다. 어른들은 이래서 술십에 오는 모양이었다. 나는 안주만 집어 먹었는데도 술 취한 사람마냥 턱없이 즐거웠다. 노새 가족 ― 노새 가족은 우리 말고는 이 세상에 또 없을 것이다.

그러나 이러한 생각은 아버지와 내가 집에 당도했을 때 무참히 깨어지고 말았다. 우리를 본 어머니가 **허둥지둥** 달려 나와 매달렸다.

"㉡이걸 어쩌우, 글쎄 경찰서에서 당신을 오래요. 그놈의 노새가 사람을 다치게 하고 가게 물건들을 박살을 냈대요. 이걸 어쩌지." / ㉢"노새는 찾았대?"

"찾고나 그러면 괜찮게요? 노새는 간데온데없고 사람들만 다치고 하니까, 누구네 노새가 그랬는지 수소문 끝에 우리 집으로 순경이 찾아왔지 뭐유."

오늘 낮에 지서에서 나온 사람이 우리 노새가 튀는 바람에 여기저기서 많은 피해를 입었으니 도로 무슨 법이라나 하는 법으로 아버지를 잡아넣어야겠다고 이르고 갔다는 것이었다. 아버지는 술이 확 깨는 듯 그 자리에 선 채 한동안 눈만 **뒤룩뒤룩** 굴리고 서 있더니 힝 하고 코를 풀었다. 그리고는 아무 말 없이 스적스적 문밖으로 걸어 나갔다. / 나는 ㉣'아버지' 하고 뒤를 따랐으나 아버지는 돌아보지도 않고 어두운 골목길을 나가고 있었다.

나는 그 순간 또 한 마리의 노새가 집을 나가는 것 같은 착각을 일으켰다. 그러고는 무엇인가가 뒤통수를 때리는 것을 느꼈다. 아, 우리 같은 노새는 어차피 이렇게 비행기가 **붕붕거리고**, 헬리콥터가 **앵앵거리고**, 자동차가 빵빵거리고, 자전거가 쌩쌩거리는 대처에서는 발붙이기 어려운 것인가 하는 생각이 들었다. 언젠가 남편이 택시 운전사인 칠수 어머니가 하던 말,

ⓜ"최소한도 자동차는 굴려야지 지금이 어느 땐데 노새를 부려."

했다는 말이 생각났다. 그러나 그것은 잠깐 동안이고 나는 금방 아버지를 쫓았다. 또 한 마

리의 노새를 찾아 캄캄한 골목길을 마구 뛰었다.

7 〈보기〉는 윗글을 읽은 학생들의 대화이다. 〈보기〉의 ⓐ에 들어갈 말로 가장 적절한 것은?

〈보기〉

예성: 예전에는 도시에도 소나 노새가 끄는 짐수레와 지게꾼들이 많이 있었나 봐.
영우: 그러게. 당시 사람들 중 일부는 사라져 가는 지게와 짐수레가 아쉬웠을 것 같아.
예성: 「노새 두 마리」 전체를 보면 노새가 끄는 마차와 그걸 대신하는 삼륜차가 함께 나오던
　　데, 아마 아버지의 노새와 마차도 곧 사라질 운명이었겠지?
영우: 그렇다면 노새는 (　　ⓐ　　)라고 볼 수 있겠네. '나'가 아버지를 노새라고 생각한
　　것은 아버지가 이러한 노새와 비슷하다고 생각했기 때문이겠구나.

① 산업 문명을 상징하는 존재　　　② 마땅히 보호되어야 하는 존재

③ 시대의 변화에 적응하지 못한 존재　④ 새롭게 등장한 세대를 상징하는 존재

⑤ 힘은 있지만 시대를 잘못 타고난 존재

8 〈보기〉는 윗글을 읽은 학생의 감상이다. 〈보기〉의 설명에 부합하는 단어로 적절한 것은?

개념⁺ 음성 상징어

음성 상징어는 의성어와 의
태어를 지칭하는 말로, 의성
어는 '멍멍', '땡땡' 등과 같이
사람이나 사물의 소리를 흉
내 낸 말, 의태어는 '아장아
장', '엉금엉금' 등과 같이 사
람이나 사물의 움직임을 흉
내 낸 말을 뜻함.

〈보기〉

　　잃어버린 노새가 다른 사람들에게 피해를 주고, 그 때문에 아버지가 경찰서에 끌려갈 위기
에 처한 장면을 보니 가슴이 아팠어. 이 소설은 달리 어찌할 방도가 없었던 아버지의 착잡한
심정을 음성 상징어를 활용하여 효과적으로 드러내고 있어.

① 히히힝　　　　② 허둥지둥　　　　③ 뒤룩뒤룩

④ 붕붕거리고　　⑤ 앵앵거리고

9 ㉠~ⓜ에서 짐작할 수 있는 등장인물의 심리로 적절하지 <u>않은</u> 것은?

① ㉠: 아버지를 걱정하는 '나'의 마음을 느낄 수 있다.

② ㉡: 앞으로 벌어질 일에 대해 아버지를 걱정하는 어머니의 마음을 느낄 수 있다.

③ ㉢: 노새를 찾기를 바라는 아버지의 마음을 느낄 수 있다.

④ ㉣: 무능력한 아버지를 원망하는 '나'의 마음을 느낄 수 있다.

⑤ ⓜ: 칠수 어머니가 노새를 부리는 아버지를 무시하고 있음을 느낄 수 있다.

소설의 내용

1 이 소설의 내용을 시간의 흐름에 따라 다음과 같이 정리할 때, 빈칸에 들어갈 내용을 써 보자.

이 년 전	아버지가 말을 노새와 맞바꾸어 집에 데려옴.
	아버지가 말 대신 노새 마차로 ( ) 배달 일을 함.
어제	가파른 골목길에서 노새가 달아나, 아버지와 '나'가 노새를 찾으러 돌아다님.
오늘	노새를 찾지 못하고 돌아온 아버지가 경찰이 찾아왔다는 말을 듣고 집을 나감.
	'나'가 아버지를 보고 또 한 마리의 ( )가 집을 나가는 것처럼 느낌.

제목의 의미

2 이 소설의 제목인 '노새 두 마리'에 담긴 의미를 살펴보고 빈칸에 들어갈 내용을 써 보자.

노새 두 마리

( )	노새

▼

- 힘들고 고달픈 일을 하는 존재
- 산업화된 도시 사회에 어울리지 않는 존재
- 현대 사회의 흐름에 (   )하지 못하고 소외된 존재

소설의 주제

3 이 소설의 창작 의도와 주제를 다음과 같이 정리할 때, 빈칸에 들어갈 내용을 써 보자.

창작 의도		주제
사회 변화로 사라져야 하는 것들에 대한 연민, ( ) 속의 가난한 사람들이 겪어야 하는 삶의 어려움을 보여 주려 함.	→	시대 변화에 적응하지 못하는 도시 소시민의 가난하고 고달픈 삶

노새 '두 마리'의 정체

노새는 암말과 수나귀 사이에서 난 잡종으로 크기는 말보다 약간 작으며, 머리 모양과 귀, 꼬리, 울음소리는 나귀를 닮은 동물입니다. 몸이 튼튼하고 힘이 세어 무거운 짐을 나를 수 있지만 생식 능력이 없어 지금은 보기 귀한 존재가 되었습니다.

이 작품에는 이러한 노새가 한 마리 등장합니다. 그런데 이 작품의 제목은 '노새 두 마리'입니다. 그렇다면 또 하나의 노새는 무엇일까요? 바로 아버지입니다. 노새는 연탄 때가 묻어 털이 검은빛을 띠고 비실해 보입니다. 아버지도 연탄 배달을 하면서 연탄 때가 묻어 노상 시커먼 몰골로 다니지요. 또 무거운 짐을 지고 가파른 언덕을 오르는 노새에서 가족의 생계를 책임져야 하는 가장으로서 힘겹게 살아가는 아버지의 모습을 떠올릴 수 있습니다. 이처럼 이 작품에서 노새는 아버지를 상징합니다. 그리고 이 둘은 모두 급격한 산업화와 도시화로 격변하던 1970년대의 새로운 시대에 적응하지 못하는 존재이기도 합니다.

이 작품의 발단 부분에는 평소 말수가 적고 화내는 일이 드문 아버지가 노새를 못살게 구는 구 동네 아이들에게 "이 때갈 놈의 새끼들, 노새가 밥 달라든, 옷 달라든? 왜 지랄들이야!"라며 크게 화를 내는 장면이 있습니다. 아버지가 화를 낸 것은 단순히 아이들이 노새를 괴롭혀서 였을까요? 어쩌면 아버지 스스로도 노새가 자신과 비슷하다고 느껴서는 아니었을까요?

만약 '나'가 노새를 찾는다면, '나'는 아버지에게 노새를 어떻게 하자고 말할지 생각해 보자.

_____

_____

_____

_____

_____

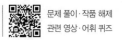
05 줄 | 이청준

⬛ 전체 줄거리

발단

'나', 트럼펫 사내에게서 승천한 줄광대의 이야기를 듣다

"나는 방으로 들어가서 …… 그 소중하다는 이야기를 들었다."

무력하게 살아가던 '나'는 '승천(昇天)한 줄광대'에 관한 기사를 취재해 오라는 문화부장의 지시를 받고 C읍으로 내려간다. '나'는 장의사 주인 사내에게서 줄에서 떨어져 죽은 한 젊은 줄광대가 속한 서커스단의 이야기를 듣고, 서커스단 파산 이후 유일하게 C읍에 남았다는, 지금은 몸이 많이 상한 트럼펫을 불던 사내를 찾아가 그로부터 이야기를 전해 듣는다.

전개

허운, 허 노인에게서 줄타기를 배워 경지에 이르다

"줄에만 올라서면 거기만의 자유로운 세상이 있어야 하는 게야."

젊은 줄광대의 이름은 허운으로, 그에게는 허 노인이라는 아버지가 있었다. 허 노인은 줄타기 한길만을 걸어온 장인 정신의 소유자로, 재주를 부리라는 단장의 요구에도 줄타기 자체에만 전념했다. 허 노인은 허운에게 줄타기를 가르쳤고, 허운이 열여섯 살이 되어서도 줄 타는 것을 허락하지 않다가, 마침내 허운이 경지에 이르자 함께 줄을 타다 떨어져 죽는다.

위기

허운, 여인을 만나고 재주를 부리기 시작하다

"그런데 갑자기 운이 줄 위에서 재주를 피우기 시작했어요."

허 노인이 죽은 뒤, 허운은 허 노인과 마찬가지로 줄 위에서 재주를 부리지 않아 단장으로부터 꾸지람을 듣는다. 단장은 구경꾼의 흥을 돋우기 위해 줄을 그전보다 두 배, 세 배 높이 매단다. 그러던 어느 날, C읍에서 공연을 마치고, 허운은 한 여인에게서 꽃다발을 받는다. 그리고 며칠 뒤부터 허운은 줄 위에서 재주를 부리기 시작한다.

절정

허운, 여인의 진심을 알고 줄을 타다 떨어져 죽다

"그날 밤, 운은 떨어져 죽었습니다."

허운은 여인에게 같이 살자고 말한다. 그러나 한쪽 다리를 절던 여인은 줄을 타고 있는 허운이 아닌, 줄에서 내려온 허운은 사랑하지 않는다고 고백한다. 그날 밤, 허운은 한 번 더 줄을 타겠다고 말하고 줄을 타다 스스로 떨어져 죽는다. 허운이 죽은 뒤, 사람들은 광대가 승천했다고 비웃는다. 그러나 오랜 시일이 지나자 정말로 승천했다고 믿게 된다.

결말

'나', 트럼펫 사내의 죽음 소식을 접하다

"그 사내가 어젯밤에 마지막 피를 쏟았다는구료."

트럼펫 사내에게서 승천한 줄광대에 대한 이야기를 들은 '나'는 다음 날 그에게 인사하러 가는 길에 장의사 주인 사내를 만나 트럼펫 사내가 간밤에 죽었다는 소식을 듣는다.

🎯 시험에 꼭 나오는 핵심 장면

허 노인이 허운에게 줄타기의 본질을 가르치는 장면

(왜 자주 출제되는가?) 이 장면은 단순한 기교적 측면에서는 어느 정도의 수준에 도달한 허운에게 허 노인이 줄타기에 담긴 진정한 의미를 가르치는 장면이야. 이를 통해 허 노인에게 있어 줄타기는 혼신의 힘을 기울여야 하는, 절대적 가치를 지닌 것임을 확인할 수 있어. 허운에게도 전해진 이러한 줄타기의 의미와 장인 정신, 그리고 이를 통해 드러나는 허 노인의 삶의 태도를 확인할 수 있어서 시험에 자주 출제돼.

여인의 말을 듣고 절망한 허운이 줄을 타다 떨어져 죽는 장면

(왜 자주 출제되는가?) 이 장면은 다리를 저는 여인을 만나 사랑에 빠졌으나, 그 여인이 사랑한 것은 자신이 줄을 타는 모습임을 알고 절망한 허운이 줄을 타다 떨어져 죽는 장면이야. 허 노인의 가르침을 잊고 세속의 여인에게 마음을 빼앗겨 사랑을 위해 재주를 부리기까지 한 허운이 진실을 알게 된 후 스스로 죽음을 택하게 된 까닭을 여러 측면에서 생각해 볼 수 있어서 시험에 자주 출제돼.

💬 간단 확인

■ 정답과 해설 8쪽

다음을 읽고 이 글의 내용과 일치하면 ○, 일치하지 않으면 ×를 표시해 보자.

1 '나'는 승천한 줄광대와 예전부터 친분이 있어 취재를 하러 가게 되었다. ·············· (   )

2 허 노인은 오로지 줄타기 자체에만 몰두하는 장인 정신을 지녔다. ···················· (   )

3 허 노인은 죽을 때까지 허운이 줄타기의 경지에 이르지 못했다고 생각했다. ·········· (   )

4 허운은 여인의 진심을 알고 줄에 올라 스스로 떨어져 죽었다. ························ (   )

'나'가 트럼펫 사내로부터 허 노인과 허운 부자의 이야기를 전해 듣는 장면으로, 허 노인이 허운에게 줄타기를 가르치는 상황이다.

이청준(1939~2008)
해방 이후 활동한 소설가이다. 「연」, 「서편제」, 「건방진 신문팔이」, 「매잡이」, 「병신과 머저리」, 「소문의 벽」, 「눈길」 등 다수의 작품을 썼다.

| 작품 개관 |
·갈래: 단편 소설, 액자 소설
·성격: 회상적, 숙명적
·시점
외부 이야기: 1인칭 주인공 시점
내부 이야기: 전지적 작가 시점
·배경
외부 이야기: 현재의 C읍
내부 이야기: 1940년대 말의 C읍

◆ **각목** 모서리를 모가 나게 깎은 나무.
객기 객쩍게 부리는 혈기나 용기.

운이 열한 살이 되던 해였다. 처음으로 학교라는 곳엘 갔다가 시들해서 돌아온 운을 보고 허 노인은 이렇게 혼자 중얼거렸다.

– 세상에는 줄광대가 밟을 만한 땅이 흔찮을 게 당연하지.

그러고는 운에게 줄타기를 가르치기 시작했다. 땅바닥에 직선을 그어 놓고 그 선에서 발이 벗어나지 않게 왕래하는 것부터 시작했다. 그다음에는 각목(角木)이었다. 발바닥 절반만한 넓이의 각목을 땅에 깔아 놓고 손을 뒤로 모아 잡은 다음 몸을 꼿꼿이 하여 그 위를 왕래하는 훈련이었다. 처음에는 천천히, 그리고 나중에는 빨리, 그랬다가는 다시 천천히. 그것이 아주 익숙하게 되었을 때 운은 눈을 싸매고 그때까지의 과정을 한 번 더 되풀이했다. 다음에는 그 각목이 줄로 바뀌고, 그 줄이 드디어 공중으로 떠오르기 시작했다. 꼬박 5년의 세월이 걸렸다. 운은 열여섯 살이 되었다. 그때 이미 그는 언뜻 보기에 허 노인과 다름없이 줄을 탔다.

그러나 허 노인은 운을 사람들 앞에서 줄 위로 오르게 하려는 눈치가 안 보였다. 하지만 운은 그 허 노인에게 섣불리 이야기를 꺼낼 수 없었다. 운은 허 노인을 무서워했다. 허 노인은 운을 때리지는 않았지만, 시간이 나면 언제나 뒷마당에서 회초리를 들고 운의 줄타기 연습만을 계속했다.

참다못한 운이 어느 날 아버지 허 노인에게 속마음을 텄다.

– 아버지 저도 이젠 사람들 앞에서 줄을 탔으면 합니다.

그때 허 노인은 얼굴색이 조금 변했으나 온화하게 물었다.

– 그래, ……그럼 줄을 탈 때 끝이 가까워 보이느냐?

– 네, 바로 눈앞에 있는 것 같습니다.

– 그럼, 가는 줄이 넓게 보이겠구나…….

– ㉠그 위에서 뛰어놀 수 있을 것 같습니다.

그러자 허 노인은 단호하게 말했다.

– 안 되겠다!

운은 까닭을 몰랐으나 더 대꾸하지 못했다. 열여덟 살이 되었다. 운은 허 노인에게 다시 같은 청을 드렸다.

– 어떠냐, 줄이 넓어 보이느냐?

– ㉡줄이 보이질 않습니다. / 운은 불안했으나 사실대로 말했다.

– 그래, 줄을 타고 있을 때 아무것도 보이질 않는단 말이냐?

– 예.

– 귀도 들리지 않고.

– 예. / 그것도 사실대로 말했다.

– 흠, 아직도 객기가 있어…….

1 윗글의 서술상 특징으로 적절한 것은?

① '나'가 과거에 겪은 사건을 회상하여 서술하고 있다.

② '나'가 현재 사건과 관련된 일화들을 서술하고 있다.

③ '나'가 관찰자가 되어 목격한 사건을 서술하고 있다.

④ '나'가 경험한 사건을 주관적 관점에서 서술하고 있다.

⑤ '나'가 전해 들은 사건을 3인칭 시점으로 서술하고 있다.

> **개념+ 액자식 구성**
>
> 하나의 이야기 속에 또 하나의 이야기가 들어 있는 구성으로, 이야기의 핵심 내용이 담긴 내부 이야기와 이를 둘러싸고 있는 외부 이야기로 나누어짐. 액자식 구성은 시점이 바뀌기도 하며, 내부 이야기의 경우 신빙성을 위해 서술자와 일정한 거리를 유지하는 경우가 많음.

2 윗글에 제시된 두 인물의 대화에 대한 설명으로 적절한 것은?

① 의미 없는 질문과 답변이 반복되고 있다.

② 인물 사이의 미묘한 갈등을 엿볼 수 있다.

③ 진심을 감춘 채 일상적인 대화가 이어지고 있다.

④ 대화가 진행되면서 새로운 문제가 조금씩 부각되고 있다.

⑤ 말하고자 하는 바를 간접적으로만 제시하여 대화가 끊기고 있다.

3 ㉠에서 ㉡으로 바뀌면서 나타난 허운의 변화로 가장 적절한 것은?

① 더 이상 줄타기를 즐기지 못하고 있다.

② 줄타기에 대한 몰입도가 심화되고 있다.

③ 줄타기를 놀이에서 직업으로 바꾸고 있다.

④ 줄타기에 대한 자부심이 점점 커지고 있다.

⑤ 줄타기로 생긴 아버지에 대한 반감이 줄고 있다.

허 노인은 턱으로 줄을 가리켰다. 운은 또 아무 대꾸도 못 하고 줄로 올라갔다. 사실 운은 자신이 허 노인과 같이 줄을 잘 탈 수 있으리라고 생각하지는 않았다. 허 노인이 줄을 타는 모습은 정말 아름다웠다. 천장 포장을 걷어 젖히고, 넓은 밤하늘을 배경으로 허 노인은 흰옷에 조명을 받으며 줄을 건너는 것이었는데, 발을 움직이는 것 같지도 않게 그냥 흘러가듯 조용히 줄을 건너가는 노인의 모습은 유령 같기도 하고 어떤 때는 그냥 땅 위에서 하품을 하고 있는 것 같기도 했다. 이상한 것은 그렇게 줄을 타는 노인이었지만 줄에서 내려오면 그의 온몸이 언제나 땀에 흠뻑 젖어 있곤 한 것이었다. 그리고 단장은 그런 허 노인의 줄타기를 몹시도 싫어했다.

– 구경꾼 놈들의 간덩이를 덜컹덜컹 내려앉게 해 주란 말야. 재주를 좀 부려, 재주를.

단장은 허 노인을 매번 나무랐다. 허 노인은 얼굴이 파랗게 질려서 대꾸도 못 하고 땀만 뻘뻘 흘리다간 단장 앞을 힘없이 물러 나오곤 했다. 그러나 그다음 날도 허 노인은 여전히 전처럼 줄을 탔다. 운은 누가 뭐래도 허 노인이 그렇게 줄을 타는 것이 좋았고, 자기도 그렇게 줄을 탈 수 있기를 바랐다.

그러던 어느 날 밤, 그러니까 운이 허 노인에게 두 번째로 소망을 말하고 나서 1년쯤 지났을 때였다. 줄 위에서 그렇게 유연하던 노인의 발길이 변을 한 번 일으켰다. 딱 한 번, 발길이 가볍게 허공을 차는 듯한 동작을 하더니 줄이 잠시 상하 반동을 했다. 허 노인은 가만히 몸을 지탱하고 있다가 곧 다시 줄을 건너갔다. 누구도 그것을 실수로 생각한 사람은 없었다. 객석에 눈을 두고 있던 단장은 거기서 일어나는 무의식적인 함성에 놀라 하늘을 쳐다보았으나 줄이 상하로 조금씩 움직이는 것밖에 무슨 일이 일어났는지조차 알 수 없었을 정도였다.

[A] ┌ "허 노인이 줄을 잘 탔다고 하는 것은 운의 생각입니까, 혹은 노인의 생각입니까?"
│ 나는 트럼펫의 사내가 숨을 좀 돌리게 하기 위하여 이야기로 뛰어들었다. 사내는 한
└ 마디 말을 하기 위해서 거의 한 번씩 숨을 들이쉬었다.

"그건 물론 운의 생각이었습니다."

"그럼 이상하지 않습니까, 노인께서 운의 생각을 말씀하신다는 것은?"

"그렇지요. 하지만 이렇게 누워서 많이 생각을 했지요. 그리고 운은 나와 나이가 가장 가까웠으니까 내가 그의 심중을 비교적 많이 이해하는 편이었고, 그도 내게만은 조금씩 얘기를 할 때가 있었어요. 그리고 나는 그때 벌써 나팔장이가 다 되었으니까 웬만큼 나팔을 불어 주고 남은 시간은 대개 그 부자가 지내는 뒷마당에서 보냈었구요. 그런데 말입니다. 그러니까 허 노인이 한 번 발을 헛디뎠던 다음 날이었지요. 마침 그날도 나는 거기 있었는데, 이상하게도 그날은 허 노인이 아들의 줄타기를 보면서 땀을 뻘뻘 흘리고 있었어요. 나는 줄 위에 있는 운이 아니라 무섭도록 줄을 쏘아보고 있는 노인의 눈과 땀이 송송 솟고 있는 이마를 보고 있었지요. 그런데 노인이 갑자기 '이놈아!' 하고 벽력 같은 소리를 지르면서 줄 밑으로 내닫는 것이 아니겠습니까. 그때야 나는 줄 위를 쳐다보았지

◆ 변 갑자기 생긴 재앙이나 괴이한 일.
반동 어떤 작용에 대하여 그 반대로 작용함.
심중 마음의 속.
벽력 벼락. 여기에서는 몹시 심하게 하는 꾸지람이나 나무람을 비유적으로 이르는 말.

56 · 중학 국어 문학 독해 3

요. 그런데 운은 그 소리를 듣지 못한 채 그냥 줄을 건너가고 있었습니다."

– 이놈…… 너는 이 애비의 말도 듣지 않느냐?

4 윗글에 대한 이해로 적절하지 <u>않은</u> 것은?

① '나'는 사내로부터 이야기를 전해 듣고 있다.

② 사내는 허 노인 부자와 가까이에서 생활하였다.

③ 허 노인은 남들이 모르는 줄타기 실수를 하였다.

④ 허운은 허 노인의 줄타기 솜씨를 진심으로 인정하였다.

⑤ 단장은 허 노인이 줄을 편하게 타려고 한 것을 싫어했다.

5 줄타기에 대한 허 노인과 단장의 관점으로 적절한 것은?

① 허 노인은 자기만족, 단장은 예술적 가치를 중시한다.

② 허 노인은 세속적 가치, 단장은 예술적 가치를 중시한다.

③ 허 노인은 예술적 가치, 단장은 세속적 가치를 중시한다.

④ 허 노인은 줄타기의 인기, 단장은 줄타기의 의미를 중시한다.

⑤ 허 노인은 줄타기의 결과, 단장의 줄타기의 과정을 중시한다.

6 [A]에 대한 설명으로 적절한 내용을 <u>모두</u> 고른 것은?

> 보기

> ㉠ 사건 해결의 실마리를 제시하고 있다.
> ㉡ 과거에서 현재로 장면이 전환되고 있다.
> ㉢ 새로운 사건이 일어날 것을 암시하고 있다.
> ㉣ 3인칭 시점에서 1인칭 시점으로 바뀌어 서술되고 있다.

① ㉠, ㉡   ② ㉠, ㉢   ③ ㉡, ㉢

④ ㉡, ㉣   ⑤ ㉢, ㉣

운이, 줄을 내려왔을 때 노인이 호령했으나, 그는 역시 어리둥절해 있기만 했어요. 내가 놀란 것은 그때 허 노인이 빙그레 웃었다는 것입니다. 그리고 부자는 그길로 곧 함께 주막 술집을 찾아 들어갔습니다.

사내의 이야기는 다시 계속되었다.

그날 주막에서 허 노인은 운에게 술잔을 따라 주고, 그날 밤으로 운을 줄로 오르라고 했다.

[A] ─ 줄 끝이 멀리 보여서는 더욱 안 되지만, 가깝고 넓어 보여서도 안 되는 법이다. 그 줄이라는 것이 눈에서 아주 사라져 버리고, 줄에만 올라서면 거기만의 자유로운 세상이 있어야 하는 게야. 제일 위험한 것은 눈과 귀가 열리는 것이다. 줄에서는 눈이 없어야 하고 귀가 열리지 않아야 하고 생각이 땅에 머무르지 않아야 한다는 소리다.

노인은 조용조용 당부했다. 그 한 마디 한 마디는 마치 노인의 일생을 몇 개로 잘라서 압축해 놓은 듯한 무게와 힘과, 그리고 알 수 없는 깊이를 지니고 있었다. 자기의 전 생애를 운에게 떠넘겨 주려는 듯한 안간힘이 거기 있는 것 같았다. 운은 비로소 허 노인이 끝끝내 줄타기 자세를 바꾸지 못하는 내력을 알 것 같았다.

─ 아버지, 이젠 줄을 그만두시고 좀 쉬십시오.

운이 말했으나 노인은 조용히 머리를 가로저었다.

─ 줄에서 내 발바닥의 기력이 다했다고 다른 곳을 밟고 살겠느냐? 같이 타자.

그날 밤, 줄에는 두 사람이 함께 올라섰다. 운이 앞을 서고 허 노인이 뒤를 따랐다. 운이 줄을 다 건넜을 때는 객석이 뒤숭숭하니 난장판이 되어 있었다. 뒤를 따르던 허 노인이 줄에서 떨어져 이미 운명을 하고 만 뒤였다.

거기까지 듣고 나니, 나는 사내에게 더 이야기를 시켜서는 안 되겠다는 생각이 들었다. 마치 허 노인이 운에게 마지막 당부를 할 때 그랬을 법한 컴컴하고 무거운 것이 사내에게서 쉴 새 없이 흘러나왔다. 이 믿어지지 않는 집요한 이야기로써 사내가 나에게 떠맡기려는 것의 무게가 나로서는 매우 감당하기가 힘들었다. 나는 다음 날 다시 찾아오겠다고 했다.

"아닙니다. 마저 끝냅시다. 곧 끝납니다."

사내는 아직도 고집을 세우며 이야기를 이으려고 했다. 그러나 말보다 잦은 사내의 기침 소리를 더 듣고 앉아 있을 수가 없었다. 나는 이내 방을 나와 버렸다. 부엌방에는 이제 불이 켜 있었으나 역시 사람의 기척은 없었다. 나는 곧장 어제의 여관으로 돌아와 자리로 들었다. 사내의 이야기는 문화부장이 기대한 것과는 성질이 다를지 몰라도 기사가 될 수 있을 것 같았다. / 도대체 노인의 운명 ─ 그 논리 이상으로 정연한 질서는 허 노인이 죽은 지금 그에게 어떤 의미를 지니는 것일까. 허 노인은 줄을 지배하지 못하고 줄이 그를 지배했다. 그게 아름다움이라는 것인가. 또 운은 노인의 무거운 운명을 떠맡아 지고 어떻게 자기 인생을 구축해 갈 수 있었는지. 장의사 사내의 이야기로는 운도 마찬가지로 줄에서 떨어져 죽었다고 했다. 그렇다면 ─ 운은 노인의 인생을 어떻게 배반할 수는 없었던 것일까…… . 그것은 또 운에게 무슨 의미를 줄 수 있는가…… .

◆ **내력** 일정한 과정을 거치면서 이루어진 까닭.
기력 사람의 몸으로 활동할 수 있는 정신과 육체의 힘.
구축하다 체제. 체계 따위의 기초를 닦아 세우다.

7 **윗글에 대한 이해로 적절하지 않은 것은?**

① 사내는 '나'에게 자신의 힘겨운 삶을 의탁하려 하고 있다.

② '나'는 사내의 이야기를 들으며 매우 부담스러워하고 있다.

③ 허운은 아버지인 허 노인과 같은 줄타기의 경지에 이르고 있다.

④ 사내는 허 노인과 허운의 이야기를 전하는 전달자의 역할을 한다.

⑤ 허 노인은 자신이 추구한 줄타기의 본질을 허운에게 전하고 있다.

◆
의탁하다 어떤 것에 몸이나 마음을 의지하여 맡기다.

 수능형

8 **〈보기〉의 관점에서 윗글의 인물들을 이해한 내용으로 적절하지 않은 것은?**

> ┤보기├
>
> 이 작품은 허 노인 부자의 삶을 통해 진정한 삶의 가치를 추구하며 사는 모습이 어떤 모습
> 인지를 보여 주는 소설이다. 현대인은 삶의 가치를 상실하거나 삶의 의미를 찾지 못하고 갈등
> 하기도 한다. 이 작품은 이처럼 삶의 의미와 가치를 상실하고 타성에 젖어 살아가는 현대인을
> 향한 비판적 시각을 담고 있다.

① 허 노인은 주변에 상관없이 삶의 가치를 지키려 하고 있다.

② 사내는 허 노인과 허운이 추구한 삶의 가치를 전달하려 하고 있다.

③ 허운은 아버지와 같은 삶의 가치를 추구하려는 자세를 지니고 있다.

④ '나'는 자신의 삶의 가치와 문화부장의 기대 사이에서 갈등하고 있다.

⑤ '나'는 허 노인과 허운이 짊어진 삶의 무게를 감당하기 힘들어하고 있다.

속담·한자 성어 익히기

• **무아지경** 정신이 한곳에 온통 쏠려 스스로를 잊고 있는 경지.

• **일희일비** 한편으로는 기뻐 하고 한편으로는 슬퍼함. 또는 기쁨과 슬픔이 번갈아 일어남.

• **개과천선** 지난날의 잘못이 나 허물을 고쳐 올바르고 착하게 됨.

• **자수성가** 물려받은 재산이 없이 자기 혼자의 힘으로 집 안을 일으키고 재산을 모음.

• **유명무실** 이름만 그럴듯하 고 실속은 없음.

어휘

9 **[A]와 관련 있는 한자 성어로 가장 적절한 것은?**

① 무아지경(無我之境) ② 일희일비(一喜一悲)

③ 개과천선(改過遷善) ④ 자수성가(自手成家)

⑤ 유명무실(有名無實)

인물의 특징

1 주요 인물의 특징을 다음과 같이 정리할 때, 빈칸에 들어갈 내용을 써 보자.

허 노인

(   )의 절대적·예술적 가치를 중시하며 혼신의 힘을 기울임.

허운

줄타기에 대한 아버지의 생각을 이해하고, 그 (   )를 전수받으려 노력함.

사내

허 노인과 허운이 보여 준, 줄타기에 대한 가치를 (   )하려고 온 힘을 다함.

'나'

삶의 의미와 가치를 상실한 채 무기력하게 살아감.

소재의 의미

2 이 소설에서 말하는 '줄타기의 경지'란 어떤 것인지 살펴보고 빈칸에 들어갈 내용을 써 보자.

- 줄 위만의 (   )로운 세상이 있어야 함.
- 눈과 귀가 열리지 않아야 함.
- 생각이 땅에 머무르지 않아야 함.

→ 외부에 구애받지 않고, (   )조차 의식하지 않는 무념무상, 무아지경의 상태

소설의 주제

3 이 소설의 구성과 주제를 다음과 같이 정리할 때, 빈칸에 들어갈 내용을 써 보자.

외부 이야기
• 기자인 '나'가 트럼펫 사내를 만나 허 노인과 허운에 관한 이야기를 들음.

내부 이야기
허 노인과 허운이 추구한 삶의 가치와 장인 정신

- '나'가 허 노인과 허운의 이야기를 통해 인생의 의미와 삶의 (   )에 대해 진지하게 성찰하게 됨.

▼

주제
• 진정한 삶의 가치에 대한 추구 • 삶의 가치를 상실한 무기력한 현대인에 대한 (   )

줄타기, 그리고 줄광대

줄타기는 줄광대가 공중에 매어져 있는 기다란 외줄 위에서 갖가지 방식으로 연희하는 놀이입니다. 줄타기가 우리나라에만 있는 것은 아닙니다. 줄을 타고 그 위에서 재주를 부리는 줄타기의 모습은 많은 나라에서 볼 수 있지요. 하지만 우리나라의 줄타기는 줄 위에서의 '묘기'에 중점을 두는 다른 나라의 줄타기와 큰 차이가 있습니다. 그것은 다양하고 유연한 기예를 갖춘 줄광대가 줄 위에서 아래에 있는 어릿광대와 서로 재담을 주고받고, 노래, 춤, 기예를 묶어 하나의 이야기를 만들어 낸다는 점, 즉 '예술성을 지닌 놀음'이 주(主)가 된다는 점입니다. 이러한 점에서 우리의 줄타기는 공중 예술로 볼 수 있는데, 유네스코도 이러한 예술성을 인정하여 2011년 우리 줄타기를 세계적으로 보호하고 전승할 가치가 있는 무형 유산으로 등재한 바 있습니다.

이 작품은 줄타기를 하는 줄광대의 이야기를 다루고 있습니다. 작품 속 내용으로 볼 때, 허 노인과 허운의 줄타기는 재담보다는 줄 위에서의 기예가 중심이었을 것으로 추측됩니다. 하지만 허 노인의 가르침으로 볼 때, 이는 단순히 묘기를 부리는 행위는 아니었겠지요. 이들의 줄타기는 줄 위에서 줄이 사라지며 열리는 무한의 공간, 그곳으로 사람들을 이끄는 행위가 아니었을까요?

이 작품에 등장하는 허 노인 부자와 '나'의 삶의 태도를 비교해 보고, 올바른 삶의 태도에 대한 자신의 생각을 써 보자.

_____

_____

_____

_____

_____

06 삼대 | 염상섭

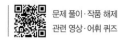

◈ 전체 줄거리

발단

덕기, 방학을 맞아 귀국하다

"덕기는 병화의 '부르주아 부르주아' 하는 소리가 듣기 싫었다."

대지주인 조 의관의 손자인 덕기가 일본에서 유학하다 방학을 맞아 잠시 귀국한다. 다시 돌아갈 준비를 하던 덕기에게 사회주의 운동을 하는 병화가 찾아오고, 병화는 술집에서 한 여인을 소개한다. 덕기는 그 여인이 아버지 상훈 때문에 인생을 망친 어린 시절의 친구 경애임을 알고 깜짝 놀라지만, 모르는 척 시간을 보낸다.

전개

덕기, 집안의 뒤엉킨 인간관계를 목격하다

"수원집은 점점 악을 쓰고 덤비나 덕기 모친은 잠자코 앉았을 뿐이다."

증조부 제사로 출발을 미루었던 덕기는 조 의관이 댓돌에 미끄러져 부상을 당한 일로 하루 더 출발을 미룬다. 덕기의 모친은 덕기에게 조 의관의 후처 수원집이 수상하다고 말하고, 덕기는 경애 문제로 아버지 상훈과 대립한다.

위기

조 의관, 수원집에 의해 독살당하다

"조부는 집안 중에서 덕기에게만 금고 여는 비밀을 가르쳐 두었던 것이다."

수원집과 최 참봉이 재산을 빼돌릴 생각으로 조 의관에게 독을 쓰고 유서를 변조하려 모략을 꾸민다. 조 의관의 병세는 점점 악화되고, 조 의관은 가문의 상징인 사당과 금고의 열쇠를 덕기에게 넘겨준다. 덕기는 금고를 열어 조 의관의 재산과 유언장을 확인한다. 조 의관은 비소 중독의 증세를 보이며 결국 사망한다.

절정

덕기, 병화에 대한 조력 혐의로 체포되다

"부호 자제와 공산주의자가 그렇게 친할 제야 아무 의미 없는, 동문 수학하였다는 관계뿐만이 아닐 것."

상훈은 명확한 사인 규명을 위해 부검을 주장하지만 어른들의 반대로 무산되고, 이후 덕기가 집안의 재산을 관리하게 된다. 한편 병화가 비밀 조직을 이끌던 장훈 등과 함께 검거되자, 덕기는 병화에게 자금을 지원했다는 혐의로 연행된다. 그 사이 상훈이 금고를 털고 유서를 변조하다 검거된다.

결말

덕기, 무혐의로 풀려나 앞으로의 일을 생각하다

"물론 때는 흘러가는 것이지마는 그 대신에 들어설 준비가 되어 있어야지!"

경찰 조사 과정에서 장훈이 비밀 유지를 위해 스스로 목숨을 끊으면서 더 이상의 조사가 이루어지지 못하자 덕기가 무혐의로 풀려나고, 상훈도 훈방된다. 덕기는 할아버지의 공백을 느끼며 앞으로 어떻게 살아가야 할지 망연해한다.

✿ 시험에 꼭 나오는 핵심 장면

족보와 치산 문제로 조 의관과 상훈이 갈등하는 장면

(왜 자주 출제되는가?) 이 장면은 족보 사들이기와 치산에 힘쓰는 조 의관과 이를 반대하는 상훈이 갈등하는 장면이야. 이 과정에서 조 의관은 봉건적 가치관을 지닌 인물로, 가족이 가지는 내적인 의미(사랑, 화합 등)보다 외적인 요소(족보, 서열 등)를 중시하는 인물임이 드러나고, 상훈은 근대적 가치관을 지니고 사회 개혁에 관심이 있으나 위선적인 인물임이 드러나. 두 인물의 가치관이 명확하게 대비되어 드러나 있어서 시험에 자주 출제돼.

조 의관이 덕기에게 금고의 열쇠를 건네는 장면

(왜 자주 출제되는가?) 이 장면은 조 의관이 자신의 전 재산을 아들인 상훈이 아닌, 손자 덕기에게 넘기는 장면이야. 이는 봉건적 가치관을 지닌 조 의관이 근대적 가치관을 지닌 상훈과 끝내 화해하지 못하고, 이후 세대인 손자에게 모든 것을 맡긴다는 것을 의미해. 즉, 덕기가 받은 열쇠는 단순한 재산이 아니라, 조씨 가문 그 자체로서, 앞으로 가장이 되어 집안을 유지하고 발전시켜야 한다는 책무를 맡게 되었음을 의미하는 중요한 장면이어서 시험에 자주 출제돼.

〰 간단 확인

■ 정답과 해설 10쪽

다음을 읽고 이 글의 내용과 일치하면 ○, 일치하지 않으면 ×를 표시해 보자.

1 덕기는 조 의관의 손자로, 사회주의 운동을 하고 있다. ································ (　　)
2 조 의관은 자신의 재산 관리권을 덕기에게 넘겨주었다. ····························· (　　)
3 덕기는 수원집이 조 의관을 독살한 물질적 증거를 갖고 있었다. ··················· (　　)
4 덕기는 병화에게 자금을 지원했다는 혐의로 체포되었다. ··························· (　　)

삼대

발단 - 전개 - 위기 - 절정 - 결말

조 의관이 양반을 사고 난 후 치산을 하려고 하는 상황이다.

염상섭(1897~1963)
주로 일제강점기 때 활동한 소설가이다. 대표 작품으로는 「임종」, 「두 파산」 등이 있다.

| 작품 개관 |
· **갈래:** 장편 소설, 세태 소설
· **성격:** 사실적, 현실 비판적
· **시점:** 전지적 작가 시점
· **배경:** 1920~1930년대(일제 강점기), 서울

◆

범용하다 남이 맡긴 물건이나 보관하여야 할 물건을 마음대로 써 버리다.
선고 선친. 남에게 돌아가신 자기 아버지를 이르는 말.
추증 종이품 이상 벼슬아치의 죽은 아버지, 할아버지, 증조할아버지에게 벼슬을 주던 일.
이현부모 부모의 이름을 드러내는 것.
치산 산소를 매만져서 다듬음.
묘막 무덤 가까이에 지은, 묘지기가 사는 작은 집.
제절 자손들이 늘어서서 절할 수 있도록 산소 앞에 마련된 평평하고 널찍한 부분.
석물 무덤 앞에 세우는, 돌로 만들어 놓은 여러 가지 물건.
제위답 추수한 것을 조상의 제사 비용으로 쓰기 위하여 마련한 논.

'돈 주고 양반을 사!' / 이것이 상훈이에게는 일종의 굴욕이었다.

그러나 조 의관으로서 생각하면 이때껏 자기가 쓴 돈은 자기 부친이 물려준 천 냥에서 범용한 것이 아니라 자수로 더 늘린 속에서 쓴 것이니까 그리 아깝지도 않고 선고(先考)의 혼령에 대하여도 떳떳하다고 자긍하는 것이다. 저 잘나면 부조(父祖)의 추증도 하게 되는 것인데 있는 돈 좀 들여서 양반 되기로 남이 웃기는새로에 그야말로 이현부모(以顯父母)가 아닌가 하는 요량이다. 어쨌든 사천 원 돈을 바치고 조상 신주 모시듯이 ○○ 조씨 대동보소의 문패를 모셔다가 크나큰 문전에 달고 ○○ 조씨 문중 장손파가 자기라는 듯이 버티고 족보까지 박게 되고 나니 이번에는 ○○ 조씨 중시조인 ○○당 할아버지의 산소가 수백 년래에 말이 아니 되었으니 다시 치산(治山)을 하고 그 옆에 묘막보다는 큼직한, 옛날로 말하면 서원 같은 것을 짓자는 의논이 일어났다. / 지금 상훈이가 창훈이더러 일거리가 없어져 가니까 또 새판으로 일을 꾸민다고 비꼬는 말이 이를 두고 하는 말이다.

제절 앞의 석물도 남 볼썽사납지 않게 일신하게 하여야 하겠고 묘막이니 제위답(祭位畓)이니 무엇무엇…… 모두 합하면 한 만 원 예산은 있어야 할 터인데 반은 저희들이 부담하겠지만 절반 오천 원은 아무래도 조 의관이 내놓아야 하겠다는 것이다.

양자를 들어가면 재산 상속을 받을 권리도 있지만 없는 양부모면야 벌어서 봉양할 의무도 지는 것이다. 조씨 문중에 돈 낼 만한 사람이 없고 또 벌이지 않았으면 모르거니와 벌인 일인 바에야 시종이 여일하게 깡그러뜨려야 할 일이다. 그러나 오천 원을 저희가 분담한대야 그것은 이 영감에게서 울궈내려는 미끼로 하는 헛말임은 물론이요, 이 영감이 내놓는 오천 원에서 뜯어먹으려고나 안 했으면 다행이나 원체가 뜯어먹자는 노릇인 다음에야 더 말할 것도 없는 일, 어쨌든 뭇놈이 드나들며 굽실거리고 노 영감을 쑤셔대기도 하지만 아무래도 못하겠다는 말이 입에서 아니 나와서 (㉠)로 추수나 하면 내년 봄쯤 어떻게 해 보자고 아직 밀어 나오는 판이다. 내년 봄이래야 음력설만 쇠면 석 달이 못 가서 한식이다.

이 영감에게 제일 신임 있는 창훈이를 앞장세우고 요새로 부쩍 조르고 다니는 것은 어서 급급히 착수할 준비를 하여 한식 차례를 잡숫게 하고 이눌러 일을 시작하자는 것이다.

그러나 영감으로서는 이렇게 쌀값이 폭락하여서는 도저히 힘에 겨우니 좀 더 연기를 하였다가 추석에나 가서 착수를 하든지 또다시 내년 한식 때에 의논을 해 보자는 것이다.

영감도 결단코 어수룩한 사람은 아니다. 어수룩이라니, 거의 후반생을 산가지와 주판으로 늙은 사람이다. / 속에서는 쪼르륵 소리가 나면서 천 냥 만 냥 판으로 돌아다니거나, 있는 집 사랑 구석에서 바둑으로 세월을 보내는 조가의 떨거지들이 다른 수단으로는 이 영감의 주머니 끈을 풀게 할 도리가 없으니까 족보를 앞장세우고 삶고 굽고 하는 바람에 조츰조츰 쓰기 시작한 것이 삼천여 원, 근 사천 원을 쓰게 되고 보니 속으로는 꽁꽁 앓는 판인데 또 ○○당 할아버지가 앞장을 서서 오천 원 놀래가 나온 것이다. 그러나 오천 원을 부른 사람도 그만큼 불러야 삼천 원은 울궈내려니 하는 것이요, 조 의관도 오천 원의 반절은 아무

래도 또 털리는 것이라고 생각하고 있는 것이다. 그것도 죽을 날이 얄팍하여 가니까 ○○ 조씨 문중에서 자기가 둘째 중시조나 되는 셈 치고 이 세상에 남겨 놓고 가는 기념사업이라는 생각도 없지 않아서 해 보려는 노릇이다.

1 윗글의 서술상 특징에 대한 설명으로 적절한 것은?

① 작품 안 서술자가 자신의 이야기를 주로 전달하고 있다.
② 주로 인물의 대화와 행동을 통해 각 인물의 성격을 드러내고 있다.
③ 작품 밖 서술자가 인물의 내면 심리를 중심으로 이야기를 전달하고 있다.
④ 작품 안 서술자와 작품 밖 서술자가 번갈아 등장하여 이야기를 전달하고 있다.
⑤ 작품 속 갈등을 명확하게 보여 주는 일화를 여러 개 나열하여 긴장감을 높이고 있다.

2 윗글에 나타난 갈등 양상을 정리할 때, A~D에 들어갈 내용으로 적절하지 <u>않은</u> 것은?

갈등의 이유	조 의관의 관점	상훈의 관점
족보 문제	A	B
치산 문제	C	D

① A: 조상에게 효도하는 것이라고 생각하며 자부심을 느낀다.
② A: 자신이 늘린 돈으로 양반을 산 것이므로 떳떳하다고 생각한다.
③ B: 돈을 들여 조상을 사는 것은 굴욕적인 일에 해당한다고 생각한다.
④ C: 가문을 위해 이 세상에 남겨 놓고 가는 기념사업쯤으로 여기고 하려 한다.
⑤ D: 개화가 되어 가는 시대에 필요한 일이며 발맞추어 가는 행동이라고 생각한다.

3 문맥상 ㉠에 들어갈 속담으로 적절한 것은?

① 칼로 물 베기 ② 식은 죽 먹기
③ 울며 겨자 먹기 ④ 하늘의 별 따기
⑤ 달걀로 바위 치기

속담·한자 성어 익히기

• **칼로 물 베기** 다투었다가도 시간이 조금 지나 곧 사이가 다시 좋아지는 경우를 비유적으로 이르는 말.

• **식은 죽 먹기** 거리낌 없이 아주 쉽게 예사로 하는 모양.

• **울며 겨자 먹기** 맵다고 울면서도 겨자를 먹는다는 뜻으로, 싫은 일을 억지로 마지못하여 함을 비유적으로 이르는 말.

• **하늘의 별 따기** 무엇을 얻거나 성취하기가 매우 어려운 경우를 비유적으로 이르는 말.

• **달걀로 바위 치기** 대항해도 도저히 이길 수 없는 경우를 비유적으로 이르는 말.

발단-전개-위기-절정-결말

족보와 치산 문제로 조 의관과 아들 상훈이 갈등을 일으키는 상황이다.

사천 원 돈이나 드는 줄 모르게 들인 것을 속으로 앓고 또 앞으로 돈 쓸 걱정을 하는 판에 애를 써 해 놓은 일에 대하여 자식부터라도 그따위 소리를 하는 것이 귀에 들어오니 이래저래 화는 더 나는 것이다. 게다가 원래 못마땅한 자식이요, 또 오늘은 친기라 제사 반대꾼을 보니 가만 있어도 무슨 야단이든지 날 줄은 누구나 짐작했지만 마침 거리가 좋아서 야단이 호되게 된 것이다.

"아니에요, 그런 말씀이 아니에요. 아저씨께서 잘못 들으셨나 보외다."

창훈이는 속으로는 시원하다고 생각하면서도 인사치레로 한마디 하였다.

"잘못 듣다니? 내가 이롱증이 있단 말인가?"

"그만해 두세요. 상훈 군도 달리 그렇겠습니까? 이 전황한 통에 꿈쩍하면 돈이니까 그것을 걱정해서 그러는 것이지요."

창훈이는 이렇게도 변명해 주었다. 그러나 상훈이로서는 때리는 사람보다 말리는 놈이 더 미웠다.

"누가 돈 쓰는 것을 아랑곳하랬나? 누가 저더러 돈을 쓰라니 걱정인가? 내 돈 가지고 내가 어떻게 쓰든지……."

"아버지께서 하시는 일에……."

조금 뜸하여지며 부친이 쌈지를 풀어서 담배를 담는 동안에 상훈이는 나직이 말을 꺼냈다.

"……돈 쓰신다고만 하는 것도 아닙니다마는 어쨌든 ㉠공연한 일을 만들어 내는 사람들이 첫째 잘못이란 말씀입니다."

"무에 어째 공연한 일이란 말이냐?"

부친의 어기는 좀 낮추어졌다.

"대동보소만 하더라도 족보 한 길에 오십 원씩으로 매었다 하니 그 오십 원씩을 꼭꼭 수봉하면 무엇하자고 삼사천 원이 가외로 들겠습니까?"

"삼사천 원은 누가 삼사천 원 썼다던?"

영감은 아들의 말이 옳다고는 생각하였으나 실상 그 삼사천 원이란 돈이 족보 박는 데에 직접으로 들어간 것이 아니라 ○○ 조씨로 무후(無後)한 집의 계통을 이어서 일문일족에 끼려 한즉 군식구가 늘면 양반의 진국이 묽어질까 보아 반대를 하는 축들이 많으니까 그 입을 씻기 위하여 쓴 것이다. 그러기 때문에 마치 난봉자식이 난봉 핀 돈 액수를 줄이듯이 이 영감도 실상은 한 천 원 썼다고 하는 것이다. 중간의 협잡배는 이런 약점을 노리고 울궈 쓰는 것이지만 이 영감으로서 성한 돈 가지고 이런 병신구실해 보기는 처음이다.

"그야 얼마를 쓰셨든지요. 그런 돈은 좀 유리하게 쓰셨으면 좋겠다는 말씀입니다."

'재하자 유구무언(在下者有口無言)'의 시대는 지났다 하더라도 ㉡노친 앞이라 말은 공손하였으나 속은 달랐다.

"어떻게 유리하게 쓰란 말이냐? 너같이 오륙천 원씩 학교에 디밀고 제 손으로 가르친 남의 딸자식 유인하는 것이 유리하게 쓰는 방법이냐?"

◆

친기 부모의 제사.

이롱증 소리를 듣지 못하는 병.

전황하다 돈이 잘 융통되지 아니하여 귀하다.

어기 말하는 기세.

길 질(帙). 여러 권으로 된 책의 한 벌을 세는 단위.

가외 일정한 기준이나 정도의 밖.

무후하다 대를 이어갈 자손이 없다.

일문일족 한집안에 속하는 모든 겨레붙이와 하인.

진국 거짓이 없이 참된 것. 또는 그런 사람.

난봉자식 허랑방탕한 짓을 일삼는 자식.

재하자 유구무언 아랫사람은 웃어른에 대하여 할 말도 제대로 못하고 지냄을 이르는 말.

간정되다 소란스럽던 일이나 앓던 병 따위가 가라앉아 진정되다.

아까부터 상훈이의 말이 화롯가에 앉아서 폭발탄을 만지작거리는 것 같아서 위태위태하더라니 겨우 간정되려던◆ 영감의 감정이 또 불을 붙여 놓고 말았다.

상훈이는 어이가 없어서 얼굴이 벌게진다.

4 윗글에 대한 이해로 적절하지 <u>않은</u> 것은?

① 상훈은 창훈에 대해 긍정적으로 생각하고 있다.

② 창훈은 상훈을 두둔하는 척하며 속마음과 다르게 행동하고 있다.

③ 영감은 자신의 지난 행동에 대해 못난 짓을 했다고 생각하고 있다.

④ 영감은 상대의 잘못을 직접적으로 밝히며 상대를 난처하게 만들고 있다.

⑤ 영감은 자신의 행동에 대한 다른 사람의 입을 막기 위해 많은 돈을 사용하였다.

5 ㉠에 대한 인물들의 심리를 추론한 내용으로 가장 적절하지 <u>않은</u> 것은?

① 상훈은 자신이 이들과 전혀 다른 사람이라고 생각할 것이다.

② 상훈은 이들이 아버지를 속이고 있다고 생각하여 못마땅해할 것이다.

③ 영감은 이들에 대한 아들의 의견에 내심 동조하는 마음도 들었을 것이다.

④ 영감은 이들이 자신의 가문을 높여 주고 있다고 생각하여 기꺼워할◆ 것이다.

⑤ 창훈은 상훈이 자신을 지적하고 있다고 생각하여 속으로 뜨끔하게 생각할 것이다.

◆
기꺼워하다 마음 속으로 은근히 기쁘게 여기다.

6 ㉡의 상황과 어울리는 한자 성어로 적절한 것은?

① 역지사지(易地思之)　　② 표리부동(表裏不同)

③ 인지상정(人之常情)　　④ 맥수지탄(麥秀之歎)

⑤ 풍수지탄(風樹之歎)

속담·한자 성어 익히기

• **역지사지** 처지를 바꾸어서 생각하여 봄.

• **표리부동** 겉으로 드러나는 언행과 속으로 가지는 생각이 다름.

• **인지상정** 사람이면 누구나 가지는 보통의 마음.

• **맥수지탄** 고국의 멸망을 한탄함을 이르는 말.

• **풍수지탄** 효도를 다하지 못한 채 어버이를 여읜 자식의 슬픔을 이르는 말.

발단 전개 위기 절정 결말

상훈에 대한 분노가 극에 달한 조 의관이 상훈에게는 재산을 물려주지 않겠다고 공식적으로 선언하는 상황이다.

"아버지께서는 너무 심한 말씀을 하십니다마는 어쨌든 세상에 좀 할 일이 많습니까. 교육 사업, 도서관 사업, 그 외 지금 조선어 자전 편찬하는 데……."

상훈이는 조심도 하려니와 기를 눅이어서 차근차근히 이왕지사 말이 나왔으니 할 말을 다 하겠다는 듯이 말을 이어 나가려니까 또 벼락이 내린다.

"듣기 싫다! 누가 네게 그따위 설교를 듣자던? 어서 가거라."

"하여간에 말씀입니다. 지난 일은 어쨌든 지금 이 판에 별안간 치산이란 당한 일입니까. 치산만 한대도 모르겠습니다마는 서원을 짓고 유생들을 몰아다 놓으시렵니까? 돈도 돈이거니와 지금 시대에 당한 일입니까?"

상훈이는 아까보다 좀 어기를 높여서 반대를 하였다.

"잔소리 마라! 그놈 나가라니까 점점 더하고 섰구나. 내가 무얼 하든 네가 무슨 상관이란 말이냐. 내가 죽으면 동전 한 닢이라도 너를 남겨 줄테니 걱정이란 말이냐. 너는 이후 아무리 굶어 죽는다 하여도 막무가내다. 너는 없는 셈만 칠 것이니까…… 너희들도 다 들어 두어라." / 하고 좌중을 돌려다 보며 말을 잇는다.

"내 재산이라야 얼마 있는 게 아니다마는 반은 덕기에게 물려줄 것이요, 그 나머지로는 내가 쓰고 싶은 데 쓰다 남으면 공평히 나누어 주고 갈 테다. 공증인을 세우든 변호사를 불러 대든 하여 뒤를 깡그러뜨려 놓을 것이니까 너는 인제는 남 된 셈만 쳐라. 내가 죽으면 네가 머리를 풀 테냐? 거성을 입을 테냐?"

[A]
　　영감은 사실 땅문서도 차츰차츰 덕기의 명의로 바꾸어 놓아 가는 판이요, 반은 자기가 쓰다가 남겨서 수원집과 막내딸의 명의로 물려줄 생각이다. 만일에 십오 년 더 사는 동안에 아들 하나를 더 본다면 물론 그 아들을 위하여 반은 물려줄 요량도 하고 있는 터이다.

[B]
　　이때까지 술이 취하면 주정으로 이런 말을 하는 것을 듣기도 하였지만 오늘은 친기라 하여 술 한 잔 안 자신 이 영감이 맑은 정신으로 여러 젊은 애들 앞에서 떠들어 놓는 것은 처음이다. 그래야 이 방중은 고사하고 이 집안 속에서 자기편을 들어 줄 사람이라고는 하나 없구나 하는 생각을 하니 상훈이는 새삼스러이 고독을 느끼고 모든 사람이 야속하였다.

"애비 에미도 모르고 계집자식도 모르는 너 같은 놈은 고생을 좀 해 봐야 한다. 내가 돈이 있으니까 네가 한 달에 한 번이라도 들여다보는 것이지 내가 아무것도 없어 보아라. 돌아다보기는커녕 고려장이라도 족히 지낼 놈이 아니냐. 어서 나가거라. 이 자식, 조상을 꾸어 왔다는 자식은 조가가 아니다."

하고 노인은 별안간 벌떡 일어나서 아들을 떼밀어 내쫓으려는 듯이 덤벼든다. 젊은 사람들은 와아 달려들어서 가로막는다.

"상훈이, 어서 나가세. 흥분이 되셔서 그러시니까……."

창훈이는 상훈이를 끌고 마루로 나왔다. / 부친이 망령이 나느라고 그러는지는 모르겠으

눅이다 분위기나 기세 따위를 부드럽게 하다.
좌중 여러 사람이 모인 자리. 또는 모여 앉은 여러 사람.
공증인 당사자나 관계자의 부탁을 받아 민사에 관한 공정 증서를 작성하며, 사적인 증서에 인증을 주는 권한을 가진 사람.
거성 거상. 상복을 속되게 이르는 말.
방중 방의 안. 또는 방 안에 들어앉은 사람들.
축대 높이 쌓아 올린 대나 터.

나 젊은 사람들이나 자식 보는 데 창피도스러웠다. 상훈이는 안방으로 들어가는 수도 없고 아랫방에도 덕기 또래의 아이들이 모여 있으니 그리 들어갈 수도 없다. 하는 수 없이 모자를 집어 쓰고 축대로 내려오니까 덕기가 아랫방에서 나와서 뜰로 내려온다.

 7 윗글의 내용과 일치하지 <u>않는</u> 것은?

① 영감은 유교적 가치를 기준으로 상훈을 평가하고 있다.

② 상훈과 영감은 서로 다른 가치관 때문에 갈등을 겪고 있다.

③ 상훈과 영감은 여러 사람들 앞에서 갈등을 직접적으로 드러내고 있다.

④ 상훈은 영감의 행동이 시대의 흐름에 부합하지 않는다고 생각하고 있다.

⑤ 창훈은 상훈의 입장에 동조하면서 상훈과 영감의 갈등을 중재하고 있다.

8 〈보기〉를 뒷받침할 수 있는 내용으로 가장 적절한 것은?

> 「삼대」는 한 시대를 살아가는 여러 세대들의 다양한 가치관과 생활 양상을 보여 주고 있다. 그런데 여러 세대의 다양한 가치관과 생활 양상을 단순히 나열하는 방식으로 제시하는 것은 독자들에게 공감을 얻기 어려우며, 또한 이 작품이 취하고 있는 방식도 아니다. 이 작품은 여러 세대의 다양한 삶의 모습이 밀접하게 관련되면서 서로 영향을 주고받는 모습을 보여 줌으로써 독자들이 흥미를 가지고 접근할 수 있도록 독특한 소설적 구성을 취하고 있다.

① 실제로 일어난 역사적 사건을 바탕으로 한다.

② 등장인물들 사이에 첨예한 갈등 상황이 존재한다.

③ 지배층의 권력을 강화하기 위한 도구가 등장한다.

④ '할아버지 – 아버지 – 손자'의 3대에 걸친 인물들이 등장한다.

⑤ 남존여비(男尊女卑)의 전통 속에서 여성 인권 신장의 과정이 드러난다.

9 [A]와 [B]를 이해한 내용으로 적절하지 <u>않은</u> 것은?

① [A]는 영감의 입장에서 서술되어 있다.

② [B]는 상훈의 입장에서 서술되어 있다.

③ [A]와 [B]의 서술자는 동일하다.

④ [A]와 [B]에서 서술의 중심이 되는 사건은 동일하다.

⑤ [B]는 [A]와 달리 인물의 내면 심리가 드러난다.

(인물의 특징)

1 주요 인물의 특징을 다음과 같이 정리할 때, 빈칸에 들어갈 내용을 써 보자.

조 의관	상훈	창훈
족보를 사고 치산을 고려하는 등 유교적 가치와 가문을 중시하는 ( ) 인물임.	미국 유학을 다녀온 기독교 신자로, 교육과 문화 사업에 관심을 갖는 ( ) 인물이나, 첩을 두는 등 위선적인 모습을 보임.	족보 제작 및 치산 등과 관련하여 조 의관을 부추겨 돈을 뜯어내려고 하는 ( ) 인물임.

(사건과 갈등)

2 주요 사건에 대한 인물들의 반응을 통해 이 작품에 나타난 갈등 양상을 살펴보고 빈칸에 들어갈 내용을 써 보자.

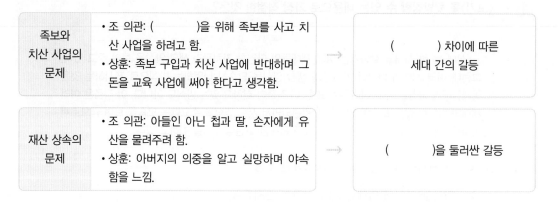

족보와 치산 사업의 문제	• 조 의관: ( )을 위해 족보를 사고 치산 사업을 하려고 함. • 상훈: 족보 구입과 치산 사업에 반대하며 그 돈을 교육 사업에 써야 한다고 생각함.	→	( ) 차이에 따른 세대 간의 갈등
재산 상속의 문제	• 조 의관: 아들인 아닌 첩과 딸, 손자에게 유산을 물려주려 함. • 상훈: 아버지의 의중을 알고 실망하며 야속함을 느낌.	→	( )을 둘러싼 갈등

(소설의 주제)

3 이 소설에는 '할아버지 − 아들 − 손자'의 3대가 등장한다. 이 소설에서 이들을 통해 전하고자 한 바가 무엇일지 살펴보고 빈칸에 들어갈 내용을 써 보자.

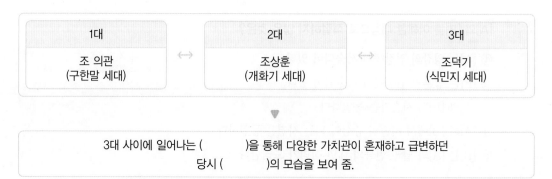

1대		2대		3대
조 의관 (구한말 세대)	↔	조상훈 (개화기 세대)	↔	조덕기 (식민지 세대)

▼

3대 사이에 일어나는 ( )을 통해 다양한 가치관이 혼재하고 급변하던 당시 ( )의 모습을 보여 줌.

「삼대」에 나타나는 삼대(三代)의 갈등 양상

이 작품은 조 의관, 조상훈, 조덕기로 이어지는 3대 사이의 갈등을 중심으로 급변하던 1920~1930년대 사회의 모습을 보여 주고 있습니다. 조 의관은 봉건적 가치를 고수하는 인물이며, 상훈은 미국에 유학을 다녀온 개화 주의자입니다. 그래서 상훈은 양반의 족보를 사고, 오래된 산소를 크게 보수하려는 조 의관을 못마땅하게 생각해 둘 사이에 큰 갈등이 일어나지요. 그렇다고 상훈이 새로운 세대의 인물인 것은 아닙니다. 그는 친구의 딸을 첩으로 두는 등 위선적인 모습을 보입니다. 덕기는 중도적 입장의 인물입니다. 보수적인 면을 보이기도 하고, 사회주의 사상에 관심을 보이기도 하지요. 그리고 경애를 둘러싼 도덕성 문제로 상훈과 갈등하기도 합니다.

이들 사이의 가장 큰 갈등은 조 의관의 재산을 둘러싸고 일어납니다. 조 의관과 상훈의 갈등은 보수와 개화라는 가치관 문제에서 시작해 재산 상속 문제로 심화됩니다. 조 의관이 손자인 덕기에게 재산을 물려주면서 상훈과 덕기의 갈등도 심화되지요. 이 3대 사이의 갈등은 일차적으로는 가치관이나 도덕성 문제로 발생하지만, 근본적인 이유는 '돈'에 있는 셈입니다. 결국 이 작품도 전체적으로 보면, 조 의관의 재산 상속 문제를 중심축으로 하여 사건이 전개되지요.

이 작품에는 이러한 갈등 구조 속에서 봉건적 신분 의식 및 축첩 제도의 잔존, 근대 자본주의 체제로의 편입 등 당대의 사회상이 드러납니다. 이처럼 「삼대」는 식민지 현실을 배경으로, 3대 사이에 일어난 갈등을 통해 당대 현실을 사실적으로 그려 낸 작품으로 평가받고 있습니다.

▲ 「삼대」 표지(1948년)

이 작품에서 할아버지인 조 의관, 아들인 조상훈, 손자인 조덕기라는 삼대(三代)를 중심 인물로 설정한 이유가 무엇일지 생각해 보자.

_____

_____

_____

_____

07 박씨전 | 작자 미상

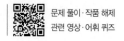
문제 풀이·작품 해제
관련 영상·어휘 퀴즈

🌑 전체 줄거리

발단

이시백,
박씨와 혼인하다

"자식이 이 사람의 사위가 된다면 앞으로 좋은 일이 많이 있겠구나."

이 상공의 아들 이시백은 어려서부터 총명하여 보는 사람마다 칭찬을 아끼지 않았다. 어느 날, 박 처사가 이 상공을 찾아와 이시백과 자신의 딸을 정혼시키자고 청한다. 박 처사의 뛰어난 재주를 흠모하던 이 상공은 흔쾌히 혼인을 허락한다.

전개

박씨,
후원에서 지내다
절세가인으로
변하다

"찬란한 아름다움은 눈이 부실 지경이었고, 향기로운 냄새는 방 안 가득 넘쳐 났다."

혼례를 치른 뒤, 이시백은 박씨의 추한 용모에 실망하여 대면조차 하지 않는다. 박씨는 후원에 피화당을 지어 그곳에서 지내며, 하룻밤 만에 옷을 지어 내고, 비루먹은 망아지를 사서 100배의 이윤을 남기는 등 비범한 능력을 보인다. 이후 이시백은 박씨가 건네준 연적을 사용해 과거 시험을 치러 장원 급제하고, 박씨는 허물을 벗고 절세가인이 된다. 이시백은 그간 박씨를 박대했던 것을 뉘우치며 용서를 구하고, 이를 계기로 부부간의 정이 나날이 깊어 간다.

위기

청나라의
침입으로 조선이
위기에 빠지다

"일의 형세가 급하니, 남한산성으로 옮기시는 것이 좋을 듯하옵니다."

점점 세력이 커진 청나라는 임경업이 있는 의주를 피해 동쪽으로 돌아 조선을 침략하려고 한다. 박씨가 이를 미리 알고 조정에 임경업을 부를 것을 조언하나, 간신 김자점의 반대로 무산된다. 결국 조선은 청나라 장수 용골대와 용울대 형제에게 크게 패하고, 임금마저 남한산성으로 피신하게 된다.

절정

박씨,
비범한 능력으로
청나라 장수를
물리치다

"갑자기 큰 바람이 불면서 불기운이 오히려 오랑캐 진영을 덮쳤다."

장안을 차지하고 재물을 약탈하던 용울대가 박씨가 머무는 피화당을 침범하나, 시비 계화의 손에 목숨을 빼앗긴다. 이에 분노한 용골대가 동생의 원수를 갚기 위해 피화당으로 오지만, 박씨의 뛰어난 도술 앞에 굴복한다.

결말

박씨,
행복한 여생을
보내다

"그 덕행은 온 나라에 울려 퍼지고 그 이름은 후세에 길이 전하게 되었다."

조정으로 돌아온 임금이 박씨의 말을 듣지 않은 것을 후회하며 그 공을 칭찬하면서 정렬부인의 칭호를 내린다. 이후로 박씨의 덕행이 온 나라에 퍼지고, 박씨는 행복한 여생을 보낸다.

☀ 시험에 꼭 나오는 핵심 장면

박씨가 허물을 벗고 변신하는 장면

(왜 자주 출제되는가?) 이 장면은 박씨가 허물을 벗고 절세가인으로 변신하는 장면으로, 작품의 전반부와 후반부를 가르는 분기점이라고 할 수 있어. 박씨는 용모가 추하다는 이유로 피화당에서 따로 생활하는데, 변신 후에 이시백은 자신의 과오를 반성하고 박씨에게 의지하게 돼. 즉, 박씨는 변신을 통해 그간 가정 내에서 겪은 역경을 극복하고 이후 후반부에서는 명실상부한 영웅으로서의 면모를 보이지. 이처럼 작품의 전환점이 되는 장면이어서 시험에 자주 출제돼.

박씨가 영웅으로 활약하는 장면

(왜 자주 출제되는가?) 이 장면은 박씨가 도술을 부려 청나라 군사들을 물리치는 장면이야. 박씨는 피화당에 침범한 청나라 군사들을 물리치고, 청나라 장수인 용골대에게 굴욕을 선사하지. 이는 실제 역사와는 다른 부분이지만, 현실에서의 패배감을 극복하고 민족적 자긍심을 되살리려는 창작 의도가 담겨 있어. 이러한 창작 의도와 함께 여성인 박씨의 영웅적 활약상을 통해 양반 남성들의 무능력함에 대한 비판 의식, 여성들의 해방 욕구 등을 엿볼 수 있어서 시험에 자주 출제돼.

🍃 간단 확인

■ 정답과 해설 12쪽

다음을 읽고 이 글의 내용과 일치하면 ○, 일치하지 않으면 ×를 표시해 보자.

1 처음에 이시백은 박씨의 용모가 추하여 멀리하였다. ··· (   )
2 박씨는 허물을 벗고 아름다운 모습이 되었다. ··· (   )
3 청나라의 침략에 임금이 남한산성으로 피신하게 되었다. ··· (   )
4 박씨는 훗날 이시백의 안위를 걱정하여 용골대를 살려 보냈다. ·· (   )

박씨전

발단·전개·위기·절정·결말

이시백은 박씨의 추한 외모에 실망하여 대면조차 하지 않고, 박씨가 시비 계화와 함께 후원에 초당을 짓고 나무를 기르며 지내는 상황이다.

| 작품 개관 |
· 갈래: 영웅 소설, 군담 소설
· 성격: 전기적, 서사적, 영웅적
· 시점: 전지적 작가 시점
· 배경: 조선 시대(병자호란)

◆
초당 억새나 짚 따위로 지붕을 인 조그마한 집채. 흔히 집의 몸채에서 따로 떨어진 곳에 지었다.
영롱하다 광채가 찬란하다.
소일 어떠한 것에 재미를 붙여 심심하지 아니하게 세월을 보냄.
탄복 매우 감탄하여 마음으로 따름.
길흉화복 길흉(운이 좋고 나쁨)과 화복(재화(災禍)와 복록(福祿))을 아울러 이르는 말.
소부 결혼한 여자가 자신을 낮추어 이르는 말.
가군 남에게 자기 남편을 이르는 말.

박씨는 초당 이름을 피화당이라 했다. 계화와 더불어 피화당에서 외로이 지내며 집 뒤뜰 전후좌우로 여러 종류의 나무를 가져다가 심었다. 동쪽에는 푸른 기운을 따라 푸른 흙으로 나무뿌리를 북돋우고, 서쪽에는 흰 기운을 따라 흰 흙으로, 남쪽에는 붉은 기운을 따라 붉은 흙으로 뿌리를 북돋았다. 북쪽에는 검은 기운을 따라 검은 흙으로 그 뿌리를 북돋우고, 중앙에는 누런 기운을 따라 누런 흙으로 뿌리를 북돋아 오색이 영롱하게 심어 놓고, 때에 맞춰 정성스럽게 물을 주었다. 〈중략〉

박씨의 근황을 궁금해하던 상공은 계화를 불러 물었다.

㉠"요즈음은 부인이 무슨 일로 소일(消日)하더냐?"

㉡"뒤뜰에 온갖 나무를 심으시고 소녀로 하여금 기르게 하고 있습니다."

상공이 계화를 따라 들어가 주위를 둘러보니, 온갖 나무가 사면에 무성하게 자라 있었다. 나무는 용과 범이 변하여 바람과 비를 부르는 듯하고, 가지는 무수한 새와 뱀이 서로 꼬리를 맞대고 있는 듯했다. 그 모습은 너무도 엄숙하여 똑바로 쳐다보기가 어려울 정도였다.

㉢"이 사람이 곧 신선이구나. 나로서는 감히 그 재주를 헤아릴 수 없을 것이다."

거듭 탄복을 하며 박씨를 불러 물었다.

"저 나무는 무슨 일로 심었느냐?"

박씨가 공손하게 대답했다.

"길흉화복(吉凶禍福)은 인간의 삶과 늘 함께하는 것이옵니다. 뒷날 무슨 일이 생겼을 때 저 나무로 미리 막아 보고자 심었습니다."

"그렇다면 혹시 이 집 이름을 피화당이라 한 것도 그와 관련이 있는 것이냐?"

"그러하옵니다."

상공이 그 까닭을 자세히 알고 싶어 다시 물어보았지만, 박씨는 말을 아꼈다.

"하늘의 뜻이기에 차마 누설치 못하겠습니다. 후에 자연히 아시게 될 것입니다. 더 묻지 마시옵소서."

㉣"너는 참으로 나 같은 사람의 며느리가 되기에는 아까운 사람이구나. 내 운수가 사나워서 그런지, 아니면 내 자식이 어리석어서인지 부부간의 즐거움을 알지 못하고 헛되이 세월만 보내는 것이 안타깝다. 내 나이 이제 육십이라, 내가 곧 죽으면 너같이 어진 사람이 집안사람들의 냉대를 어찌 견딜지, 다만 그것이 걱정이다."

상공이 길게 탄식하며 말했지만 박씨는 오히려 상공을 위로했다.

"ⓐ소부(小婦)의 생김새가 추하여 부부간의 즐거움을 모르는 것이니 이는 다 소부의 탓이옵니다. ㉤누구를 원망하겠습니까? 다만 제가 원하는 것은 가군(家君)이 과거에 급제하여 부모님으로 하여금 영화를 보게 하고, 나라를 충성으로 도와 그 이름을 널리 알리는 것이옵니다. 그런 후 다른 가문에서 아내를 얻어 자식을 낳고 탈 없이 오래 산다면 저는 죽어도 여한이 없을 것입니다."

74 · 중학 국어 문학 독해 3

1 〈보기〉는 윗글의 등장인물을 나타낸 것이다. 이를 바탕으로 ⓐ를 이해할 때, 적절한 것은?

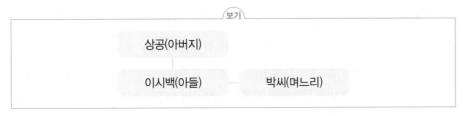

① 박씨는 ⓐ의 원인을 다른 사람의 탓으로 돌리고 있군.

② 박씨는 ⓐ 때문에 자신의 능력을 제대로 발휘하지 못하고 있군.

③ 상공은 ⓐ 때문에 박씨를 며느리로 삼은 것을 후회하고 있군.

④ 이시백은 ⓐ에 대해 상공과 다른 반응을 보이며 박씨를 대하고 있군.

⑤ 이시백은 ⓐ에 개의치 않고 박씨를 아내로 들인 것에 대해 만족하고 있군.

2 ㉠~㉤에 대한 설명으로 적절한 것은?

① ㉠: 박씨에 대해 궁금한 점을 다른 사람을 통해 해결하고자 하고 있다.

② ㉡: 자신을 부리는 박씨에 대해 불만을 드러내고 있다.

③ ㉢: 박씨의 재주를 대수롭지 않은 것으로 여기고 있다.

④ ㉣: 이시백을 긍정적으로 평가하여 상대의 마음을 돌리려 하고 있다.

⑤ ㉤: 상공에 대한 원망을 드러내며 숨겨 왔던 자신의 심정을 토로하고 있다.

3 윗글에서 알 수 있는 박씨의 면모를 나타내는 한자 성어로 가장 적절한 것은?

① 괄목상대(刮目相對)

② 낭중지추(囊中之錐)

③ 난형난제(難兄難弟)

④ 견강부회(牽强附會)

⑤ 온고지신(溫故知新)

속담·한자 성어 익히기

• **괄목상대** 눈을 비비고 상대편을 본다는 뜻으로, 남의 학식이나 재주가 놀랄 만큼 부쩍 늚을 이르는 말.

• **낭중지추** 주머니 속의 송곳이라는 뜻으로, 재능이 뛰어난 사람은 숨어 있어도 저절로 사람들에게 알려짐을 이르는 말.

• **난형난제** 누구를 형이라 하고 누구를 아우라 하기 어렵다는 뜻으로, 두 사물이 비슷하여 낫고 못함을 정하기 어려움을 이르는 말.

• **견강부회** 이치에 맞지 않는 말을 억지로 끌어 붙여 자기에게 유리하게 함.

• **온고지신** 옛것을 익히고 그것을 미루어서 새것을 앎.

박씨의 아버지 박 처사가 상공의 집에 찾아와 가족들과 만난 상황이다.

상공이 옷깃을 여미고 뜰아래 내려가 처사를 맞았다. 시백 역시 의관을 갖추고 처사에게 문안을 드렸다. 처사가 시백의 손을 잡고 상공에게 축하 인사를 건넸다.

"영랑(令郞)이 뛰어난 재주로 과거에 급제하였으니 이 같은 경사는 다시 없을 줄 압니다. 그간 제가 시골에 있는 관계로 아직 축하 인사를 드리지 못했습니다."

상공이 술과 안주를 내어 대접하며 처사와 함께 그간 만나지 못한 회포를 풀었다. 술이 반쯤 줄어들고 분위기가 무르익어 갈 무렵, 상공이 어두운 낯빛으로 처사에게 말하였다.

"귀한 손님을 뵈니 반가운 마음은 예사롭고 죄송한 마음은 산과 바다와 같습니다."

"무슨 말씀이신지요?"

"내 자식이 어리석다 보니 어진 아내를 푸대접하여 부부간 즐거움을 알지 못하고 있습니다. 제가 늘 타이르곤 하지만 자식이 끝내 아비의 말을 듣지 않더군요. 처사 대하기가 민망할 따름입니다."

처사가 급히 손사래를 쳤다.

"상공께서는 제 못난 딸을 더럽다 않으시고 지금까지 슬하에 두셨습니다. 그 넓으신 덕에 감사할 따름이온데 이렇게 말씀하시니 오히려 송구합니다."

"예사롭지 않은 며늘애가 늘 외롭고 힘들게 지내기에 드리는 말씀입니다."

"사람의 팔자와 길흉화복은 다 하늘에 달린 것입니다. 어찌 그리 지나친 걱정을 하십니까?"

ⓐ처사가 담담하게 말하니 상공도 미안한 마음을 조금 덜 수 있었다.

이후 상공은 처사와 더불어 날마다 바둑을 두기도 하고 또 피리도 불면서 즐겁게 지냈다.

ⓑ하루는 처사가 후원으로 들어가 딸을 불러 앉혔다.

"너의 액운이 다 끝났으니 누추한 허물을 벗어라."

처사는 허물을 벗고 변화하는 술법을 딸에게 가르친 뒤 말하였다.

"허물을 벗거든 버리지 말고 시아버지에게 옥으로 된 함을 짜 달라고 해서 그 속에 넣어 두어라."

그러고는 딸과 함께 정담을 나누다가 밖으로 나와 상공에게 작별 인사를 드렸다. 상공이 못내 섭섭해하며 만류했지만 처사는 듣지 않았다. 할 수 없이 한잔 술로 작별을 고하고 문 밖으로 나가 전송하였다.

"지금 헤어지면 다시 만나기 어려울 것입니다. 늘 건강하시고 복을 누리시기 바랍니다."

상공이 깜짝 놀라며 물었다.

"그것이 무슨 말씀이십니까?"

"이제 상공과 이별하고 산에 들어가면 다시 속세로 나오지 못할 듯하여 드리는 말씀입니다."

상공이 슬프게 작별 인사를 하니, ⓒ처사는 학을 타고 공중에 올라가 오색구름을 헤치며 나아갔다. 잠시 후 구름이 걷혔는데 처사가 간 곳은 보이지 않았다.

ⓓ그날 밤, 박씨는 몸을 깨끗이 씻은 뒤 둔갑술을 부려 허물을 벗었다.

처사 예전에, 벼슬을 하지 아니하고 초야에 묻혀 살던 선비.

슬하 무릎의 아래라는 뜻으로, 어버이나 조부모의 보살핌 아래. 주로 부모의 보호를 받는 테두리 안을 이른다.

절세가인 세상에 견줄 만한 사람이 없을 정도로 뛰어나게 아름다운 여인.

월궁항아 전설에서, 달에 있는 궁에 산다는 선녀.

무산 선녀 중국의 전설에 나오는, 얼굴이 매우 아름답다는 선녀.

서시 중국 춘추 시대 월나라의 미인.

양귀비 중국 당나라 현종(玄宗)의 비(妃).

날이 밝은 후, 박씨는 계화를 불렀다. 계화가 들어가 보니 전에 없던 절세가인(絕世佳人)이 방 안에 앉아 있었다. ㉠여인의 얼굴은 아름답기 그지없었으며, 그 태도는 너무도 기이했다. 월궁항아(月宮姮娥)나 무산 선녀(巫山仙女)라도 따르지 못할 듯했고, 서시와 양귀비도 미치지 못할 정도였다.

4 윗글의 서술 방식에 대한 설명으로 가장 적절한 것은?

① 작품 밖 서술자를 통해 이야기를 전개하고 있다.
② 1인칭 서술자의 등장으로 사건의 긴장감을 높이고 있다.
③ 인물의 외양을 묘사함으로써 그 대상을 희화화하고 있다.
④ 호흡이 긴 문장을 통해 등장인물의 정돈되지 않은 내면을 드러내고 있다.
⑤ 빈번한 장면 전환을 통해 사건을 다양한 측면에서 바라볼 수 있도록 하고 있다.

개념⁺ 희화화

어떤 인물의 외모나 성격, 또는 사건을 의도적으로 우스꽝스럽게 묘사하거나 풍자하는 것을 말함. 과장을 통해 이루어지는 경우가 많으며, 소설적 재미를 높이는 효과가 있음. 특히 부정적인 인물을 직접적으로 비판하기보다 희화화하여 조롱함으로써 더 큰 효과를 가져오는 경우가 많음.

5 ㉠을 이해한 내용으로 적절하지 않은 것은?

① 옛이야기를 인용하고 있다.
② 여러 인물을 나열하고 있다.
③ 비교의 방법을 사용하고 있다.
④ 서술자의 평가가 나타나 있다.
⑤ 인물에 대한 부정적 인식을 드러내고 있다.

6 수능형 ⓐ~ⓓ 중 〈보기〉의 내용에 해당하는 것을 모두 골라 바르게 묶은 것은?

〈보기〉
　　고전 소설에는 귀신과 인연을 맺거나 인물이 도술을 부리는 등 현실 세계에서는 일어날 수 없는 기이하고 신기한 장면이 자주 등장한다. 고전 소설의 이러한 특징을 전기성(傳奇性)이라고 하는데, 현대 소설과 달리 고전 소설에 이처럼 비현실적 사건들이 자주 등장하는 이유는 독자의 흥미를 끌기 위한 고전 소설의 통속성 때문이다.

① ⓐ, ⓑ　　　　　② ⓐ, ⓒ　　　　　③ ⓑ, ⓒ
④ ⓑ, ⓓ　　　　　⑤ ⓒ, ⓓ

발단 전개 위기 **절정** 결말

용골대가 동생의 원수를 갚기 위해 피화당으로 왔다가 박씨에게 굴복하는 상황이다.

용골대가 모든 장졸을 뒤로 물린 후, 왕비와 세자, 대군을 모시고 장안의 재물과 미녀를 거두어 돌아갈 채비를 꾸렸다. 오랑캐에게 잡혀가는 사람들의 슬픈 울음소리가 장안을 진동했다.

박씨가 계화를 시켜 용골대에게 소리쳤다.

"무지한 오랑캐 놈들아! 내 말을 들어라. 조선의 운수가 사나워 은혜도 모르는 너희에게 패배를 당했지만, 왕비는 데려가지 못할 것이다. 만일 그런 뜻을 둔다면 내 너희를 몰살할 것이니 당장 왕비를 모셔 오너라."

하지만 용골대는 오히려 코웃음을 날렸다.

"참으로 가소롭구나. 우리는 이미 조선 왕의 항서를 받았다. 데려가고 안 데려가고는 우리 뜻에 달린 일이니, 그런 말은 입 밖에 내지도 마라."

오히려 욕설만 무수히 퍼붓고 듣지 않자 계화가 다시 소리쳤다.

"너희의 뜻이 진실로 그러하다면 이제 내 재주를 한 번 더 보여 주겠다."

계화가 주문을 외자 문득 공중에서 두 줄기 무지개가 일어나며 모진 비가 천지를 뒤덮을 듯 쏟아졌다. 뒤이어 얼음이 얼고 그 위로는 흰 눈이 날리니, 오랑캐 군사들의 말발굽이 땅에 붙어 한 걸음도 옮기지 못하게 되었다. 그제야 용골대는 사태가 예사롭지 않음을 깨달았다.

"당초 우리 왕비께서 분부하시기를 장안에 신인(神人)이 있을 것이니 이시백의 후원을 범치 말라 하셨는데, 과연 그것이 틀린 말이 아니었구나. 지금이라도 부인에게 빌어 무사히 돌아가는 편이 낫겠다."

용골대가 갑옷을 벗고 창칼을 버린 뒤 무릎을 꿇고 애걸하였다.

"소장이 천하를 두루 다니다 조선까지 나왔지만, 지금까지 무릎을 꿇은 적은 한 번도 없었습니다. 이제 부인 앞에 무릎을 꿇어 비나이다. 부인의 명대로 왕비는 모셔 가지 않을 것이니, 부디 길을 열어 무사히 돌아가게 해 주십시오."

무수히 애원하자 그제야 박씨가 발을 걷고 나왔다.

"원래는 너희의 씨도 남기지 않고 모두 죽이려 했었다. 하지만 내 사람 목숨 죽이는 것을 좋아하지 않기에 용서하는 것이니, 네 말대로 왕비는 모셔 가지 마라. 너희가 부득이 세자와 대군을 모셔 간다면 그 또한 하늘의 뜻이기에 거역하지 못하겠구나. 부디 조심하여 모셔 가라. 그렇게 하지 않으면 신장과 갑옷 입은 군사를 몰아 너희를 다 죽인 뒤, 너희 국왕을 사로잡아 분함을 풀고 무죄한 백성까지 남기지 않을 것이다. 나는 앉아 있어도 모든 일을 알 수 있다. 부디 내 말을 명심하여라."

오랑캐 병사들은 황급히 머리를 조아리고 용골대는 다시 애원을 했다.

"말씀드리기 황송하오나 소장 아우의 머리를 내주시면, 부인의 태산 같은 은혜를 잊지 않을 것이옵니다."

하지만 박씨는 고개를 저었다.

"듣거라. 옛날 조양자(趙襄子)는 지백(智伯)의 머리를 옻칠하여 두고 진양성에서 패한 원

항서 항복을 인정하는 문서.
신인 신과 같이 신령하고 숭고한 사람.
신장 귀신 가운데 무력을 맡은 장수 신.
조양자 중국 전국 시대 초기 조나라의 제후(諸侯).
지백 중국 춘추 시대 진나라의 대부(大夫).

78 · 중학 국어 문학 독해 3

수를 갚았다 하더구나. 우리도 용울대의 머리를 내어 주지 않고 남한산성에서 패한 분을
조금이라도 풀 것이다. 아무리 애걸을 해도 그렇게는 하지 못하겠다."
이 말을 들은 용골대는 그저 용울대의 머리를 보고 통곡할 수밖에 없었다.

7 윗글의 등장인물과 관련한 설명으로 적절하지 <u>않은</u> 것은?

① 박씨는 용골대에게 시종일관 하대하고 있다.
② 박씨는 옛이야기에 등장하는 인물을 인용하고 있다.
③ 용골대는 상대를 무시하고 모욕하는 발언을 하고 있다.
④ 계화는 말하고자 하는 바를 우회적으로 전달하고 있다.
⑤ 용골대는 타인의 말을 떠올리면서 자신의 잘못을 깨닫고 있다.

8 〈보기〉를 바탕으로 윗글의 박씨를 평가할 때, 적절하지 <u>않은</u> 것은?

〈보기〉

　박씨는 남성에게 의존하고 규방에 안주하는 순응적인 여성이 아니라, 스스로 나서서 남편을
돕고 나라를 위기에서 구하는 적극적인 여성이다. 나라가 위기에 처하자 뛰어난 능력으로 외
적을 물리치는 박씨와 같은 여성의 활약상을 보면서 봉건적 인습에 억눌려 살아왔던 당시 여
성들이 대리 만족감 느꼈을 것임을 짐작할 수 있다.

◆
규방 부녀자가 거처하는 방.
안주하다 현재의 상황이나
처지에 만족하다.

① 당시 여성들에게 희망을 주었을 인물이로군.
② 다정함이 넘치는 모습을 보여 주는 인물이로군.
③ 주체적으로 일을 수행하는 능력이 있는 인물이로군.
④ 억눌려 살아온 여성들의 해방 욕구가 반영된 인물이로군.
⑤ 남성보다 뛰어난 여성이 있을 수 있음을 보여 주는 인물이로군.

9 〈보기〉에 제시된 교사의 질문에 대한 학생의 답으로 가장 적절한 것은?

〈보기〉

교사: 실제 역사에서 조선은 병자호란에서 패배하였습니다. 그렇다면 이 작품의 내용 중 일부
는 실제의 역사적 사실과 맞지 않지요. 그렇지만 역사적 사실을 왜곡하면서까지 이 작품을
창작했던 이유가 있을 것입니다. 이것은 사람들에게 현실을 극복할 수 있는 힘을 주는 문학
의 영향력과 관련하여 생각해 볼 수 있어요. 이 작품이 역사적 사실과 다르게 서술된 이유
가 무엇일지 한번 말해 볼까요?

① 소설의 허구성을 잘 살리기 위해서인 것 같아요.
② 여성의 실제 활약을 보여 주고 싶었던 것 같아요.
③ 이야기를 더 재미있게 만들기 위해서인 것 같아요.
④ 역사적 사실을 잘 모르는 사람이 창작했기 때문인 것 같아요.
⑤ 전쟁에서 패한 것에 대해 정신적으로나마 위안을 주기 위해서인 것 같아요.

개념+ 소설의 허구성

소설은 기본적으로 작가가
상상력을 발휘하여 '꾸며 쓴'
이야기이므로, 실제 일어난
역사적 사실을 배경으로 한
작품이라고 하더라도 소설에
서 일어나는 일은 허구의 이
야기로 받아들여야 함. 따라
서 이러한 성격의 작품을 감
상할 때에는 실제 사실 여부
를 엄격하게 따지기보다 작
가가 왜 그러한 이야기를 만
들었는지에 주목하는 것이
필요함.

인물의 특징

1 주요 인물의 특징을 다음과 같이 정리할 때, 빈칸에 들어갈 내용을 써 보자.

박씨

이시백의 부인. 학문이 깊고 재주가 뛰어나며 사려 깊은 인물로, 앞일을 예측하고 도술로 적군을 물리치는 등 (   )한 능력을 지녔음.

상공

(   )의 부친. 조선 인조 때의 재상으로, 모두 천대하는 박색의 며느리를 홀로 아끼고 감싸 줌.

계화

박씨의 (   ). 박씨가 추한 용모 때문에 박대받는 것을 안타깝게 여기고 지성으로 섬김.

소설의 서사 구조

2 이 소설의 서사 구조에 따른 박씨의 일생을 살펴보고 빈칸에 들어갈 내용을 써 보자.

서사 구조	박씨의 일생
시련을 겪음.	비범한 능력을 가지고 있지만, 추한 ( ) 때문에 남편 이시백에게 박대를 받으며 지냄.
조력자에게 도움을 받음.	액운이 다하였다는 아버지의 말에 따라 술법을 부려 ( )을 벗고 빼어난 용모로 탈바꿈함.
위기를 맞음.	행복한 나날을 보내던 중 청나라의 침입으로 ( )이 일어남.
위기를 극복하고 승리자가 됨.	비범한 능력으로 적군을 물리치고 편안한 여생을 보냄.

소설의 주제

3 이 소설의 주제를 다음과 같이 정리할 때, 빈칸에 들어갈 내용을 써 보자.

박색이었던 박씨가 절세가인으로 변신한 후 뛰어난 능력을 발휘하여 조선을 침략한 청나라 군을 물리치고 편안한 여생을 보냄.

표면적 주제 — 박씨의 (   )적 기상과 재주

이면적 주제 — (   )에 대한 적개심과 민족의 자존감 회복

「박씨전」의 창작 배경

조선 인조 14년(1636) 겨울, 청나라가 요구한 군신(君臣) 관계를 조선이 거부하자 청나라 태종이 대군을 이끌고 조선을 침략합니다. 그리고 두어 달 남짓한 항전 끝에 인조는 결국 오랑캐라 여기던 청나라에 신하의 예를 행하기로 하며 굴욕적인 항복 의식을 치르게 되지요. 이에 조선 백성들은 큰 좌절감과 치욕감을 느꼈습니다.

이 작품은 이 병자호란을 배경으로 한 소설로, 실존 인물이 다수 등장한다는 점이 특징입니다. 용골대는 실제로 청나라 군대를 이끌던 장군이었지요. 작중에서 용골대는 박씨의 도술에 물러나는데, 이는 실제 역사와 다른 부분입니다. 이 점에서 「박씨전」은 병자호란의 패배로 좌절한 백성들을 위로하고, 자존감을 회복하기 위해 창작되었다고 볼 수 있습니다.

이 과정에서 맹활약하는 인물이 박씨, 시비 계화 등 여성이라는 점도 중요합니다. 당시에는 수많은 여인이 청나라 군사들에게 끌려갔고, 정절을 중시한 많은 여성들이 스스로 목숨을 끊었습니다. 반면 당시 지배층이었던 양반 남성들은 나라와 백성을 지키지 못했고, 김자점 등과 같이 전투를 회피하거나 자신만 살겠다고 도망친 장수들도 많았습니다. 이러한 맥락을 고려할 때, 「박씨전」의 주인공이 여성인 박씨로 설정된 것은 지배 계층이던 양반 남성들의 무능력함을 비판하는 것인 동시에, 평생을 아버지와 남편, 자식을 따라야 한다는 가부장제 속에서 억압되어 살아야 했던 여성들의 해방 욕구가 반영된 것이라고 이해할 수 있습니다.

▲ 청나라 침입 때 인조가 대피했던 남한산성
(출처: 국가 문화 유산 포털)

이 작품은 실제 역사적 사실을 바탕으로 하지만, 역사적 사실을 그대로 반영한 것이 아니라 왜곡하여 반영하고 있다. 그 이유가 무엇일지 자신의 생각을 정리해 보자.

_____

_____

_____

_____

_____

08 춘향전
소설 | 작자 미상

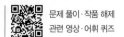
문제 풀이·작품 해제
관련 영상·어휘 퀴즈

✿ 전체 줄거리

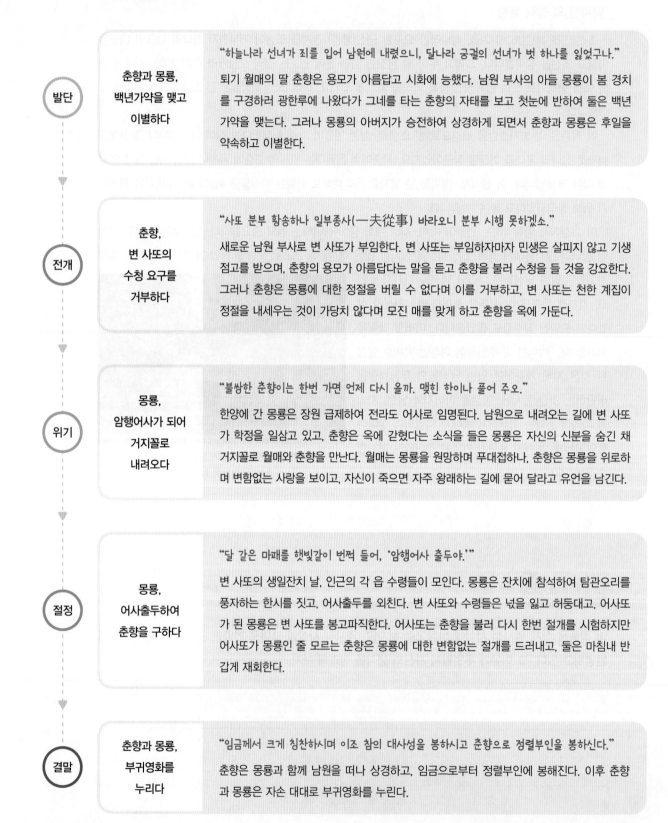

발단	춘향과 몽룡, 백년가약을 맺고 이별하다	"하늘나라 선녀가 죄를 입어 남원에 내렸으니, 달나라 궁궐의 선녀가 벗 하나를 잃었구나." 퇴기 월매의 딸 춘향은 용모가 아름답고 시화에 능했다. 남원 부사의 아들 몽룡이 봄 경치를 구경하러 광한루에 나왔다가 그네를 타는 춘향의 자태를 보고 첫눈에 반하여 둘은 백년가약을 맺는다. 그러나 몽룡의 아버지가 승전하여 상경하게 되면서 춘향과 몽룡은 후일을 약속하고 이별한다.
전개	춘향, 변 사또의 수청 요구를 거부하다	"사또 분부 황송하나 일부종사(一夫從事) 바라오니 분부 시행 못하겠소." 새로운 남원 부사로 변 사또가 부임한다. 변 사또는 부임하자마자 민생은 살피지 않고 기생 점고를 받으며, 춘향의 용모가 아름답다는 말을 듣고 춘향을 불러 수청을 들 것을 강요한다. 그러나 춘향은 몽룡에 대한 정절을 버릴 수 없다며 이를 거부하고, 변 사또는 천한 계집이 정절을 내세우는 것이 가당치 않다며 모진 매를 맞게 하고 춘향을 옥에 가둔다.
위기	몽룡, 암행어사가 되어 거지꼴로 내려오다	"불쌍한 춘향이는 한번 가면 언제 다시 올까. 맺힌 한이나 풀어 주오." 한양에 간 몽룡은 장원 급제하여 전라도 어사로 임명된다. 남원으로 내려오는 길에 변 사또가 학정을 일삼고 있고, 춘향은 옥에 갇혔다는 소식을 들은 몽룡은 자신의 신분을 숨긴 채 거지꼴로 월매와 춘향을 만난다. 월매는 몽룡을 원망하며 푸대접하나, 춘향은 몽룡을 위로하며 변함없는 사랑을 보이고, 자신이 죽으면 자주 왕래하는 길에 묻어 달라고 유언을 남긴다.
절정	몽룡, 어사출두하여 춘향을 구하다	"달 같은 마패를 햇빛같이 번쩍 들어, '암행어사 출두야.'" 변 사또의 생일잔치 날, 인근의 각 읍 수령들이 모인다. 몽룡은 잔치에 참석하여 탐관오리를 풍자하는 한시를 짓고, 어사출두를 외친다. 변 사또와 수령들은 넋을 잃고 허둥대고, 어사또가 된 몽룡은 변 사또를 봉고파직한다. 어사또는 춘향을 불러 다시 한번 절개를 시험하지만 어사또가 몽룡인 줄 모르는 춘향은 몽룡에 대한 변함없는 절개를 드러내고, 둘은 마침내 반갑게 재회한다.
결말	춘향과 몽룡, 부귀영화를 누리다	"임금께서 크게 칭찬하시며 이조 참의 대사성을 봉하시고 춘향으로 정렬부인을 봉하신다." 춘향은 몽룡과 함께 남원을 떠나 상경하고, 임금으로부터 정렬부인에 봉해진다. 이후 춘향과 몽룡은 자손 대대로 부귀영화를 누린다.

시험에 꼭 나오는 핵심 장면

몽룡이 그네를 타는 춘향을 만나 한눈에 반하는 장면

(왜 자주 출제되는가?) 이 장면은 양반가의 자제인 몽룡이 퇴직한 기녀의 딸 춘향을 만나 사랑에 빠지는 장면이야. 신분이 다른 두 사람이지만 몽룡이 이에 개의치 않으면서 두 사람은 결국 연인이 되고, 이로써 신분을 뛰어넘는 사랑이 시작되지. 이 과정에서 세련되고 전아한 양반의 언어와 비속한 언어, 말장난이 가미된 민중의 언어가 혼합되어 나타나는데, 이 점에서 판소리계 소설의 독특한 문체적 특성을 엿볼 수 있어서 시험에 자주 출제돼.

몽룡이 어사출두하여 춘향을 구하는 장면

(왜 자주 출제되는가?) 이 장면은 걸인 행색의 몽룡이 변 사또의 생일잔치에서 부패한 관리들을 비판하는 한시(漢詩)를 짓고, 이어 어사출두하여 춘향을 구하는 장면으로, 이 작품에서 가장 유명한 장면이야. 반전이 일어나 그간의 답답함을 한순간에 씻어 내면서 독자에게 카타르시스를 전해 주지. 이때까지의 갈등이 한번에 해결되고, 장면의 극대화 및 풍자와 해학적 요소, 서술자의 개입 등 판소리계 소설의 특성이 잘 드러나 있어서 시험에 자주 출제돼.

간단 확인
■ 정답과 해설 14쪽

다음을 읽고 이 글의 내용과 일치하면 ○, 일치하지 않으면 ×를 표시해 보자.

1 퇴직한 기녀의 딸 춘향과 양반가의 자제인 몽룡은 서로 사랑에 빠졌다. ⋯⋯⋯⋯⋯⋯⋯⋯⋯⋯⋯⋯⋯ (　　　)

2 변 사또가 새로 부임하면서 춘향과 몽룡은 이별하게 되었다. ⋯⋯⋯⋯⋯⋯⋯⋯⋯⋯⋯⋯⋯⋯⋯⋯⋯⋯ (　　　)

3 옥에 갇힌 춘향은 거지꼴로 돌아온 몽룡을 원망하며 푸대접하였다. ⋯⋯⋯⋯⋯⋯⋯⋯⋯⋯⋯⋯⋯⋯ (　　　)

4 암행어사가 된 몽룡은 어사출두하여 변 사또를 봉고파직하고 춘향을 구하였다. ⋯⋯⋯⋯⋯⋯⋯ (　　　)

춘향전

어사가 된 몽룡이 정체를 숨기고 변 사또의 생일 잔치에 참석한 후 어사출두하고 춘향과 만나는 상황이다.

| 작품 개관 |
· 갈래: 고전 소설, 판소리계 소설
· 성격: 해학적, 풍자적
· 시점: 전지적 작가 시점
· 배경: 조선 후기 숙종 때, 전라도 남원

차운 남이 지은 시의 운자(韻字)를 따서 시를 지음. 또는 그런 방법.
필연 붓과 벼루를 아울러 이르는 말.
다담상 손님을 대접하기 위하여 내놓은 다과 따위를 차린 상.
형구 형벌을 가하거나 고문을 하는 데에 쓰는 여러 가지 기구.
소피 '오줌'을 완곡하게 이르는 말.
서리 조선 시대에, 중앙 관아에 속하여 문서의 기록과 관리를 맡아보던 하급의 구실아치.
중방 고을 원의 시중을 들던 사람.
외올망건 단 하나의 올로 뜬 망건.

운봉이 하는 말이,

"이러한 잔치에 풍류로만 놀아서는 맛이 적사오니 차운(次韻) 한 수씩 하여 보면 어떠하오?"

"그 말이 옳다." / 하니 ㉠운봉이 운을 낼 제 '높을 고(高)' 자, '기름 고(膏)' 자 두 자를 내어놓고 차례로 운을 달아 시를 짓는다. 이때 어사또 하는 말이,

"걸인이 어려서 한시(漢詩)깨나 읽었더니 좋은 잔치 당하여서 술과 안주를 포식하고 그냥 가기 민망하니 차운 한 수 하사이다."

운봉 영장이 반겨 듣고 필연(筆硯)을 내어 주니, 좌중 사람들이 다 짓지도 않았는데 순식간에 글 두 귀를 지었으되, 백성들의 형편을 생각하고 본관 사또의 정체를 감안하여 지었겄다.

[A]
금준미주(金樽美酒) 천인혈(千人血)이요
옥반가효(玉盤佳肴) 만성고(萬姓膏)라.
촉루락시(燭淚落時) 민루락(民淚落)이요
가성고처(歌聲高處) 원성고(怨聲高)라.

이 글 뜻은,

금동이의 아름다운 술은 일만 백성의 피요
옥소반의 아름다운 안주는 일만 백성의 기름이라.
촛불 눈물 떨어질 때 백성 눈물 떨어지고
노랫소리 높은 곳에 원망 소리 높았더라.

㉡이렇듯이 지었으되 본관 사또는 몰라보는데 운봉 영장은 글을 보며 속으로,

'아뿔싸! 일이 났다.'

㉢이때 어사또가 하직하고 간 연후에 각 아전들에게 분부하되, / "야야, 일이 났다."

공방 불러 돗자리 단속, 병방 불러 역마(驛馬) 단속, 관청색 불러 다담상 단속, 옥형방 불러 죄인 단속, 집사 불러 형구(刑具) 단속, 형방 불러 장부 단속, 사령 불러 숙직 단속. 한참 이리 요란할 제 사정 모르는 저 본관 사또가,

"여보 운봉은 어디를 다니시오?" / "소피 보고 들어오오."

본관 사또가 술주정이 나서 분부하되, / "춘향을 급히 올리라."

㉣이때에 어사또 부하들과 내통한다. 서리를 보고 눈길을 보내니 서리, 중방 거동 보소. 역졸을 불러 단속할 제 이리 가며 수군, 저리 가며 수군수군. 서리, 역졸 거동 보소. 외올망건 공단 모자 새 패랭이 눌러쓰고, 석 자 감발 새 짚신에 한삼(汗衫) 고의 산뜻하게 차려입

고, 육모 방망이 사슴 가죽끈을 손목에 걸어 쥐고, 여기서 번쩍 저기서 번쩍, 남원읍이 우글우글. 청파 역졸 거동 보소. 달 같은 마패를 햇빛같이 번쩍 들어, / "암행어사 출두야."

ⓜ외치는 소리에 강산이 무너지고 천지가 뒤집히는 듯 초목금수(草木禽獸)인들 아니 떨랴.

1 윗글의 내용과 일치하지 <u>않는</u> 것은?

① 본관은 술을 먹고 춘향을 급히 올리라고 명령하였다.
② 본관은 걸인 차림인 어사또의 정체를 알지 못하고 있다.
③ 본관은 잔치 분위기를 고조시키기 위해 시를 짓고 있다.
④ 운봉은 어사또가 지은 시를 보고 그의 정체를 짐작하였다.
⑤ 어사또는 자신이 지은 시를 통해 자신의 정체를 암시하고 있다.

2 [A]에 대한 설명으로 가장 적절한 것은?

① 주인공의 비범한 능력을 암시한다.
② 긴장감을 높이며 새로운 사건을 예고한다.
③ 작품 전체에 서정적인 분위기를 조성한다.
④ 공간적, 시간적 배경을 아름답게 표현한다.
⑤ 인물과 운명 간의 갈등이 해소될 것임을 암시한다.

수능형

3 ㉠~㉤ 중 〈보기〉의 예로 적절한 것은?

> ─────────── 보기 ───────────
>
> 서술자가 사건이나 인물에 대해 서술자 자신의 의견을 표현하거나 평가하는 것을 편집자적 논평이라고 한다. 이처럼 편집자적 논평은 서술자가 개입하여 주관적인 판단을 드러내는데, 고전 소설에 주로 나타나기 때문에 고전 소설의 특징 중 하나이다.

① ㉠   ② ㉡   ③ ㉢   ④ ㉣   ⑤ ㉤

개념⁺ 편집자적 논평

보통 전지적 작가 시점의 작품에서 서술자가 작품에 직접 개입하여 인물이나 사건에 대한 견해나 평가를 제시하는 것을 말함. 주로 고전 소설에서 많이 나타나며, '─보소', '─리오', '─로다', '─구나', '─하랴' 등 의문형이나 감탄형으로 끝나는 경우가 많음.

남문에서, / "출두야!"

북문에서, / "출두야!"

동서문 출도 소리 청천(靑天)에 진동하고,

"모든 아전들 들라."

외치는 소리에 육방(六房)이 넋을 잃어,

"공형이오." / 등채로 휘닥딱.

"애고 죽겠다." / "공방, 공방."

공방이 자리 들고 들어오며,

"안 하겠다던 공방을 하라더니 저 불속에 어찌 들랴."

등채로 휘닥딱.

"애고 박 터졌네."

[A]
┌ 좌수(座首), 별감(別監) 넋을 잃고 이방, 호방 혼을 잃고 나졸들이 분주하네. 모든 수
│ 령 도망갈 제 거동 보소. 인궤 잃고 강정 들고, 병부(兵符) 잃고 송편 들고, 탕건 잃고 용수
│ 쓰고, 갓 잃고 소반 쓰고. 칼집 쥐고 오줌 누기. 부서지는 것은 거문고요, 깨지는 것은
└ 북과 장고라. 본관 사또가 똥을 싸고 멍석 구멍 새앙쥐 눈 뜨듯 하고, 안으로 들어가서,

"어 추워라. 문 들어온다 바람 닫아라. 물 마르다 목 들여라."

관청색은 상을 잃고 문짝을 이고 내달으니, 서리, 역졸 달려들어 후닥딱.

"애고 나 죽네."

이때 어사또 분부하되,

"이 골은 대감이 좌정하시던 골이라. 잡소리를 금하고 객사(客舍)로 옮겨라."

자리에 앉은 후에, / "본관 사또는 봉고파직하라."

분부하니, / "본관 사또는 봉고파직이오."

사대문(四大門)에 방을 붙이고 옥 형리 불러 분부하되,

"네 골 옥에 갇힌 죄수를 다 올리라."

호령하니 죄인을 올린다. 다 각각 죄를 물은 후에 죄가 없는 자는 풀어 줄새,

"저 계집은 무엇인고?"

형리 여쭈오되,

"기생 월매의 딸이온데 관청에서 포악한 죄로 옥중에 있삽내다." / "무슨 죄인고?"

형리 아뢰되,

"본관 사또 수청 들라고 불렀더니 수절이 정절이라. 수청 아니 들려 하고 사또에게 악을 쓰며 달려든 춘향이로소이다."

어사또 분부하되,

"너 같은 년이 수절한다고 관장(官長)에게 포악하였으니 살기를 바랄쏘냐. 죽어 마땅하되 내 수청도 거역할까?"

청천 푸른 하늘.
공형 삼공형(三公兄). 조선 시대 각 고을의 호장(戶長, 고을 구실아치의 우두머리), 이방(吏房), 수형리(首刑吏, 지방 관아에 속한 형리의 우두머리)를 이른다.
등채 무장(武裝)할 때 쓰던 채찍.
좌수 조선 시대에, 지방의 자치 기구인 향청(鄕廳)의 우두머리.
별감 조선 시대에, 유향소에 속한 직책. 고을의 좌수에 버금가던 자리였다.
거동 몸을 움직임. 또는 그런 짓이나 태도.
인궤 관아에서 쓰는 도장을 넣어 두던 상자.
병부 조선 시대에, 군대를 동원하는 표지로 쓰던 동글 납작한 나무패.
용수 싸리나 대오리(대나무로 만든 가늘고 긴 조각)로 만든 둥글고 긴 통. 술이나 장을 거르는 데 쓴다.
소반 자그마한 밥상.
봉고파직하다 어사나 감사가 못된 짓을 많이 한 고을의 원을 파면하고 관가의 창고를 봉하여 잠그다.

4 윗글에 대한 설명으로 적절하지 <u>않은</u> 것은?

① 등장인물 간의 갈등이 최고조에 달해 있다.

② 권선징악적 주제가 구체적으로 드러나 있다.

③ 산문이지만 운율이 있는 운문체가 섞여 있다.

④ 짧은 어구와 문장을 사용하여 속도감을 높이고 있다.

⑤ 언어유희를 통한 풍자로 부정적 인물을 비판하고 있다.

5 윗글의 내용과 일치하지 <u>않는</u> 것은?

① 본관은 결국 자신의 직책에서 파면당했다.

② 어사또는 춘향의 태도를 못마땅해하고 있다.

③ 본관 사또는 어사출두 후 매우 당황하고 있다.

④ 어사또는 의도적으로 춘향을 시험해 보고 있다.

⑤ 어사또는 춘향에게 자신의 정체를 숨기고 있다.

6 [A]의 상황을 한자 성어로 나타낼 때, 가장 적절한 것은?

① 군계일학(群鷄一鶴)

② 혼비백산(魂飛魄散)

③ 설상가상(雪上加霜)

④ 동상이몽(同牀異夢)

⑤ 사면초가(四面楚歌)

춘향이 기가 막혀,

"㉠내려오는 관장마다 모두 명관(名官)이로구나. 어사또 들으시오. 충암절벽 높은 바위가 바람 분들 무너지며, 청송녹죽 푸른 나무가 눈이 온들 변하리까. 그런 분부 마옵시고 어서 바삐 죽여 주오." / 하며,

"향단아, 서방님 어디 계신가 보아라. 어젯밤에 옥 문간에 와 계실 제 천만당부하였더니 어디를 가셨는지 나 죽는 줄 모르는가."

어사또 분부하되,

"얼굴 들어 나를 보라."

하시니 춘향이 고개 들어 위를 살펴보니, 걸인으로 왔던 낭군이 분명히 어사또가 되어 앉았구나. 반 웃음 반 울음에,

"얼씨구나 좋을시고. 어사 낭군 좋을시고. 남원 읍내 가을이 들어 떨어지게 되었더니, 객사에 봄이 들어 ⓐ이화춘풍(李花春風) 날 살린다. 꿈이냐 생시냐? 꿈을 깰까 염려로다."

한참 이리 즐길 적에 춘향 어미 들어와서 가없이 즐겨 하는 말을 ⓑ어찌 다 설화하랴.

춘향의 높은 절개 광채 있게 되었으니 어찌 아니 좋을쏜가. 어사또 남원의 공무 다한 후에 춘향 모녀와 향단이를 서울로 데려갈새, 위의(威儀)가 찬란하니 세상 사람들이 누가 아니 칭찬하랴. 이때 춘향이 남원을 하직할새, 영귀(榮貴)하게 되었건만 고향을 이별하니 ⓒ일희일비(一喜一悲)가 아니 되랴.

　　놀고 자던 부용당아.
　　너 부디 잘 있거라.
　　광한루 오작교며
　　영주각(瀛州閣)도 잘 있거라.
　　봄풀은 해마다 푸르건만
　　ⓓ떠난 객은 돌아오지 않는다고 이른 시(詩)는
　　나를 두고 이름이라.
　　다 각기 이별할 제
　　길이길이 무고하옵소서.
　　다시 보기 기약 없네.

이때 어사또는 좌도와 우도의 읍들을 순찰하여 민정을 살핀 후에, 서울로 올라가 임금께 절을 하니 판서, 참판, 참의들이 입시하시어 보고서를 살핀다. 임금께서 크게 칭찬하시며 즉시 이조 참의 대사성을 봉하시고 ⓔ춘향으로 정렬부인을 봉하신다. 은혜에 감사드리고 물러 나와 부모께 뵈오니 성은(聖恩)을 못 잊어 하시더라. 이때 이조 판서, 호조 판서, 좌의정, 우의정, 영의정 다 지내고 퇴임한 후에 정렬부인으로 더불어 백년동락(百年同樂)할새,

---

관장 관가의 장(長)이란 뜻으로, 시골 백성이 고을 원을 높여 이르던 말.
명관 정치를 잘하여 이름이 난 관리.
이화춘풍 '자두나무의 꽃(오얏꽃)에 부는 봄바람'이라는 뜻인데, 몽룡의 성(이씨)과 연관되어 중의적인 뜻을 지님.
가없이 끝이 없이.
위의 위엄이 있고 엄숙한 태도나 차림새.
영귀하다 지체가 높고 귀하다.
입시하다 대궐에 들어가서 임금을 뵙다.
정렬부인 조선 시대에, 정조와 지조를 굳게 지킨 부인에게 내리던 칭호.
성은 임금의 큰 은혜.
백년동락 부부가 되어 한평생을 같이 살며 함께 즐거워함.

정렬부인에게 삼남삼녀(三男三女)를 두었으니 모두가 총명하여 그 부친보다 낫더라. 일품 관직이 대대로 이어져 길이 전하더라.

7 윗글에서 확인할 수 있는 고전 소설의 특징을 〈보기〉에서 모두 골라 바르게 묶은 것은?

〈보기〉

ㄱ. 조력자의 등장   ㄴ. 전기적 요소   ㄷ. 행복한 결말
ㄹ. 서술자의 개입   ㅁ. 우연에 의한 전개   ㅂ. 주인공의 비범한 능력

① ㄱ, ㄷ   ② ㄴ, ㅂ   ③ ㄷ, ㄹ
④ ㄱ, ㄹ, ㅂ   ⑤ ㄴ, ㅁ, ㅂ

8 ㉠과 동일한 표현 방법이 사용된 것은?

① 이것은 소리 없는 아우성

② 구름에 달 가듯이 / 가는 나그네

③ 내 마음은 호수요 / 그대 노 저어 오오

④ 산이 날 에워싸고 / 씨나 뿌리며 살라 한다.

⑤ 나 보기가 역겨워 / 가실 때에는 / 죽어도 아니 눈물 흘리우리다.

9 ⓐ~ⓔ에 대한 설명으로 적절하지 <u>않은</u> 것은?

① ⓐ: 중의적 표현으로, 어사또를 의미한다.

② ⓑ: 자세히 이야기할 수 없다는 의미이다.

③ ⓒ: 고향을 떠나 마냥 기뻐하는 춘향의 마음이 드러난다.

④ ⓓ: 남원을 떠나는 춘향을 가리키는 표현이다.

⑤ ⓔ: 춘향의 신분이 상승하였음을 나타낸다.

> **개념➕ 중의적 표현**
>
> 하나의 표현이 둘 이상의 의미로 해석되는 표현으로, 문학 작품에서 해학이나 풍자 등에 활용됨. 다양한 의미를 지님으로써 작품의 예술성을 높이는 데 기여함.

작품 독해

1 주요 인물의 특징을 다음과 같이 정리할 때, 빈칸에 들어갈 내용을 써 보자.

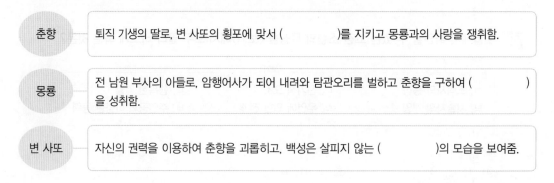

춘향 | 퇴직 기생의 딸로, 변 사또의 횡포에 맞서 (   )를 지키고 몽룡과의 사랑을 쟁취함.

몽룡 | 전 남원 부사의 아들로, 암행어사가 되어 내려와 탐관오리를 벌하고 춘향을 구하여 (   )을 성취함.

변 사또 | 자신의 권력을 이용하여 춘향을 괴롭히고, 백성은 살피지 않는 (   )의 모습을 보여줌.

2 인물 간의 관계와 갈등 구조를 파악하여 빈칸에 들어갈 내용을 써 보자.

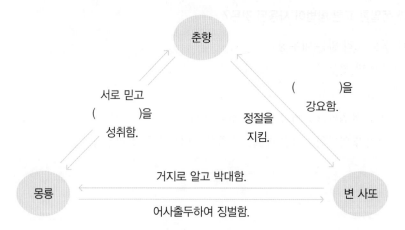

춘향

서로 믿고
(   )을
성취함.

(   )을
강요함.

정절을
지킴.

몽룡 ← 거지로 알고 박대함. → 변 사또
어사출두하여 징벌함.

3 인물 간의 관계를 참고하여 이 소설의 주제를 다음과 같이 정리할 때, 빈칸에 들어갈 내용을 써 보자.

표면적 주제	여성의 굳은 정절
이면적 주제	• ( )을 초월한 남녀 간의 사랑 • 부패한 ( )에 대한 항거

깊이 읽기

「춘향전」에 담긴 당대 민중의 열망

「춘향전」에서 춘향은 퇴기 월매의 딸로, 가장 널리 알려진 판본인 「열녀춘향수절가」에서는 아버지를 성 참판이라 하고 있습니다. 여기에서 궁금증이 하나 생깁니다. 춘향이 양반인 성 참판의 딸이라면, 왜 춘향의 신분은 천민인 것일까요?

조선은 철저한 신분제 사회였습니다. 아버지가 양반이라도 어머니가 양반이 아니라면, 자식은 어머니의 신분을 따른다는 '종모법'을 시행하고 있었지요. 이는 신분 상승을 막아 양반 계층이 확대되는 것을 막기 위해서였습니다. 그런데 이 작품에서 천민인 춘향은 양반가 자제인 몽룡을 만나 고난 끝에 양반가의 정실부인이 됩니다. 당시의 시대 상황을 고려하면 기생의 딸인 춘향이 첩의 자리라면 모를까, 이처럼 양반가의 정실부인이 되는 것은 불가능에 가깝습니다. 그런데도 춘향이 몽룡을 만나 정실부인이 되는 것, 바로 여기에 「춘향전」의 핵심 주제가 담겨 있습니다. 그것은 바로 주체적인 한 인간으로서의 삶, 그리고 신분 상승에 대한 의지입니다.

춘향은 자신이 원하는 사랑을 주체적으로 택하고, 사대부 여인들의 전유물이던 정절을 지켜 냅니다. 그리고 끝내 자신의 사랑을 쟁취하고, 신분 상승을 이루어 냅니다. 현실적으로 불가능한 결말이지만 당시 사람들이 크게 호응했던 까닭은 당시 신분제의 제약으로 자신의 삶을 주체적으로 살지 못했던 수많은 민중의 마음에 자리한 신분 극복에 대한 열망을 이 작품이 대변해 주고 있기 때문이 아닐까요?

▲ 오페라 「춘향전」 중 한 장면

사고력 키우기

이 작품에서 몽룡은 어사출두한 뒤에도 자신의 정체를 감추고 춘향의 정절을 시험하는 모습을 보인다. 이러한 몽룡의 행위에 대해 어떻게 생각하는지 자신의 생각을 정리해 보자.

_____

_____

_____

_____

_____

09 사씨남정기 | 김만중

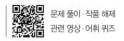

문제 풀이·작품 해제
관련 영상·어휘 퀴즈

✹ 전체 줄거리

발단 · 연수, 15세에 장원 급제하여 한림학사에 임명되다

"연수가 나이 열다섯에 향시에 장원하고, 회시에 급제했다."

명나라의 유명한 인사 유현은 느지막이 아들 연수를 얻는다. 연수는 15세에 과거에 급제하여 한림학사에 임명된다. 연수는 황제에게 자신이 아직 나이가 어려 앞으로 10년 동안 수학한 뒤 벼슬길에 나아가겠다고 청하고, 황제는 이를 기특히 여겨 5년의 시간을 준다.

전개 · 유 한림, 사씨와 혼인 후 후사가 없어 교씨를 첩으로 맞고, 교씨의 간계로 사씨를 내쫓다

"한림은 사씨의 전후 죄악과 폐출하지 않을 수 없는 정상에 대해 자세하게 설명하였다."

유 한림이 덕성과 재덕을 겸비한 사씨와 혼인한 후 9년이 지나도 아이가 없자, 사씨는 유 한림에게 첩을 얻어 후사를 이을 것을 권한다. 유 한림은 교씨를 첩으로 맞아 아들 장주를 얻고, 얼마 뒤 사씨도 아들 인아를 낳는다. 사씨가 아들을 낳자 불안해진 교씨는 동청과 모의하여 사씨를 모함한다. 결국 유 한림은 사씨를 내쫓고, 교씨를 정실부인으로 삼는다. 쫓겨난 사씨는 시부모의 묘소 인근에 머물다 여승 묘혜의 도움으로 절에서 지내게 된다.

위기 · 교씨, 동청과 모의하여 유 한림을 유배시키다

"유연수가 감히 옥배와 천서의 말로 짐을 희롱하니 어찌 죽음을 면하겠는가?"

교씨는 하인들을 혹독하게 대하고, 집사이자 문객인 동청과 간통한다. 유 한림이 지난 일을 의심하기 시작하자, 교씨와 동청은 엄 승상을 찾아가 유 한림을 모함한다. 이에 유 한림이 유배되고, 교씨는 동청을 따른다. 지방관이 된 동청은 백성을 착취하며 악행을 저지른다.

절정 · 유 한림, 사씨의 도움으로 목숨을 구하다

"오늘 갑자기 만나니 부끄러움을 참을 수 없습니다."

태자 책봉의 경사로 유 한림이 유배에서 풀려나고, 그간의 진실을 알게 된다. 지난날을 후회하던 유 한림은 동청이 보낸 관졸들의 공격으로 죽을 위기에 처하나 때마침 나타난 사씨의 도움으로 목숨을 구한다. 황제가 엄 승상의 간악함을 깨달아 그를 내쫓고, 동청은 학정을 일삼은 일이 드러나 처형된다. 그리고 유 한림은 다시 관직에 등용된다.

결말 · 유 한림, 교씨를 처형하고 사씨와 행복한 삶을 보내다

"너는 이 세상에 용납될 수 없는 열두 가지 죄를 짊어지고 있다. 그러고도 살기를 바라느냐?"

고향으로 돌아온 유 한림은 동청이 죽은 뒤 낙양에서 지내던 교씨를 잡아 죄를 묻고 교씨를 처형한다. 이후 유 한림과 사씨는 행복한 삶을 보낸다.

✺ 시험에 꼭 나오는 핵심 장면

유 한림과 사 소저의 혼인 이야기가 오가는 장면

(왜 자주 출제되는가?) 이 장면은 유 한림(유연수)의 아버지인 유 소사(유현)가 사 소저(사씨)를 며느리로 맞아들이기 위해 사람을 보내어 혼인의 뜻을 전하는 장면이야. 유 소사는 처음에는 매파를, 다음에는 지현을 보내어 혼인을 성사시키는데, 이 과정에서 사 소저의 명석한 지혜와 뛰어난 덕성, 그리고 훌륭한 인품 등이 잘 드러나. 중심인물인 사씨의 긍정적인 면모가 부각되어 있고, 당시의 결혼 풍습을 엿볼 수 있어서 시험에 자주 출제돼.

교씨가 유 한림에게 사씨를 모함하는 장면

(왜 자주 출제되는가?) 이 장면은 사씨로부터 충고를 들은 교씨가 앙심을 품고 유 한림에게 사씨를 모함하는 장면이야. 교씨는 시기심과 질투에 가득 차 사씨가 잔인한 말을 서슴없이 하는 인물이라고 모함하고, 유 한림은 이를 다 믿지 않고 교씨를 위로하는 선에서 이야기가 일단락되지. 후실인 교씨의 간악한 면모가 드러나고, 앞으로 사씨가 교씨에게 괴롭힘을 당할 것이라는 점이 암시되는 등 작품 전체의 큰 갈등 구조가 드러나 있어서 시험에 자주 출제돼.

💧 간단 확인
■ 정답과 해설 16쪽

다음을 읽고 이 글의 내용과 일치하면 ○, 일치하지 않으면 ×를 표시해 보자.

1 유 한림은 사씨와 사이가 나빠 교씨를 첩으로 맞았다. ·· (　　　)
2 교씨는 사씨를 모함하여 내쫓고 정실부인이 되었다. ·· (　　　)
3 유 한림은 죽을 뻔한 상황에서 사씨의 도움으로 목숨을 구했다. ································ (　　　)
4 유 한림은 지난 일을 모두 자신의 탓으로 여기며 교씨를 용서하였다. ······················ (　　　)

사씨남정기

유 한림과 혼인한 사씨가 유 소사와 문답하고 있는 상황이다.

김만중(1637~1692)
조선 후기의 문신이자 소설가이다. 대표 작품으로는 「구운몽」 등이 있다.

| 작품 개관 |
· **갈래**: 한글 소설, 가정 소설
· **성격**: 교훈적, 풍간적
· **시점**: 전지적 작가 시점
· **배경**: 중국 명나라 초기

◆

폐백 신부가 처음으로 시부모를 뵐 때 큰절을 하고 올리는 물건. 또는 그런 일.
소사 태자소사(太子少師)의 줄임말. 태자소사는 태자를 가르치던 스승의 일원. 여기에서는 유연수의 아버지 유현을 가리킴.
가묘 한집안의 사당.
관음찬 관세음보살의 공덕을 찬양하여 부르는 노래 글귀.
부덕 부녀자의 아름다운 덕행.
오륜 유학에서, 사람이 지켜야 할 다섯 가지 도리. 부자유친, 군신유의, 부부유별, 장유유서, 붕우유신을 이른다.
조대가 중국의 후한 조세숙(曹世叔)의 아내 반소(班昭)를 높여 부르는 말. 반소는 박학하여 궁중에 들어가 왕후와 귀인들을 가르쳤으며, 오빠 반고(班固)가 『한서』를 저술하다가 마치지 못하고 죽자 뒤를 이어 그것을 완성했음.

유 한림과 사 소저가 마침내 혼인하니 진실로 『시경(詩經)』에 이른 바 '요조한 숙녀, 군자의 좋은 짝'과 같았다.

다음날 폐백을 받들어 소사께 드리고 가묘(家廟)에 올라가 조상들께 고했다. 친척과 손님들도 모두 모여 함께 소저를 바라보았는데, 소저는 정신이 맑고 기질이 빼어나 마치 봄바람에 난초가 움직이는 듯, 가을 물에 하얀 연꽃이 비치는 듯했다. 행동거지가 모두 법도에 조금도 어긋나지 않으니 모든 사람이 소저를 칭찬하고 소사에게 축하의 말을 전했다. 예를 마친 뒤 소사가 신부를 마루에 올라오게 했다.

"일찍이 관음찬을 보니 재주가 뛰어나단 걸 알 수 있겠더구나. 다른 작품도 분명 적지 않을 테지."

소저가 자리에서 물러나 대답했다.

"붓을 놀려 글을 쓰는 일은 여자에게 마땅한 바가 아닙니다. 게다가 타고난 자질이 노둔하여 일찍이 지은 시가 없습니다. 관음찬은 어머님의 명을 따라 억지로 지은 것일 따름입니다. 외람되게도 누추한 시를 보시리라고는 생각지도 못했습니다."

"글 쓰는 일이 여자가 할 일이 아니라면 옛날 ㉠어진 부녀자들이 글을 배운 것은 무엇 때문이냐?"

"옛날 부인들이 글을 배운 것은 어진 행동을 본받고 악한 행동을 경계하고자 한 것일 뿐입니다."

"신부가 이제 우리 집에 왔으니 장차 어떻게 남편을 도와 바른길로 이끌 것이냐?"

"첩이 어려서 아버지를 여의고, 어머님의 사랑을 받고 자랐습니다. 본래 배운 바가 없으니 어찌 밝은 물음을 받들어 답하겠습니까? 하지만 어머님께서 첩을 보내실 때 중문(中門)에 이르러 경계하여 말씀하시기를 '반드시 공경하고 반드시 경계하여 지아비의 뜻에 어긋나지 마라' 하셨으니, 그 말씀이 아득하게 귓가에 오래도록 남아 있습니다. 만약 첩이 마음을 다해 이것에 힘쓴다면 큰 허물은 면할 수 있을 것입니다."

"지아비의 뜻에 어긋나지 않는 것이 실로 부덕(婦德)이다만 남편이 잘못된 행동을 할지라도 순종할 것이냐?"

"이를 말하는 것이 아닙니다. 옛말에 '부부의 도리 또한 오륜에 속해 있다'고 했습니다. 아버지에게는 간언하는 아들이 있고, 나라에는 간언하는 신하가 있으며, 형제는 바른 도리로 서로 격려하고 벗들은 착한 행동을 서로 권하는데 어찌 오직 부부의 경우만 그렇지 않겠습니까? 허나 예부터 남편이 부인의 말을 들으면 해롭기만 하고 이로움이 없었으니 암탉이 새벽을 알리는 것을 경계하지 않을 수 없는 것입니다."

소사가 여러 손님들을 돌아보며 말했다.

"우리 며느리는 옛날의 조대가(曹大家)에 비할 만하니 세속의 어떤 여자가 이에 미치겠는가!"

또 한림에게 말했다.

"어진 부인을 얻는 것은 작은 경사가 아니다. 네가 내조를 얻었으니 내가 무엇을 근심하겠느냐?"

---

1 윗글에서 유 소사가 사씨에게 여러 가지 질문을 던진 이유로 가장 적절한 것은?

① 사씨의 품성을 알기 위해서

② 사씨의 과거 행적을 알기 위해서

③ 사씨의 미래 계획을 알기 위해서

④ 사씨가 자신을 어떻게 생각하는지 알기 위해서

⑤ 사씨가 유씨 가문에 피해를 준 이유를 알기 위해서

2 윗글을 통해 알 수 있는 사씨의 가치관으로 적절한 것은?

① 사씨는 가문보다는 개인이 중요하다고 생각한다.

② 사씨는 국가와 사회보다는 가문의 영광이 먼저라고 생각한다.

③ 사씨는 여성이 남성으로부터 벗어나 독립적으로 살아야 한다고 생각한다.

④ 사씨는 변변찮은 남자와 혼인하기보다는 혼자 사는 것이 낫다고 생각한다.

⑤ 사씨는 지아비를 공경하고 뜻을 어기지 않는 것이 아내의 도리라고 생각한다.

3 ㉠과 의미가 통하는 한자 성어로 적절한 것은?

① 재자가인(才子佳人)

② 현모양처(賢母良妻)

③ 갑남을녀(甲男乙女)

④ 경국지색(傾國之色)

⑤ 선남선녀(善男善女)

속담·한자 성어 익히기

• **재자가인** 재주 있는 남자와 아름다운 여자를 아울러 이르는 말.

• **현모양처** 어진 어머니이면서 착한 아내.

• **갑남을녀** 갑이란 남자와 을이란 여자라는 뜻으로, 평범한 사람들을 이르는 말.

• **경국지색** 임금이 혹하여 나라가 기울어져도 모를 정도의 미인이라는 뜻으로, 뛰어나게 아름다운 미인을 이르는 말.

• **선남선녀** ① 성품이 착한 남자와 여자란 뜻으로, 착하고 어진 사람들을 이르는 말. ② 곱게 단장을 한 남자와 여자를 이르는 말.

발단-전개-위기-절정-결말

사씨로부터 충고를 들은 교씨가 유 한림에게 사씨를 모함하는 상황이다.

"자네가 우리 집에 들어온 뒤로 일찍이 즐거워하지 않는 것을 본 적이 없었는데 집안에 무슨 일이 있었기에 이같이 구는가?"

교씨가 대답은 않고 눈물을 비 오듯 흘렸다. 한림이 거듭 물으니, 교씨가 대답했다.

"첩이 한림의 물음에 답하지 않는다면 한림께 죄를 짓고, 사실대로 답한다면 부인께 죄를 지을 것이니 답하기도 어렵고 답하지 않기도 어렵습니다."

"자네를 허물치 않을 것이니 숨기지 말고 말하게."

교씨가 눈물을 거두며 대답했다.

"첩이 속된 노래와 비루한 음악으로 군자의 귀를 더럽히면서 상공의 명을 받들어 왔습니다. 거칠고 졸렬한 줄도 모르고 항상 명을 따른 것은 군자께 정성을 다해 한 번이라도 웃으시도록 하고자 한 것일 뿐입니다. 어찌 다른 뜻이 있었겠습니까? 오늘 아침 부인이 첩을 불러 꾸짖기를 '상공이 너를 취한 것은 본래 대를 잇기 위해서지 집안에 미색이 없어서가 아니야. 너는 날마다 얼굴을 꾸미니 매우 마땅치 않아. 들자 하니 네가 음란하고 바르지 못한 음악으로 장부의 마음을 미혹케 하며 돌아가신 시아버님의 가풍을 타락시킨다더군. 그 죄는 죽어 마땅하나 지금은 그냥 내버려 두지. 후에도 만약 고치지 않는다면 내가 비록 약한 여자이지만 여후(呂后)가 척 부인(戚夫人)의 손발을 끊어 버린 도끼와 그녀를 말하지 못하게 만든 약을 갖고 있으니 모름지기 조심하도록 해!'라며 매우 엄하게 꾸짖었습니다. 첩은 시골의 빈한(貧寒)한 여자인데, 특별히 상공의 큰 은혜를 입어 영화가 넘쳐나고 부귀가 극진하니 죽더라도 한이 없습니다. 다만 상공의 밝은 덕이 천첩 때문에 세상의 웃음거리가 될까 두려워 감히 명을 따르지 않았던 것입니다."

한림이 그 말을 듣고 크게 놀라 가만히 생각했다.

'부인이 평소에 투기하지 않는다고 자부했는데 어찌 이런 말을 했을까? 또 부인은 교씨를 예로 대하며 단점을 언급한 적이 없었어. 비록 하인들 사이의 일이라도 그 잘못을 드러나게 지적하지는 않았으니 교씨가 부인에게 잘못을 저질러 그런 것이 아닌가?'

이유를 알 수 없어 얼마 동안 생각하다가 교씨를 불렀다.

"내가 자네를 취한 것은 부인이 권했기 때문이네. 일찍이 부인이 자네에 대해 나쁜 말 하는 것을 듣지 못했으니, 반드시 비복들 사이에 참언이 있어서 한순간 노기를 이기지 못한 것일 게야. 비록 그런 말이 있었더라도 본성이 온화하여 자네를 해하려는 마음은 결코 없을 테니 만에 하나라도 의심하지 말게. 설사 해하려 한다 해도 내가 있는데, 어찌하겠나?"

교씨가 겉으로 사례했으나 분한 마음을 끝내 버리지 못했다.

오호라! 옛말에 '호랑이를 그릴 때는 골격 그리기가 어렵고 사람을 알 때는 마음 알기가 어렵다'고 했다. 교씨는 용모가 공손하고 언사가 온화하여 사씨가 마음으로 좋은 사람이라 여겼다. 한때 경계의 말을 건넨 것은 다만 바르지 못한 소리가 장부의 마음을 미혹하게 할까 걱정한 것일 따름이지 어찌 다른 뜻이 있었겠는가? 교씨가 매우 분한 마음을 품고서 헐

◆ **미색** 아름다운 여자.
미혹하다 무엇에 홀려 정신을 차리지 못하다.
여후 한나라 고조의 황후.
척 부인 한나라 고조가 아끼던 여인. 황후 여 태후는 이 여인을 시기하였음.
빈한하다 살림이 가난하여 집안이 쓸쓸하다.
투기하다 부부 사이나 사랑하는 이성(異性) 사이에서 상대되는 이성이 다른 이성을 좋아할 경우에 지나치게 시기하다.
비복 계집종과 사내종을 아울러 이르는 말.
참언 거짓으로 꾸며서 남을 헐뜯어 윗사람에게 고하여 바침. 또는 그런 말.
노기 성난 얼굴빛. 또는 그런 기색이나 기세.

뜯기 시작하여 끝내 큰 재앙의 근원이 되었으니, 부부와 처첩 간의 일을 어찌 조심하지 않겠는가. 한림이 비록 교씨의 간악한 마음을 깨닫지 못했으나, 사씨에 대해 의심하는 마음 또한 없었다. 따라서 교씨가 다시 헐뜯지는 않았다.

4 윗글에서 교씨가 말한 내용으로 적절하지 <u>않은</u> 것은?

① 자신이 노래를 부른 것은 명령에 따른 것이다.

② 자신의 노래는 촌스럽지만 유 한림에게 들려줄 만하다.

③ 자신은 단지 음악으로 유 한림이 웃음을 짓도록 하려는 것뿐이었다.

④ 자신은 사씨의 책망을 들었기 때문에 유 한림의 명을 따르지 않았다.

⑤ 자신은 사씨에게서 유 한림의 마음을 미혹하게 한다는 비판을 받았다.

5 윗글을 통해 알 수 있는, 사씨에 대한 유 한림의 평가로 적절한 것은?

① 노래를 잘 부르고 악기 연주를 잘하는 등 기예가 매우 뛰어난 인물이다.

② 다른 사람의 미색을 질투하여 작은 일에 대해서도 비난을 하는 인물이다.

③ 지금까지의 모습과 전혀 다른 언행을 보여 줄 정도로 남을 잘 속이는 인물이다.

④ 다른 사람을 부러워하지 않고 자신의 삶에 만족할 줄 아는 순수한 인물이 아니다.

⑤ 투기를 하지 않고 본래 유순한 성격을 가지고 있어 남을 책망할 만한 인물이 아니다.

6 〈보기〉를 읽고 윗글에 대해 보인 반응으로 적절한 것은?

보기

    편집자적 논평은 고전 소설에서 자주 등장하는 서술 방식이다. 편집자적 논평의 장점은 서술자가 자신의 생각을 독자에게 직접 전달할 수 있다는 것이다. 다만 작가의 생각이 많이 투영되어 있어 독자의 상상력을 제한할 수 있다는 단점도 있다.

① 서술자는 편집자적 논평을 통해 교씨의 잘못된 품성과 행동을 지적하고 있군.

② 서술자는 편집자적 논평을 통해 사씨의 부덕한 성품과 이기심을 비판하고 있군.

③ 서술자는 편집자적 논평을 통해 독자가 교씨의 장점을 파악할 기회를 주고 있군.

④ 서술자는 편집자적 논평을 통해 앞으로 개과천선할 교씨의 모습을 암시하고 있군.

⑤ 서술자는 편집자적 논평을 통해 독자의 상상력만으로 작품을 감상하도록 돕고 있군.

발단·전개·위기·절정·결말

사씨가 아들을 낳자 교씨가 위기감을 느끼고 흉계를 꾸미는 상황이다.

하루는 납매가 사씨의 시비와 함께 노닐다가 돌아와 교씨에게 말했다.

"춘방의 말을 들으니 부인에게 태기가 있다고 합니다."

교씨가 크게 놀라 말했다.

"십 년 만에 처음으로 태기가 있다니 진실로 세상에 드문 일이군. 필시 월사(月事)가 그릇되어 그럴 것이야."

이어 가만히 생각했다.

'만약 저가 아들을 갖는다면 내 아들은 매우 무색해질 테지. 어떻게 좋은 계책을 얻을 수 없을까?'

거듭 헤아렸으나 계책이 없었다.

급기야 다섯 달이 지나니 태기가 분명해, 온 집안이 크게 기뻐했다.

교씨는 심기가 불편해 납매와 몰래 배 속 태아를 죽이는 약을 구한 뒤, 사씨가 마시는 약에 가만히 탔다. 하지만 사씨가 마시다가 기운이 거슬려 토해 끝내 그 계책은 이루어지지 않았다.

열 달이 차자, 과연 아들을 낳았다. 골격이 비상하고 풍채가 빼어났다. 한림이 크게 기뻐 인아(麟兒)라 이름하니, 집안 사람들이 모두 떠받들었다. 교씨는 비록 불측한 마음을 품었으나 계책이 없어서 사씨에게 축하의 인사를 하며, 기뻐서 애지중지하는 체했다. 한림과 사씨가 모두 진심이라고 믿었다.

인아가 점점 자라 하루는 장주와 함께 누워 있고, 마침 두 유모가 같이 놀아 주고 있었다. 한림이 밖에서 들어와 두 아이가 노는 것을 보고 다가가 어루만졌다. 인아가 비록 어리나 기상이 탁월하여 잔약한 장주와 크게 달랐다. 한림이 옷을 벗지도 않은 채 인아를 껴안으며 말했다.

"이 아이 이마 위에 뼈가 솟은 것이 돌아가신 아버님과 비슷하니 필시 우리 집안을 크게 할 것이야."

유모를 돌아보면서 / "모름지기 조심하여 기르거라."

하고 다시 인아를 유모에게 맡기고 나갔다.

장주의 유모가 장주를 안고 들어가 교씨에게 통곡하듯 아뢰었다.

"한림께서 인아만 사랑하셔서 장주는 보고도 아니 본 듯 하시더이다."

교씨가 크게 번뇌하며 혼잣말을 했다.

"내가 용모와 자태에서 사씨와 짝할 수 없고, 솜씨 또한 저에 미치지 못하지. 게다가 처와 첩이란 차이마저 있어. 다만 나에게는 아들이 있고, 저는 아들이 없어서 내가 상공의 공경을 받았지. 허나 이제 저가 아들 인아를 낳았으니 장차 그 아이가 이 집 주인이 될 것이야. 이제 내 아이는 어디에 쓰겠어? 사씨 또한 비록 겉으로는 인의(仁義)를 베풀지만, 화원에서 꾸짖으며 한 말은 분명 시기였어. 한림에게 한 번 참소하기는 했으나 그의 마음이 사씨에게 두텁게 치우쳤으니, 나의 앞길을 어찌 걱정하지 않겠어?"

이에 다시 십랑을 불러 상의했다. 십랑은 교씨에게 금은보배를 많이 받아 마침내 교씨의

태기 아이를 밴 기미.
월사 성숙한 여성의 자궁에서 주기적으로 출혈하는 생리 현상.
풍채 드러나 보이는 사람의 겉모양.
불측하다 생각이나 행동 따위가 괘씸하고 엉큼하다.
잔약하다 가냘프고 약하다.
참소하다 남을 헐뜯어서 죄가 있는 것처럼 꾸며 윗사람에게 고하여 바치다.
사특하다 요사스럽고 간특하다.

심복이 되었다. 십랑은 간악한 음모와 사특한 흉계를 꾸미지 않은 적이 없었으나, 일이 매우 비밀스러워 아무도 알지 못했다.

7 윗글에 반영된 당시의 사회·문화적 상황으로 적절한 것은?

① 군신 관계가 무너져 왕에 대한 백성들의 충성심이 약화되고 있다.

② 처첩 제도 때문에 가정 내에서 부녀자 간의 갈등이 일어나고 있다.

③ 신분 제도 때문에 뛰어난 능력을 지닌 인물이 등용되지 못하고 있다.

④ 장자 상속 제도 때문에 가정 내에서 형제 간의 갈등이 심화되고 있다.

⑤ 부정부패가 만연하여 부유하고 능력 없는 사람들이 권력을 획득하고 있다.

8 윗글에 드러난 사씨와 교씨의 성품으로 적절한 것은?

① 교씨와 달리 사씨는 질투심이 강하다.

② 교씨와 달리 사씨는 간악한 계교를 꾸밀 줄 안다.

③ 사씨와 달리 교씨는 다른 사람의 모함하는 말을 믿지 않는다.

④ 사씨와 달리 교씨는 다른 사람을 해하려는 마음을 지니고 있다.

⑤ 사씨와 달리 교씨는 다른 사람을 진심으로 대하려는 마음을 지니고 있다.

9 〈보기〉에서 언급하고 있는 윗글의 사회적 가치로 적절한 것은?

> ─────〈보기〉─────
> 김만중의 소설 중에서 「남정기」라 하는 것(「사씨남정기」)은 할 일 없이 지은 작품들과는 비교할 수 없다. 그래서 내가 한문으로 번역하였다. 패관 소설은 허황하지 않으면 경박하고 화려한데, 백성의 도리를 돈독히 하고 세상에 교훈을 주는 일에 도움이 되게 할 만한 것은 오직 「남정기」뿐이다.
> – 김춘택

① 사씨가 보여 주는 남존여비 사상이 당시 양반층의 반감을 일으켰다.

② 교씨가 보여 주는 독립적인 여성상이 당시 여성들에게 큰 인기를 끌었다.

③ 교씨가 보여 주는 교활한 처세술이 당시 하층민에게 긍정적인 영향을 미쳤다.

④ 사씨가 보여 주는 이상적인 여인상과 유교적인 가치관이 사람들에게 교훈을 주었다.

⑤ 사씨가 보여 주는 가부장적 가치관과 수동적 여성상이 당시 사회에 반감을 일으켰다.

개념⁺ 패관 문학

고려 후기에 구전으로 전해 오던 이야기를 한문으로 채록하는 과정에서, 기록하는 사람의 창의성과 윤색이 더해진 일종의 산문적인 문학 양식을 일컬음. 여기서 '패관(稗官)'이란 옛날 중국에서 임금이 민간의 풍속이나 정사를 살피기 위하여 거리의 소문을 모아 기록시키던 벼슬 이름인데, 이 뜻이 발전하여 이야기를 짓는 사람도 패관이라 일컫게 되었음.

인물의 특징

1 주요 인물의 특징을 다음과 같이 정리할 때, 빈칸에 들어갈 내용을 써 보자.

사씨		교씨
• 현모양처로, 전형적인 선인형 인물 • 양반가의 부녀자로 (　　　) 가치관에 부합하는 인물	↔	• 간교하고 사악한, 전형적인 (　　　)형 인물 • 당대 여성에게 요구되는 정절과 도리를 지키지 않는 인물

인물에 대한 평가

2 이 소설에 등장하는 사씨의 성품과 평가를 다음과 같이 정리할 때, 빈칸에 들어갈 내용을 써 보자.

사씨의 성품	자신이 지은 관음찬에 대한 칭찬을 (　　　)하게 받아들이고 있으며, 남편에게 종속된 아내의 역할을 중요하게 생각함.

▼

평가	사씨는 인간의 가치를 내면의 덕에 두고 있으며, 가문을 중시하고 여성의 위상을 (　　　)에 종속된 것으로 보는 등 가부장적 가치관을 지닌 인물이다.

시대적 배경

3 이 소설에 반영된 사회 · 문화적 상황을 파악하여 빈칸에 들어갈 내용을 써 보자.

소설의 내용		사회 · 문화적 상황
• 지아비를 공경하고 뜻을 어기지 않는 것이 아내의 도리라고 생각함. • 본처인 사씨가 오랫동안 아이를 갖지 못하자, (　　　)인 교씨를 들여 대를 잇고자 함. • 사씨가 아들을 낳자 교씨는 첩인 자신의 입지를 불안해함.	→	• 남존여비 사상 • 처첩 제도가 있었음. • 부계(父系) 중심의 (　　　)적 사고방식이 일반적이었음. • 가통의 계승을 중심함. • (　　　)가 가문의 대를 잇는 전통이 있었음.

「사씨남정기」의 창작 의도

조선 제19대 임금 숙종 때, 당시 조정은 남인과 서인이라는 두 세력으로 나뉘어 있었습니다. 숙종의 첫째 부인 인경 왕후가 병으로 죽은 뒤 서인의 대표였던 송시열의 추천으로 인현 왕후가 새로운 왕비가 되었습니다. 하지만 당시 숙종이 총애하던 여인은 따로 있었습니다. 바로 남인 세력이 지지하던 희빈 장씨입니다. 숙종에게는 그간 자식이 없었는데, 희빈 장씨가 아들을 낳자 숙종은 이 아이를 원자로 책봉하고자 했습니다. 당연히 서인 세력은 이를 반대했지요. 그러자 숙종은 송시열에게 사약을 내리고, 많은 서인들을 귀양 보냅니다. 이후 조정은 남인이 집권하고, 인현 왕후 역시 쫓겨납니다. 몇 년 뒤, 남인 세력의 부정부패가 심해지자 숙종은 다시 서인들을 기용했는데, 그러자 조정의 권력은 서인에게 넘어옵니다. 뒤이어 인현 왕후가 복귀하고, 희빈 장씨는 왕비의 자리에서 물러납니다. 이후 인현 왕후가 서거하고, 희빈 장씨는 인현 왕후를 저주했다는 이유로 사약을 받습니다.

이 작품은 서인들이 원자 책봉을 반대하던 그때, 당시 서인에 속해 있던 김만중이 귀양을 가 유배지에서 쓴 작품으로 알려져 있습니다. 그러고 보면 작품 속 유 한림은 숙종, 사씨는 인현 왕후, 교씨는 희빈 장씨에 대응되는 측면이 있지요. 이런 맥락에서 보면 「사씨남정기」는 인현 왕후 폐위의 부당함을 강조하고, 숙종의 잘못을 일깨우고자 하는 목적에서 창작되었다고 할 수 있습니다.

▶ 서포 김만중
(출처: 국가 문화 유산 포털)

사고력 키우기

이 작품은 당시 숙종에게 쫓겨났던 인현 왕후와 그 원인을 제공한 희빈 장씨의 이야기로 알려져 있다. 작가가 이 작품을 창작하며 의도한 바는 무엇이었을지 작품 속의 갈등 구조를 바탕으로 생각해 보자.

_____

_____

_____

_____

_____

10 변신 | 프란츠 카프카

문제 풀이·작품 해제
관련 영상·어휘 퀴즈

❈ 전체 줄거리

발단

그레고르,
어느 날 아침
벌레로 변하다

"그레고르 잠자는 자신이 침대에서 흉측한 모습의 한 마리 갑충으로 변한 것을 알아차렸다."

가족을 위해 출장 영업 사원으로 일하는 그레고르는 어느 날 아침 잠에서 깨어나 자신이 흉측한 벌레로 변해 있는 것을 알아차린다. 출근하지 않은 그레고르를 찾아온 직장 상사와 가족들은 문밖으로 나온 그레고르의 모습을 보고 크게 놀란다.

전개

그레고르,
아버지가 던진
사과를 맞고
상처를 입다

"바로 뒤이어 날아온 사과는 그레고르의 등에 정통으로 박히고 말았다."

벌레로 변해 버린 그레고르에게 가족들은 연민과 동정, 불안감, 혐오 등 복잡한 심정을 느낀다. 그레고르는 가족들이 불편하지 않도록 노력하지만, 의사소통이 되지 않아 어려움을 겪는다. 그러던 어느 날, 그레고르의 방에 있는 가구들을 옮기다가 그레고르의 등장에 어머니가 놀라 기절하고, 아버지가 그레고르에게 사과를 던져 그레고르는 등에 상처를 입는다.

위기

그레고르,
가족들이 일하게
되면서 방치되다

"먼지와 오물 덩어리가 여기저기에 널려 있었다."

그레고르는 등에 난 상처 때문에 움직임이 크게 둔화된다. 그레고르가 더 이상 일을 할 수 없게 되자 아버지는 은행의 수위 일을, 어머니는 잡화상의 바느질 일을, 누이동생은 바이올린 공부 대신 상점의 판매원으로 일을 한다. 그리고 가족들의 바쁜 생활 속에 그레고르는 점점 더 방치되고, 가족을 위한 자신의 희생이 헛된 것이었음을 깨닫는다.

절정

그레고르,
홀로 쓸쓸히
죽음을 맞이하다

"내쫓아야 해요!"

세 명의 사내가 하숙을 시작한다. 그러나 이들 앞에서 누이동생이 바이올린을 연주하는 것을 들으러 나간 그레고르를 발견한 사내들은 크게 화를 내고, 가족들은 그레고르를 더욱더 원망한다. 고통 당하던 그레고르는 날이 갈수록 상처가 깊어져 결국 쓸쓸히 죽음을 맞이한다.

결말

가족들,
평온을 느끼며
교외로 나가다

"그들 가족만이 오붓하게 타고 있는 전차 안을 따스한 햇살이 속속들이 비추어 주었다."

다음 날 아침, 청소를 하러 온 파출부가 그레고르가 죽은 것을 확인하고 가족들에게 알린다. 가족들은 그레고르의 죽음을 슬퍼하기는커녕 다행이라고 여기며 평온을 되찾고, 전차를 타고 교외로 산책하러 나간다.

▣ 시험에 꼭 나오는 핵심 장면

그레고르가 벌레로 변한 장면

(왜 자주 출제되는가?) 이 장면은 어느 날 아침 느닷없이 벌레로 변한 그 레고르의 모습을 보여 주는 장면으로, 작품의 제목인 '변신'과 연결돼. 그레고르의 변신을 보여 주는 이 작품의 첫 문장은 매우 유명한데, 이 는 아무런 조짐도 없이 곧바로 사람이 벌레가 되었다는 설정이 충격 을 주어서라고 볼 수 있어. 그리고 그만큼이나 독특한 분위기를 조성 하고 있기도 해. 변신 모티프가 나타나고, 작품 전체의 분위기를 형성 하고 있어서 시험에 자주 출제돼.

가족들이 그레고르를 홀대하는 장면

이 장면은 벌레로 변한 그레고르를 가족들이 골칫거리로 여기고 홀대 하는 장면이야. 가족을 위해 성실하게 일하던 그레고르가 벌레의 모 습으로 변하자, 처음에는 그를 동정하던 가족들도 그레고르로 인해 경제적·정신적으로 피해를 입는 상황이 반복되자 점차 그를 혐오하 고 냉대를 하지. 자신이 속한 집단에서조차 존재를 부정당하는 것으 로 '현대인의 소외'라는 주제를 잘 드러내고 있는 장면이어서 시험에 자주 출제돼.

🗨 간단 확인

■ 정답과 해설 18쪽

다음을 읽고 이 글의 내용과 일치하면 ○, 일치하지 않으면 ×를 표시해 보자.

1 그레고르는 자신이 벌레로 변했다는 사실을 알아차렸다. ·· (　　　)
2 가족들은 벌레로 변한 그레고르를 끝까지 성심껏 돌보았다. ······································ (　　　)
3 그레고르는 아버지가 던진 사과 때문에 등에 큰 상처를 입었다. ······························ (　　　)
4 가족들은 그레고르의 죽음으로 인한 슬픔을 잊으려고 교외로 나갔다. ······················ (　　　)

변신

프란츠 카프카(1883~1924)
프라하 출생의 유대계 소설
가이다. 「실종자」, 「유형지에
서」, 「심판」 그리고 단편집
『시골 의사』 등을 남겼다.

| 작품 개관 |
· **갈래:** 현대 소설, 중편 소설
· **성격:** 비판적, 우의적, 상징적
· **시점:** 전지적 작가 시점
· **배경:** 1910년대, 독일의 한 소
시민 가정

◆
갑충 딱정벌레 종류의 곤충
을 통틀어 이르는 말. 온몸이
단단한 껍데기로 싸여 있고
앞날개가 단단함.
아치형 활과 같은 곡선으로
된 형태나 형식.
토시 추위를 막기 위하여 팔
뚝에 끼는 것. 저고리 소매처
럼 생겨 한쪽은 좁고 다른
쪽은 넓음.
함석판 표면에 아연을 도금
한 얇은 철판인 함석으로 만
든 판.

어느 날 아침 뒤숭숭한 꿈에서 깨어난 그레고르 잠자는 자신이 침대에서 흉측한 모습의
한 마리 갑충으로 변한 것을 알아차렸다. 그는 철갑처럼 딱딱한 등을 대고 침대에 누워 있
었다. 머리를 약간 들어 보니 아치형의 각질 부분들로 나누어진, 불룩하게 솟은 갈색의 배
가 보였다. 금방이라도 주르르 흘러내릴 것 같은 이불은 배의 높은 부위에 가까스로 걸쳐져
있었다. 몸뚱이에 비해 애처로울 정도로 가느다란 수많은 다리들은 그의 눈앞에서 어른거
리며 하릴없이 버둥거리고 있었다.

"나에게 대체 무슨 일이 생긴 걸까?"

그는 생각했다. 이게 꿈은 아니었다. 좀 작기는 해도 사람이 살기에 손색이 없는 그의 방
은 낯익은 사면의 벽에 조용히 둘러싸여 있었다. 풀어 헤쳐 놓은 옷감 견본 모음집이 펼쳐
져 있는 탁자 위에는 — 잠자는 ㉠출장 영업 사원이었다 — 그가 얼마 전에 그림이 많이 들
어 있는 잡지에서 오려 내 아기자기한 금박 액자에 끼워 넣은 그림이 놓여 있었다. 그림에
는 모피 모자를 쓰고 모피 목도리를 두른 숙녀가 반듯한 자세로 앉아 있었다. 그녀는 그림
을 보는 사람을 향해 팔뚝을 온통 가리는 묵직한 모피 토시를 들어 보이고 있었다.

그러고 나서 그레고르는 창문 쪽으로 눈길을 돌렸다. 그런데 우중충한 날씨에 그의 기분
은 더할 나위 없이 울적해졌다. 창문의 함석판을 후드득 두들기는 빗방울 소리가 들려왔다.

'잠을 약간 더 자서 이런 말도 안 되는 상황을 죄다 잊어버리는 게 어떨까?'

하고 그는 생각했으나 이는 도저히 실행할 수 없는 일이었다. 그는 오른쪽으로 누워 자는
버릇이 있었지만 지금의 상태로는 그런 자세로 누울 수 없었기 때문이었다. 몸을 오른쪽으
로 돌리려고 아무리 뒤척여 보아도 번번이 흔들거리며 등을 바닥에 대고 누운 자세로 되돌
아올 뿐이었다. 그는 한 백 번쯤 그런 일을 시도해 보았고, 멋대로 버둥거리는 다리들을 보
지 않으려고 두 눈을 꼭 감았다. 그러다가 지금껏 느껴 보지 못한 가볍고 뻐근한 통증을 옆
구리에서 느끼기 시작했을 때야 비로소 그러기를 그만두었다.

'아아, 원 세상에.'

그는 생각했다.

'어쩌다가 이런 고달픈 직업을 택했단 말인가! 날이면 날마다 여행이나 다녀야 하다니.
사무실에서 근무하는 것보다 업무상 스트레스가 훨씬 더 심하다. 게다가 여행하다 보면
골치 아픈 일들이 한두 가지가 아니야. 기차를 제대로 갈아타려고 신경 써야 하는 일, 불
규칙하고 형편없는 식사, 상대가 늘 바뀌는 탓에 결코 지속될 수도 없고 진실해질 수도
없는 만남 따위들. 이 모든 것을 왜 악마가 잡아가지 않는지 모르겠다!'

그는 배 위쪽이 약간 가려운 것을 느꼈다. 머리를 더 잘 쳐들 수 있도록 그는 등으로 몸
을 밀면서 느릿느릿 침대 기둥 쪽으로 더 가까이 다가갔다. 그는 근질거리는 부위를 발견했
다. 그곳에는 뭔지 알 수 없는 깨알같이 작은 흰 반점들이 나 있었다. 그래서 그는 다리 하
나를 내밀어 그 부위를 건드려 보려고 했지만, 이내 다리를 움츠리고 말았다. 다리가 그곳

에 닿자마자 온몸에 오싹하는 소름이 돋았기 때문이었다.

그는 미끄러지며 다시 이전 자세로 되돌아갔다.

1 윗글의 서술 방식에 대한 설명으로 적절한 것은?

① 작품 안 서술자가 자신의 이야기를 전달하고 있다.

② 작품 안 서술자가 주로 다른 사람의 이야기를 전달하고 있다.

③ 작품 밖 서술자가 여러 인물과 사건을 관찰하여 전달하고 있다.

④ 작품 밖 서술자가 등장인물의 심리와 사건의 전모를 전달하고 있다.

⑤ 서술자가 작품 안과 밖을 넘나들며 사건을 여러 각도로 조명하고 있다.

2 〈보기〉를 참고하여 윗글을 감상한 내용으로 가장 적절한 것은?

〈보기〉

「변신」은 주인공이 어느 날 갑자기 흉측한 한 마리의 벌레로 변한 사건을 통해 현대 사회 속 인간이 겪고 있는 소외 의식을 극단적으로 형상화한 소설이다. 주인공이 벌레로 변신하게 된 원인이나 과정 등에 대한 설명 없이 변신이 일어난 순간 이야기가 시작되어 독자의 관심과 호기심을 유발하고 있으며, 비현실적인 상황 설정을 통해 현실의 문제를 우회적으로 비판하고 있다. 이러한 설정은 비인간적인 상황이 만연한 당대 사회의 현실을 암시하고 있다고 할 수 있다.

① 갑작스러운 사건의 시작으로 독자들에게 익숙한 느낌을 주겠군.

② 벌레라는 이미지가 주는 흉측함 때문에 작품 감상의 흥미를 떨어뜨리겠군.

③ 비현실적인 상황을 설정하여 소외된 인간의 모습을 효과적으로 형상화하는군.

④ 벌레로 변신한 과정에 대한 설명이 부족하여 독자들의 공감을 얻기가 어렵겠군.

⑤ 한 마리의 벌레로 변한 주인공의 모습을 통해 자연 친화적인 메시지를 전달하는군.

3 ⊙과 관련한 특징이 아닌 것은?

① 거의 매일 출장을 다녀야 한다.　　② 업무상 스트레스가 많지는 않다.

③ 기차를 갈아타야 하는 일이 있다.　　④ 불규칙하고 형편없는 식사를 한다.

⑤ 상대와 지속될 수 없는 만남을 갖는다.

발단─전개─위기─절정─결말

하숙을 하는 사내들 앞에서 여동생이 바이올린을 연주하던 날. 그레고르가 여동생의 연주를 들으러 나왔다가 사내들에게 들킨 상황이다.

"잠자 씨!"

가운데 사내가 아버지를 향해 버럭 소리를 질렀다. 그러고는 더 이상 아무 말도 하지 않고 천천히 앞으로 기어 나오고 있는 그레고르를 손가락으로 가리켰다. 그 순간 바이올린 소리도 딱 멎었다. 가운데 사내는 일단 고개를 설레설레 저으며 친구들에게 미소를 지어 보이더니 다시 그레고르 쪽을 쳐다보았다. 아버지는 그를 내쫓는 일보다 하숙인들을 진정시키는 일이 더 시급하다고 생각하는 모양이었다. 하지만 이들은 흥분하기는커녕 바이올린 연주보다 그레고르 쪽에 더 흥미를 보이는 것 같았다. 아버지는 그들 쪽으로 급히 달려가 두 팔을 벌리고 그들을 자기들 방으로 몰아넣으려고 했다. 이와 동시에 몸으로 막으며 그들이 그레고르를 보지 못하게 했다. 그러자 이제 그들은 정말 화가 좀 나게 되었다. 그것이 아버지의 태도 때문인지, 또는 그레고르 같은 존재를 옆방에 두고 있었다는 사실을 지금껏 모르고 있다가 이제야 알게 된 때문인지는 알 수 없었다. 그들은 아버지에게 이에 대해 해명할 것을 요구했으며, 자기들 쪽에서도 양팔을 치켜들고 불안한 듯 수염을 잡아당기면서 느릿느릿 자기들 방으로 물러났다. 그러는 동안 여동생은 돌연 연주가 중단된 후 넋이 나간 듯 멍하니 있다가 겨우 정신을 차렸다. 그녀는 잠시 동안 축 내려뜨린 두 손에 바이올린과 활을 들고 연주를 더 할 듯이 계속 악보를 들여다보고 있다가 느닷없이 벌떡 일어났다. 그러곤 호흡이 곤란하여 가쁘게 숨을 몰아쉬며 아직 안락의자에 앉아 있는 어머니의 무릎에 악기를 내려놓고는 하숙인들이 묵는 옆방으로 달려갔다. 그들은 아버지가 재촉하는 바람에 평소보다 이르게 자기들 방으로 다가가고 있었다. 여동생의 능숙한 손놀림으로 침대에 있던 이불과 베개가 공중으로 휙휙 날리더니 착착 정돈되는 모습이 보였다. 하숙인들이 아직 방에 도달하기도 전에 그녀는 잠자리 정돈을 마치고 방에서 미끄러지듯이 빠져나왔다. 아버지는 세입자에게 의당 베풀어야 할 존경심마저 깡그리 잊어버릴 정도로 다시 자신의 고집에 사로잡혀 있는 것 같았다. 그가 계속 다그치며 몰아붙이자 급기야 가운데 사내는 벌써 방문에서 발을 쾅쾅 굴러 대며 아버지를 멈추어 세웠다.

"이런 식으로 하면 난 선언하겠소."

사내가 말했다. 그는 손을 치켜들고 눈으로 어머니와 여동생도 찾아보았다.

"이 집과 가족의 상황이 이렇게 역겨우니 말입니다."

이런 말을 하며 그는 순간적으로 결정한 듯 바닥에 침을 탁 뱉었다.

[A]
"당장 이 집에서 나가겠소. 물론 지금까지 지낸 기간에 대한 방세를 한 푼도 지불하지 않을 거요. 오히려 당신들에 대해 손해 배상 청구를 해야 할지 신중히 생각해 볼 작정이오. 청구 사유는 쉽게 찾을 수 있을 거요. 그냥 해 보는 말이 아닙니다."

그는 입을 다물고 무언가를 기다리는 듯 똑바로 앞을 바라보았다. 정말 그의 친구들도 당장 이렇게 말하며 끼어들었다.

"우리도 당장 나가겠소."

활 찰현 악기의 현을 켜는 데에 쓰는 도구.
의당 사물의 이치에 따라 마땅히.
청구 상대편에 대하여 일정한 행위나 급부를 요구하는 일.

106 · 중학 국어 문학 독해 3

4 윗글에 대한 이해로 적절하지 <u>않은</u> 것은?

① 여동생은 그레고르의 등장을 예상하지 못하였다.

② 아버지는 그레고르를 걱정하면서 보호하려 하고 있다.

③ 아버지는 하숙인들을 방에 되돌려 보내려 애쓰고 있다.

④ 하숙인들은 자신들에게 일어난 상황에 대해 화를 내고 있다.

⑤ 하숙인들은 흉측한 모습의 벌레인 그레고르에게 흥미를 보이고 있다.

5 윗글의 그레고르와 〈보기〉의 박씨의 변신을 비교한 내용으로 가장 적절한 것은?

〈보기〉

　그날 밤, 박씨는 몸을 깨끗이 씻은 뒤 둔갑술을 부려 허물을 벗었다.

　날이 밝은 후, 박씨는 계화를 불렀다. 계화가 들어가 보니 전에 없던 절세가인(絕世佳人)이 방 안에 앉아 있었다. 여인의 얼굴은 아름답기 그지없었으며, 그 태도는 너무도 기이했다. 월궁항아(月宮姮娥)나 무산 선녀(巫山仙女)라도 따르지 못할 듯했고, 서시와 양귀비도 미치지 못할 정도였다.

－ 작자 미상, 「박씨전」

① 그레고르의 변신과 박씨의 변신은 모두 통과 제의적 성격을 지닌다.

② 그레고르의 변신과 박씨의 변신은 모두 우연적 사건이 계기가 되었다.

③ 그레고르의 변신과 박씨의 변신은 모두 조력자의 도움을 통해 이루어졌다.

④ 그레고르의 변신은 가족들의 옹호를 받지만, 박씨의 변신은 가족들의 핍박을 유발한다.

⑤ 그레고르의 변신은 부정적 존재로 변신한 것이지만, 박씨의 변신은 긍정적 존재로 변신한 것이다.

6 하숙인이 [A]와 같이 말한 근본적인 이유로 가장 적절한 것은?

① 아버지가 자신들을 밀친 행위에 기분이 나빴기 때문에

② 여동생이 정리한 잠자리가 마음에 들지 않았기 때문에

③ 자기 가족만 챙기려는 가족들의 태도에 기분이 상했기 때문에

④ 여동생이 예고 없이 연주를 중단한 것이 예의가 없다고 여겼기 때문에

⑤ 그레고르의 등장에 가족들이 그동안 자신들을 속여 왔다고 생각했기 때문에

발단 - 전개 - 위기 - 절정 - 결말

그레고르 때문에 피해를 입고 있다고 생각하던 가족들이 그레고르를 내쫓아야 한다고 이야기하는 상황이다.

"우린 이제 저것에서 벗어나야 해요."

여동생은 이제 아버지에게만 말했다. 어머니는 기침을 하느라 아무 소리도 듣지 못했기 때문이었다.

"㉠저것 때문에 두 분이 돌아가시고 말 거예요. 그럴 게 뻔해요. 우리 모두가 이처럼 힘들게 일해야 하는 처지에 집에서마저 이처럼 끝없이 괴롭힘을 당한다는 건 도저히 참을 수 없어요. 저도 더는 참을 수 없단 말이에요."

그러고선 어찌나 격렬하게 울음을 터뜨렸는지 여동생의 눈물이 어머니의 얼굴 위로 주르르 흘러내렸다. 그러자 어머니는 기계적으로 손을 움직이며 자신의 얼굴에서 눈물을 닦아 내렸다.

"애야!"

아버지의 목소리에는 동정심과 눈에 띌 정도로 확연한 이해심이 담겨 있었다.

㉡"그럼 우리 어떡하면 좋겠니?"

그러나 여동생은 자신도 어찌할 바를 모르겠다는 표시로 그저 어깨만 으쓱할 뿐이었다. 이제 눈물을 흘리는 동안 그녀는 이전의 자신만만하던 태도는 온데간데없이 그처럼 난감한 심정이 되었던 것이다.

"만일 저 애가 우리 말을 알아듣는다면⋯⋯."

아버지가 반쯤은 묻는 듯한 어조로 말하자, 여동생은 울다가 말고 그런 일은 아예 생각조차 할 수도 없다는 듯 손을 격렬하게 내저었다.

㉢"만일 저 애가 우리 말을 알아듣는다면 말이다."

아버지는 또 한 번 같은 말을 되풀이하고는, 그런 일은 말도 안 된다는 여동생의 확신을 자신도 받아들인다는 뜻으로 두 눈을 지그시 감았다.

"그렇다면 저 애와 합의를 볼 수도 있을 텐데 말이다. 그런데 저렇게⋯⋯."

"내쫓아야 해요!" / 여동생이 소리쳤다.

"그렇게 하는 수밖에 없어요, 아버지. ㉣저게 오빠라는 생각을 버려야 해요. 우리가 오랫동안 그렇게 생각해 왔다는 게 바로 우리의 진짜 불행이에요. 하지만 저게 어떻게 오빠일 수 있겠어요? 저게 오빠라면 인간이 자기 같은 짐승과 같이 살 수 없다는 걸 알아차리고 진작 제 발로 나갔을 거예요. 그랬다면 우리 곁에 오빠는 없지만 우리는 살아가면서 계속 오빠에 대한 추억을 소중히 간직할 수 있을 텐데요. 그런데 저 짐승은 우리를 쫓아다니며 못살게 굴고 하숙인들을 쫓아내면서, ㉤이 집을 온통 독차지하고 들어앉아 우리를 길거리에 나앉게 하려는 게 분명해요. 저것 좀 보세요, 아버지!"

여동생이 갑자기 비명을 질렀다.

"또 시작이에요!"

그러고서 여동생은 그레고르로서는 도저히 이해할 수 없는 공포에 사로잡혀 어머니마저 내버리고, 단호히 안락의자를 밀치고 일어나서는 아버지 뒤쪽으로 황급히 달려갔다.

7 윗글과 〈보기〉를 고려할 때, 당시의 사회상을 추측한 내용으로 적절하지 <u>않은</u> 것은?

개념⁺ 반영론적 관점

문학 작품은 현실을 거울처럼 반영한다는 전제 아래 현실과 맺는 관계를 중심으로 작품을 해석하는 관점임. 이는 문학 작품을 제대로 이해하기 위해서는 작품이 창작된 시대적 배경을 고려하는 것이 필요하다는 것을 의미함.

〈보기〉

　　그레고르의 가족들은 가족을 부양하던 그레고르가 벌레로 변하여 경제력을 상실하게 되자, 그레고르를 냉담하게 대한다. 또 그레고르로 인해 하숙 운영이 어렵게 되자 가족들은 그를 없애야 할 골칫거리로 생각하게 된다.

① 당시의 사회는 전통적인 가족의 모습이 사라져 가고 있다고 할 수 있겠군.

② 당시의 사회는 이해관계로 인해 혈연관계도 저버릴 수 있다고 할 수 있겠군.

③ 당시의 사회는 인간이 마치 경제 활동을 위한 도구로 전락해 버렸다고 할 수 있겠군.

④ 당시의 사회는 가족 구성원 간의 배려와 나눔이 가장 중요한 가치로 인식되고 있다고 할 수 있겠군.

⑤ 당시의 사회는 가족이라는 테두리보다는 개인으로서의 능력을 더 중요하게 생각한다고 할 수 있겠군.

8 그레고르가 처한 상황을 나타내는 한자 성어로 적절한 것은?

① 어부지리(漁夫之利)

② 장삼이사(張三李四)

③ 누란지세(累卵之勢)

④ 후안무치(厚顔無恥)

⑤ 연목구어(緣木求魚)

속담·한자 성어 익히기

• **어부지리** 두 사람이 이해관계로 서로 싸우는 사이에 엉뚱한 사람이 애쓰지 않고 가로챈 이익을 이르는 말.

• **장삼이사** 장씨(張氏)의 셋째 아들과 이씨(李氏)의 넷째 아들이라는 뜻으로, 이름이나 신분이 특별하지 아니한 평범한 사람들을 이르는 말.

• **누란지세** 층층이 쌓아 놓은 알의 형세라는 뜻으로, 몹시 위태로운 형세를 비유적으로 이르는 말.

• **후안무치** 뻔뻔스러워 부끄러움이 없음.

• **연목구어** 나무에 올라가서 물고기를 구한다는 뜻으로, 도저히 불가능한 일을 굳이 하려 함을 비유적으로 이르는 말.

9 ㉠～㉤에 대한 설명으로 적절하지 <u>않은</u> 것은?

① ㉠: 그레고르를 사물처럼 대하고 있다.

② ㉡: 그레고르가 해로운 존재라는 인식에 동의하고 있다.

③ ㉢: 그레고르와 소통이 되지 않는 상황이 드러나 있다.

④ ㉣: 그레고르에 대한 부정적인 감정이 드러나 있다.

⑤ ㉤: 그레고르의 속마음을 꿰뚫어 보고 있다.

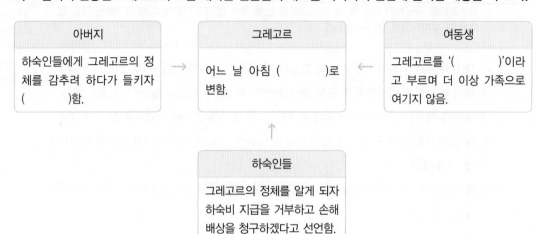

인물의 태도

1 이 소설의 주인공인 그레고르와 그를 대하는 인물들의 태도를 파악하여 빈칸에 들어갈 내용을 써 보자.

아버지		그레고르		여동생
하숙인들에게 그레고르의 정체를 감추려 하다가 들키자 (　　　)함.	→	어느 날 아침 (　　　)로 변함.	←	그레고르를 '(　　　)'이라고 부르며 더 이상 가족으로 여기지 않음.

하숙인들

그레고르의 정체를 알게 되자 하숙비 지급을 거부하고 손해 배상을 청구하겠다고 선언함.

소재의 상징성

2 이 소설에 나타난 그레고르의 변신에 담긴 상징적 의미를 살펴보고 빈칸에 들어갈 내용을 써 보자.

그레고르의 변신		상징적 의미
가족을 위해 성실하게 일하던 그레고르가 벌레의 모습으로 변하자, 처음에는 동정하던 가족들도 점차 그를 (　　　)하고 냉대함.	→	자신이 속한 집단과 가족에게조차 존재를 부정당하는 모습을 통해 현대인의 (　　　)된 모습을 상징적으로 드러냄.

소설의 주제

3 이 소설에서 그레고르가 처한 상황을 통해 고발하고자 하는 현대인의 모습은 무엇인지 살펴보고 빈칸에 들어갈 내용을 써 보자.

그레고르의 상황		고발하고자 하는 것
• 갑작스럽게 벌레로 변신함. • 가족에게조차 이해받지 못함. • 인간으로서 소통하고 싶지만 소통할 수 없음.	→	• 현대인의 (　　　)된 삶 • (　　　)이 단절된 현대인의 삶

'벌레'에 담긴 의미

이 작품은 하루아침에 벌레로 변한 그레고르의 이야기를 통해 현대인의 고립되고 소외된 모습을 그린 작품, 그리고 개인으로서 인간의 주체적 존재성을 강조한 실존주의 경향의 작품으로 소개됩니다. 카프카가 이 작품을 쓴 1910년대 초는 빈부 격차가 심화되고, 노동자들이 열악한 조건 속에서 노동에 시달리던 때입니다. 이러한 상황에서 카프카는 「변신」을 통해 자본주의에 따른 피폐한 가족 관계와 인간 존재의 불안 문제를 다루었습니다.

그레고르는 홀로 일하며 가족들을 부양해 왔습니다. 그런데 그레고르가 벌레로 변하여 더 이상 일을 하지 못하자, 가족들은 생계를 위해 일을 시작합니다. 그리고 그레고르는 점점 더 소외되기 시작합니다. 돈을 벌지 못하는 그레고르는 무가치한 존재, 그저 혐오스러운 벌레일 뿐입니다. 여기에서 자본주의 사회에서 인간은 돈을 벌지 못하면 벌레와 같은 존재나 다름없다는 인식을 엿볼 수 있습니다. 어쩌면 돈을 버는 그 시점에도 벌레와 같은 존재였을지 모릅니다. 그때의 그레고르도 직장 내에서, 가족에게서, 그리고 사회에서 소외된 존재였으니 말이지요.

그레고르는 벌레가 된 뒤에야 지난날을 회상하고, 가족들을 가까이서 지켜보며, 자신에 대해 생각하는 시간을 갖습니다. 그리고 결국 쓸쓸하게 죽음을 맞이합니다. 가족들은 그레고르의 죽음에 아무런 슬픔도 느끼지 않으며, 오히려 홀가분함을 느낍니다. 쓸쓸한 결말입니다. 그레고르는 왜 벌레가 되어야 했을까요? 그리고 진짜 벌레는 누구인 것일까요?

▶ 체코 프라하에 있는 카프카의 동상

이 작품은 한 마리의 벌레로 변신한 그레고르를 통해 '현대 사회의 인간 소외'라는 주제를 효과적으로 전달하고 있다. 우리나라 문학 작품에서 이러한 변신의 내용이 등장하는 작품을 찾아보고, 그 작품에서 변신 모티프가 갖는 의미를 정리해 보자.

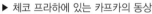

II

시

기본 개념

◉ 시의 개념

마음속에 떠오르는 생각이나 느낌을 운율이 있는 언어로 압축하여 나타낸 문학

◉ 시의 구성 요소

음악적 요소	시를 읽을 때 느껴지는 말의 가락(리듬)	운율
회화적 요소	시를 읽을 때 마음속에 떠오르는 감각적인 느낌	심상
의미적 요소	시인이 시를 통해 전하고자 하는 중심 생각	주제

◉ 시적 화자

시 속에서 말하는 이로, 시인의 생각과 느낌을 효과적으로 전달하기 위해 창조된 존재

남성 화자, 여성 화자, 어린아이 화자 등 시인의 의도에 따라 다양한 모습으로 설정되며, 때로는 동물이나 사물 등이 시적 화자로 설정되기도 한다. 또 시적 화자는 시에 직접 드러나기도 하고, 드러나지 않기도 한다.

> 예 높은 가지를 흔드는 매미 소리에 묻혀 / 내 울음 아직은 노래 아니다.
> 차가운 바닥 위에 토하는 울음, / 풀잎 없고 이슬 한 방울 내리지 않는
> 지하도 콘크리트 벽 좁은 틈에서 / 숨 막힐 듯, 그러나 나 여기 살아 있다.
> 귀뚜르르 뚜르르 보내는 타전 소리가 / 누구의 마음 하나 울릴 수 있을까.
> – 나희덕, 「귀뚜라미」

▶ 시적 화자는 동물인 '귀뚜라미'로, 직접 드러나 있음.

바로 확인 ✓

01 다음 빈칸에 들어갈 내용을 순서대로 쓰시오.

> (　　　　)는 시의 의미적 요소로, 시인이 시를 통해 전하고자 하는 중심 생각을 말한다. 시인은 이를 효과적으로 전하기 위해 시 속에서 말하는 이인 (　　　　)를 창조하여 말하고자 하는 바를 전달한다.

02 다음 시의 화자로 알맞은 것은?

> 두 시간 공부하고 / 잠깐 허리 좀 펴려고 침대에 누우면
> 엄마가 방문 열고 들어온다 / – 또 자냐?
> – 박성우, 「꼭 그런다」

① 엄마　　② 아빠　　③ 학생
④ 교사　　⑤ 직장인

◉ 시의 어조

시적 대상 및 시적 상황에 대한 시적 화자의 목소리

의지적 · 단정적 어조	애상적 어조
망설임 없는 결의가 드러나는 어조	슬픔이 드러나는 어조
(예) 이제 올 　　너그러운 봄은, 삼천리 마을마다 　　우리들 가슴속에서 / 움트리라.　　– 신동엽, 「봄은」	(예) 사랑을 잃고 나는 쓰네 // 　　잘 있거라, 짧았던 밤들아 　　창밖을 떠돌던 겨울 안개들아　　– 기형도, 「빈집」
▶ 봄이 올 것임을 확신에 찬 목소리로 노래함.	▶ 사랑을 잃은 슬픔을 노래함.

예찬적 어조	관조적 · 사색적 어조
대상을 기리거나 찬양하는 어조	대상을 차분하고 담담하게 관찰하는 어조
(예) 님이여, 당신은 백 번이나 단련한 금결입니다. 　　뽕나무 뿌리가 산호가 되도록 천국의 사랑을 받읍 　　소서. / 님이여, 사랑이여, 아침 볕의 첫걸음이여. 　　　　　　　　　　　　　　　　　　– 한용운, 「찬송」	(예) 담머리 넘어드는 달빛은 은은하고 　　한두 개 소리 없이 나려지는 오동꽃을 　　가랴다 발을 멈추고 다시 돌아보노라. 　　　　　　　　　　　　　　　– 이병기, 「오동꽃」
▶ 시적 대상인 '임'을 예찬하며 노래함.	▶ 달밤에 오동꽃이 지는 풍경을 보며 차분하게 노래함.

냉소적 어조	비판적 어조
대상을 비웃는 듯한 어조	대상이나 사회 현실을 비판적으로 바라보는 어조
(예) 갈대숲을 이륙하는 흰 새 떼들이 　　자기들끼리 끼룩거리면서 　　자기들끼리 낄낄대면서 〈중략〉 　　이 세상 밖 어디론가 날아간다 　　　　　　　　– 황지우, 「새들도 세상을 뜨는구나」	(예) 껍데기는 가라. 　　사월도 알맹이만 남고 / 껍데기는 가라. 〈중략〉 　　껍데기는 가라. / 한라에서 백두까지 　　향그러운 흙가슴만 남고 　　그, 모오든 쇠붙이는 가라.　– 신동엽, 「껍데기는 가라」
▶ 현실에 대한 냉소적 태도가 드러남.	▶ 부정적인 현실에 대한 비판 의식이 강하게 드러남.

어조는 시적 화자의 태도나 시의 분위기와 관련된다. 즉, 어조를 살피면 시의 정서나 분위기, 나아가 주제를 파악할 수 있다.

■ 정답과 해설 20쪽

03 시의 어조에 대한 설명으로 알맞지 <u>않은</u> 것은?

① 시적 화자의 태도와 관련된다.
② 시의 전체적인 느낌이나 분위기를 조성한다.
③ 시적 화자의 목소리로, 시의 주제와는 관련이 적다.
④ 대상을 기리는 상황에서는 예찬적 어조가 드러난다.
⑤ 대상을 비웃는 상황에서는 냉소적 어조가 적합하다.

04 다음에서 느껴지는 시의 어조로 알맞은 것은?

> 곱아라 고아라 진정 아름다운지고
> 파르란 구슬빛 바탕에 자줏빛 호장을 받친 호장저고리
> 호장저고리 하얀 동정이 환하니 밝도소이다
> 　　　　　　　　　　　　　　　– 조지훈, 「고풍 의상」

① 의지적 어조　　② 애상적 어조　　③ 예찬적 어조
④ 관조적 어조　　⑤ 비판적 어조

🔲 시상 전개 방식

시에서 주제를 구현하기 위해 시의 요소들을 결합하는 방식

시간의 흐름	공간의 이동 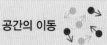
'과거 → 현재 → 미래' 또는 '봄 → 여름 → 가을 → 겨울'과 같이 시간의 흐름에 따라 시상을 전개하는 방식	'먼 곳 → 가까운 곳' 또는 '아래 → 위'와 같이 장소나 시선의 이동에 따라 시상을 전개하는 방식
예 까마득한 날에 / 하늘이 처음 열리고 어디 닭 우는 소리 들렸으랴. 〈중략〉 지금 눈 내리고 / 매화 향기 홀로 아득하니 내 여기 가난한 노래의 씨를 뿌려라. // 다시 천고(千古)의 뒤에 백마 타고 오는 초인(超人)이 있어 이 광야에서 목 놓아 부르게 하리라. – 이육사, 「광야」	예 징이 울린다 막이 내렸다 오동나무에 전등이 매어 달린 가설무대 구경꾼이 돌아가고 난 텅 빈 운동장 우리는 분이 얼룩진 얼굴로 학교 앞 소줏집에 몰려 술을 마신다 답답하고 고달프게 사는 것이 원통하다 꽹과리를 앞장세워 장거리로 나서면 〈후략〉 – 신경림, 「농무」
▶ '까마득한 날 → 지금 → 천고의 뒤'라는 시간의 흐름에 따라 시상을 전개함.	▶ '텅 빈 운동장 → 소줏집 → 장거리'라는 공간의 이동에 따라 시상을 전개함.

점층적 전개	수미상관
시어의 의미나 단어의 형태, 화자의 정서나 의지, 시적 상황 등을 점점 고조시키면서 시상을 전개하는 방식	시의 처음과 끝에 동일하거나 유사한 시구를 배치하여 의미를 강조하고 안정감을 주면서 시상을 전개하는 방식
예 눈은 살아 있다. / 떨어진 눈은 살아 있다. 마당 위에 떨어진 눈은 살아 있다. // 기침을 하자. 젊은 시인이여 기침을 하자. 눈 위에 대고 기침을 하자. 눈더러 보라고 마음 놓고 마음 놓고 / 기침을 하자. – 김수영, 「눈」	예 모란이 피기까지는 나는 아직 나의 봄을 기다리고 있을 테요 모란이 뚝뚝 떨어져 버린 날 나는 비로소 봄을 여읜 설움에 잠길 테요 〈중략〉 모란이 피기까지는 나는 아직 기다리고 있을 테요 찬란한 슬픔의 봄을 – 김영랑, 「모란이 피기까지는」
▶ '눈은 살아 있다', '기침을 하자'를 반복하고 확장하며 시상을 전개함.	▶ '모란이 피기까지는 / 나는 아직 기다리고 있을 테요'를 시의 처음과 끝에서 반복하며 의미를 강조함.

바로 확인 ✅

05 다음 시에 나타나는 시상 전개 방식으로 알맞은 것은?

> 머언 산 청운사 / 낡은 기와집. //
> 산은 자하산 / 봄눈 녹으면, //
> 느릅나무 / 속잎 피어나는 열두 구비를 //
> 청노루 / 맑은 눈에 //
> 도는 / 구름
> – 박목월, 「청노루」

① 시의 처음과 끝에 유사한 시구를 배치하고 있다.
② 화자의 시선의 이동에 따라 시상을 전개하고 있다.
③ 하루 중 시간의 흐름에 따라 시상을 전개하고 있다.
④ 시간 순서가 뒤바뀐 역순행적 흐름에 따라 시상을 전개하고 있다.
⑤ 전반부에서는 풍경을 묘사하여 보여 주고, 후반부에서는 화자의 정서를 표현하며 시상을 전개하고 있다.

✿ 시의 표현 ① - 비유

표현하고자 하는 대상(원관념)을 그와 유사한 다른 대상(보조 관념)에 빗대어 표현하는 방법

직유법	'~처럼, ~같이, ~듯이, ~인 양' 등의 말을 사용해 원관념과 보조 관념을 직접 빗대어 표현하는 방법
	ⓔ 구름에 달 가듯이 / 가는 나그네. 　　　　　　　　　　– 박목월, 「나그네」　　▶ '나그네'의 모습을 구름에 달이 지나가는 모습에 빗 　　　　　　　　　　　　　　　　　　　　대어 표현함.
은유법	'A는 B'의 형식으로 원관념과 보조 관념을 동일한 것처럼 표현하는 방법
	ⓔ 이것은 소리 없는 아우성 　　　　　　　　　　– 유치환, 「깃발」　　　▶ '이것(깃발)'을 '아우성'에 빗대어 표현함.
의인법	사람이 아닌 것을 사람인 것처럼 표현하는 방법
	ⓔ 벼는 서로 어우러져 / 기대고 산다. 　　　　　　　　　　– 이성부, 「벼」　　　　▶ '벼'를 사람처럼 표현함.

✿ 시의 표현 ② - 상징

추상적인 관념이나 의미(원관념)를 구체적인 사물(보조 관념)로 표현하는 방법

관습적 상징	오랜 세월 동안 사용되어 그 의미가 널리 알려져 관습적으로 보편화되어 있는 상징
	ⓔ 비둘기: '평화'의 상징 / 칼: '무력'의 상징
개인적 상징	시인 개인이 의미를 부여하여 독창적으로 창조해 낸 상징
	ⓔ 성북동 산에 번지가 새로 생기면서 / 본래 살던 성북동 비둘기만이 번지가 없어졌다. 　　　　　　　　　　　　　　　　　　　　　　　　– 김광섭, 「성북동 비둘기」 ▶ '비둘기' → '소외된 현대인, 도시화로 파괴된 자연' 등을 상징
원형적 상징	한 개인이나 민족을 넘어 오랜 역사(문학, 종교 등) 속에서 형성되고 되풀이되어 전 인류에게 유사한 의미를 불러일으키는 상징
	ⓔ 물: '생명력, 탄생, 죽음, 소생, 정화' 등을 상징

---

06 다음 중 비유의 종류가 <u>다른</u> 하나는?

① 나는 한 마리 어린 짐승
② 어떤 것은 / 악수를 하듯이 핀다
③ 그 석류 속 같은 입술 / 죽음을 입맞추었네
④ 살 껍질처럼 발에 달라붙어 떨어지지 않던 검정 양말
⑤ 나는 얼른 이마에 흐른 땀을 훔쳐 내려 눈물을 땀인 양 만들어 놓고 나서

07 다음 중 상징에 대한 설명으로 알맞지 <u>않은</u> 것은?

① 관습적으로 보편화되어 있는 상징도 있다.
② 시인 개인이 독창적으로 창조한 상징도 있다.
③ 추상적인 대상을 구체적인 대상으로 표현한다.
④ 비유와 마찬가지로 원관념과 보조 관념이 일대일로만 대응한다.
⑤ 오랜 역사 속에서 형성되고 되풀이되어 의미를 갖게 된 상징도 있다.

01

고향 | 백석

나는 북관(北關)에 혼자 앓어누워서

어느 아츰 의원을 뵈이었다

의원은 여래(如來) 같은 상을 하고 관공(關公)의 수염을 드리워서

먼 옛적 어느 나라 신선 같은데

새끼손톱 길게 돋은 손을 내어

묵묵하니 한참 맥을 짚더니

문득 물어 고향이 어데냐 한다

평안도 정주라는 곳이라 한즉

그러면 아무개 씨 고향이란다

그러면 아무개 씰 아느냐 한즉

의원은 빙긋이 웃음을 띠고

막역지간(莫逆之間)이라며 수염을 쓴다

나는 아버지로 섬기는 이라 한즉

의원은 또다시 넌즈시 웃고

말없이 팔을 잡어 맥을 보는데

손길은 따스하고 부드러워

고향도 아버지도 아버지의 친구도 다 있었다

백석(1912~1996)
일제 강점기의 시인이다. 대표적 작품으로는 「나와 나타샤와 흰 당나귀」, 「흰 바람벽이 있어」, 「여승」 등이 있다.

│작품 개관│
· **갈래**: 자유시, 서정시
· **성격**: 서사적, 회고적
· **제재**: 고향

◆
북관 '함경도'의 다른 이름.
아츰 '아침'의 방언.
여래 진리로부터 진리를 따라서 온 사람이라는 뜻으로, '부처'를 달리 이르는 말.
관공 중국 삼국 시대의 무장이었던 '관우'를 높여 이르는 말.
의원은 여래 같은 ~ 신선 같은데 인자하고 너그러운 의원의 모습을 비유적으로 묘사함.
막역지간 서로 거스르지 않는 사이라는 뜻으로, 허물이 없는 아주 친한 사이를 이르는 말.
고향도 아버지도 아버지의 친구도 다 있었다 의원의 손길을 통해 느낀 고향과 가족에 대한 향수. 공동체적 삶이 느껴지는 공간으로서의 고향의 이미지가 드러남.

1 위 시의 내용과 일치하지 <u>않는</u> 것은?

① '나'는 아무개 씨를 아버지로 섬긴다.

② '나'는 평안도 정주에 혼자 머물고 있다.

③ '나'는 의원이 신선과 비슷하다는 느낌을 받았다.

④ 의원은 '나'의 진맥을 짚다가 고향이 어디인지 물었다.

⑤ 의원은 아무개 씨와 허물없는 친구로 지내는 사이이다.

2 위 시에 대한 설명으로 적절하지 <u>않은</u> 것은?

① 전체적으로 서사적인 성격을 띠고 있다.

② 대화의 형식을 통해 내용을 전개하고 있다.

③ 비유적 표현으로 인물의 외양을 묘사하고 있다.

④ 과거에 있었던 일을 회상하는 형식으로 되어 있다.

⑤ 주관적 감정을 배제한 채 상황을 객관적으로 전달하고 있다.

3 위 작품을 〈보기〉처럼 시나리오로 각색한다고 할 때, 다음 ㉠에 들어갈 말로 가장 적절한 것은?

 보기

> S# 1. 청년이 묵고 있는 방 안
>   청년이 맥없이 누워 있다가 인기척을 듣고 일어나 방문을 연다.
>
> **청년** (힘없는 목소리로) 의원님 오셨습네까?
> **의원** (방으로 들어오며) 안색이 안 좋구먼. (부드러운 얼굴로 다가앉는다.) 진맥을 합세.
> **청년** 예. (여윈 팔을 힘없이 내민다.)
> **의원** (눈을 감고 맥을 짚다가) 고향이 어디오?
> **청년** 평안도 정주라는 곳입네다.
> **의원** (온화한 표정으로) 거기라면 ○○○ 씨의 고향입네.
> **청년** (놀라는 표정으로) ○○○ 씨를 아십네까? 제가 아바지로 섬기는 분입니다만…….
> **의원** (수염을 쓸며) 허허, 그런가? 나와 막역한 사이라오.
> **청년** 그렇습네까……. (_____㉠_____ 생각에 잠긴다.)

① 쓸쓸한 표정으로   ② 지그시 눈을 감고

③ 몹시 걱정스럽다는 듯이   ④ 의심스럽다는 얼굴로 쳐다보다가

⑤ 예상했다는 듯 고개를 끄덕이고 나서

개념＋ 각색(脚色)

시나 소설을 희곡(연극의 대본)이나 시나리오(영화의 각본)로 고쳐 쓰는 것처럼 어떤 문학 작품을 다른 갈래로 바꿔 쓰는 것을 말함. 대체로 원래 작품이 가진 큰 틀의 내용은 유지하면서 세부적인 내용에 변화를 주거나, 새롭게 고쳐 쓸 갈래의 특성에 맞게 형식적인 변화를 시도하는 경우가 많음.

1

시의 내용

이 시의 내용을 다음과 같이 정리할 때, 빈칸에 들어갈 내용을 써 보자.

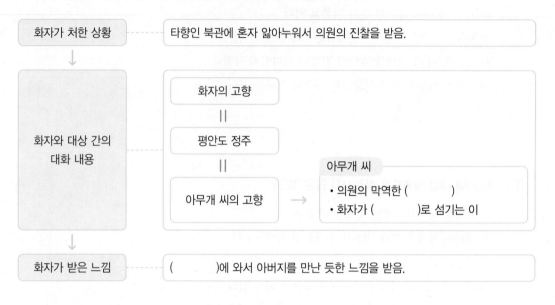

화자가 처한 상황	타향인 북관에 혼자 앓아누워서 의원의 진찰을 받음.

화자와 대상 간의 대화 내용

화자의 고향
=
평안도 정주
=
아무개 씨의 고향 →

아무개 씨
- 의원의 막역한 (   )
- 화자가 (   )로 섬기는 이

화자가 받은 느낌	( )에 와서 아버지를 만난 듯한 느낌을 받음.

2

시의 표현

이 시에서 '의원'을 묘사한 방식과 그 효과를 다음과 같이 정리할 때, 빈칸에 들어갈 내용을 써 보자.

- 여래 같은 상을 하고 있음.
- 관공의 수염을 드리움.
- 먼 옛적 어느 나라 (   ) 같음.

+

- 빙긋이, 넌즈시 (   )을 지음.

→ 인자하고 너그러우며 친근한 이미지를 형성함.

3

시어 및 시구의 의미와 기능

화자의 정서와 관련하여 시어 및 시구의 의미와 기능을 살펴보고 빈칸에 들어갈 내용을 써 보자.

5행의 '새끼손톱 길게 돋은 손'	→	16행의 '손길'
맥을 짚는 의원의 손일 뿐, 화자가 특별한 느낌을 받지 못함.		따스함과 ( )을 느끼게 해 고향을 떠올리게 하는 매개체의 기능을 함.

일제 강점기의 실향민들

1910년 국권 피탈 이후 1945년 해방되기까지 35년간 지속되었던 일제 강점기. 이 시기에는 일제의 만행과 수탈로 정든 고향을 떠나야 했던 사람들이 많았습니다. 누군가는 삶의 터전을 잃어 떠나야 했고, 누군가는 돈을 벌기 위해 떠나야 했습니다. 또 누군가는 강제로 끌려가 떠나야 했습니다.

이 시기 고향을 떠나야 했던 주요 계층은 농민입니다. 1910년대, 일제의 토지 조사 사업이 있었습니다. 지주의 토지 소유권은 어느 정도 인정되기도 하였으나, 소작인의 경작권은 인정되지 않았습니다. 갈 곳을 잃은 농민들은 일자리를 찾아 도시로 떠나거나, 멀리 간도나 연해주로 떠나야 했습니다. 1920년대, 일제가 자국의 쌀 부족 문제를 해결하기 위해 산미 증식 계획을 실시합니다. 쌀의 생산량은 늘었으나, 일제는 늘어난 생산량보다 더 많은 양의 쌀을 일본으로 가져갔습니다. 농민들의 삶은 더욱 어려워졌고, 이에 많은 사람이 도시나 해외로 떠나게 되었습니다. 이렇게 고향을 떠난 이들은 타향에서 힘겹게 살아가며, 이웃과 정을 나누며 살던 공동체적 삶과 고향을 그리워했습니다.

▲ 백석

백석의 작품 중에는 당시의 시대상과 대비되는, 즉 전통적인 우리 고향의 모습을 그려 냄으로써 이웃과 정을 나누며 살던 공동체적 삶에 대한 그리움을 담은 시들이 많이 있습니다. 이 작품은 이러한 시대상을 배경으로, 대화의 형식을 통해 타향에서 만난 의원에게서 느낀 고향과 가족에 대한 그리움을 노래하고 있습니다.

이 시가 창작된 1930년대는 일제에 의해 우리 민족의 생존과 전통이 극심하게 위협받던 시기였다. 이를 고려하여 '고향'의 의미를 개인적 차원이 아닌 민족적 차원에서 설명해 보자.

_____

_____

_____

_____

쉽게 씌어진 시 | 윤동주

문제 풀이
작품 해제
관련 영상
어휘 퀴즈

윤동주(1917~1945)
일제강점기의 시인이다. 대
표 작품으로 「서시」, 「자화상」,
「십자가」, 「별 헤는 밤」 등이
있다.

| 작품 개관 |
· 갈래: 자유시, 서정시
· 성격: 고백적, 반성적
· 제재: 현실 속의 자신의 삶

창(窓)밖에 밤비가 속살거려
육첩방(六疊房)은 남의 나라,

시인(詩人)이란 슬픈 천명(天命)인 줄 알면서도
한 줄 시(詩)를 적어 볼까,

땀내와 사랑내 포근히 품긴
보내 주신 학비 봉투(學費封套)를 받아

대학(大學) 노─트를 끼고
늙은 교수(教授)의 강의(講義) 들으러 간다.

생각해 보면 어린 때 동무를
하나, 둘, 죄다 잃어버리고

나는 무얼 바라
나는 다만, 홀로 침전(沈澱)하는 것일까?

인생(人生)은 살기 어렵다는데
시(詩)가 이렇게 쉽게 씌어지는 것은
부끄러운 일이다.

육첩방(六疊房)은 남의 나라
창(窓)밖에 밤비가 속살거리는데,

등불을 밝혀 어둠을 조금 내몰고,
시대(時代)처럼 올 아침을 기다리는 최후(最後)의 나,

[A]   나는 나에게 작은 손을 내밀어
       눈물과 위안(慰安)으로 잡는 최초(最初)의 악수(握手).

속살거리다 남이 알아듣지
못하도록 작은 목소리로 자
질구레하게 자꾸 이야기하다.
육첩방 일본식 돗자리인 다
다미 6장을 깔아 놓은 방. 다
다미는 보통 너비 석 자, 길
이 여섯 자 정도의 크기임.
슬픈 천명 '천명'은 '타고난
운명'을 뜻함. 시인이 암담한
현실에서 힘을 발휘하지 못하
는 것을 알면서도 시를 쓸 수
밖에 없는 괴로움을 표현함.
침전 ① 액체 속에 있는 물
질이 밑바닥에 가라앉음. 또
는 그 물질.
② 기분 따위가 가라앉음.
위안 위로하여 마음을 편하
게 함. 또는 그렇게 하여 주
는 대상.

1 위 시의 어조로 가장 적절한 것은?

① 자기 삶을 돌아보는 성찰적 어조

② 왜곡된 상황을 비꼬는 풍자적 어조

③ 부정적 현실에 맞서는 비판적 어조

④ 세속적인 일에 초월한 달관적 어조

⑤ 비통함을 격하게 토로하는 애상적 어조

개념⁺ 어조

시적 대상 및 시적 상황에 대한 시적 화자의 목소리로, 화자의 정서나 태도 등이 드러나는 말투를 뜻함. 종결 어미를 통해 드러나는 경우가 많으며, 작품 중간에 어조가 변화하는 경우도 있음.

2 〈보기〉를 참고하여 위 시를 감상한 내용으로 적절하지 <u>않은</u> 것은?

───〈보기〉───

　식민지 시대를 살아가는 젊은이가 느낀 정신적 고통을 노래하던 시인 윤동주는 1941년 일본으로 유학을 떠난다. 「쉽게 씌어진 시」는 이때 윤동주가 지은 시로, 이 작품에서 그는 어려움에 처해 있는 조국을 떠나와 편안히 공부하는 것을 자책하며 우울함을 느끼다가 암울한 현실을 극복하려는 의지를 다지면서 새로운 희망을 떠올린다.

① '육첩방은 남의 나라'에는 유학 중인 일본에서 느끼는 외로움과 현실적 구속에 대한 인식이 담겨 있다고 볼 수 있겠군.

② '늙은 교수의 강의'는 식민지 시대를 살아가는 젊은이의 정신적 고통을 치유해 주는 역할을 한다고 볼 수 있겠군.

③ 시가 쉽게 씌어지는 게 '부끄러운 일'이라는 말은 조국이 처한 어려움을 외면하고 있는 듯한 자책감에서 비롯된 것이겠군.

④ '등불을 밝혀' 어둠을 조금 내몬다는 것은 암울한 현실을 극복하려는 의지적 행동을 상징하는 것이겠군.

⑤ '시대처럼 올 아침을 기다리는' 것은 새로운 역사가 될 광복의 날에 대한 희망을 의미한다고 할 수 있겠군.

3 [A]에 대해 토의한 내용 중 적절하지 <u>않은</u> 것은?

① 우현: 자아가 분열된 것처럼 표현해서 현실과 이상의 어긋남을 나타낸 것 같아.

② 정규: 앞의 '나'는 잘못된 현실을 이겨 내려고 노력하는 내면적 자아를 의미한다고 봐.

③ 미진: 그렇다면 뒤의 '나'는 무기력하게 살아온 현실적 자아를 의미하겠군.

④ 은경: '눈물과 위안'은 고통받는 이웃들에 대한 화자의 태도를 의미한다고 볼 수 있어.

⑤ 명수: '최초의 악수'는 치열한 고민 끝에 도달한, 분열된 두 자아 간의 화해를 의미해.

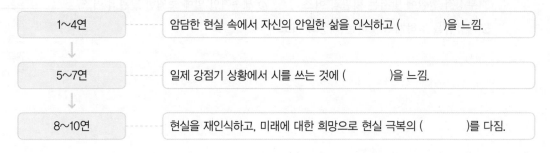

1

[화자의 정서와 태도]

화자의 정서와 태도를 중심으로 이 시의 내용을 다음과 같이 정리할 때, 빈칸에 들어갈 내용을 써 보자.

1~4연	암담한 현실 속에서 자신의 안일한 삶을 인식하고 ( )을 느낌.
5~7연	일제 강점기 상황에서 시를 쓰는 것에 ( )을 느낌.
8~10연	현실을 재인식하고, 미래에 대한 희망으로 현실 극복의 ( )를 다짐.

2

[시어의 의미]

이 시가 창작된 시대적 배경을 고려하여 다음 시어들의 상징적 의미를 살펴보고 빈칸에 들어갈 내용을 써 보자.

시어	상징적 의미
등불	광복을 맞이하려는 현실 극복의 의지
어둠	일제 강점기의 암울한 ( )
아침	희망찬 미래인 조국의 ( )

3

[시의 주제]

이 시의 주제를 이해하기 위해 화자의 자아 인식 과정을 다음과 같이 정리할 때, 빈칸에 들어갈 내용을 써 보자.

현실의 자아		( )의 자아
현실에 안주하며 무기력하게 살아감.	↔	암울한 현실을 극복하려는 의지를 지님.

▼

'최초의 (   )'

분열된 두 자아의 (   )를 통한 현실 극복 의지

시인 윤동주의 삶과 부끄러움에 대한 참회

1945년 2월, 독립운동 혐의로 체포되어 차디찬 형무소에서 29살의 나이로 짧은 생을 마감한 시인 윤동주. 그는 북간도에서 태어나 어린 시절부터 시를 쓰던 청년이었습니다. 중학교를 졸업한 그는 연희 전문학교에 입학하여 우리말과 글을 공부하고, 민족의식을 길렀습니다. 이후 문학 공부에 매진하고 싶었던 윤동주는 일본 유학을 결정합니다. 그런데 당시에는 창씨개명(일본식 성명 강요)을 하지 않으면 일본으로 가는 데 필요한 도항 증명서를 받을 수 없었습니다. 윤동주는 결국 창씨 개명계를 제출합니다. 히라누마 도오쥬우[平沼東柱]. 어쩔 수 없이 이름은 놔둔 채, 성만 바꾸는 창씨를 한 것입니다. 이때 윤동주는 매우 괴로워했다고 합니다.

동경 릿쿄 대학에 입학한 윤동주는 군국주의의 광풍을 마주합니다. 더욱더 가혹해지는 일제의 수탈 속에서 창씨개명을 하고 넘어온 자신의 지난날에 윤동주는 더욱 큰 부끄러움을 느끼며 지난날을 참회하고, 성찰합니다. 「쉽게 씌어진 시」는 바로 이 시기에 쓴 작품입니다. 윤동주는 절절한 참회의 심정을 드러내며 부끄러움을 고백하는 동시에 일제의 수도 동경 바로 그곳에서 일제를 '남의 나라'라 칭하고, '시대처럼 올 아침'을 기다린다고 밝힙니다.

윤동주의 시는 식민지 시대를 살아가는 지식인의 고뇌와 진실한 자기 성찰이 담겨 있다고 평가받습니다. 여기에는 부끄러움에 대한 솔직한 참회의 태도가 함께 담겨 있습니다. 이러한 솔직함과 진정성 때문일까요? 그의 시는 오늘날에도 여전히 큰 울림을 주고 있습니다.

▲ 윤동주 유고 시집(1948년)

〈보기〉를 참고하여 이 시에 언급되는 '부끄러움'의 의미를 설명해 보자.

> 보기
>
> 외유내강, 동주 형을 아는 분이라면 누구나 그를 이렇게 표현하는 데 이의가 없을 것이다. 그는 대인 관계에서 모가 나는 일이 없었고 따라서 적이 없었다. 누구도 그를 지탄하고 싫어하는 사람은 없었다. 그러나 그는 자신에게는 엄격하였다. 남을 이해하고 용서하고 변명하는 일에는 너그러웠지마는 스스로를 용서하는 일은 없었다.
>
> — 정병욱, 「동주 형의 편모」 중에서

03
시

눈 | 김수영

문제 풀이
작품 해제
관련 영상
어휘 퀴즈

김수영(1921~1968)
해방 이후 활동한 시인이다.
대표 작품으로는 「어느 날
고궁을 나오면서」, 「풀」, 「눈」,
「폭포」 등이 있다.

| 작품 개관 |
· **갈래**: 자유시, 서정시
· **성격**: 비판적, 의지적, 상징적
· **제재**: 눈

눈은 살아 있다.

떨어진 눈은 살아 있다.

마당 위에 떨어진 눈은 살아 있다.

기침을 하자.

젊은 시인이여 기침을 하자.

눈 위에 대고 기침을 하자.

눈더러 보라고 **마음 놓고 마음 놓고**

기침을 하자.

눈은 살아 있다.

죽음을 잊어버린 영혼과 육체를 위하여

눈은 새벽이 지나도록 살아 있다.

기침을 하자.

젊은 시인이여 기침을 하자.

눈을 바라보며

밤새도록 고인 가슴의 **가래**라도

마음껏 뱉자.

◆
**죽음을 잊어버린 영혼과 육
체** 순수하고 정의로운 삶을
소망하는 존재이자 젊은 시
인을 가리킴. 화자 자신을 가
리키는 것으로 해석할 수도
있음.
**밤새도록 고인 ~ 마음껏 뱉
자.** 가슴에 고인 모든 불순
한 것을 깨끗이 비워 내자는
뜻으로, 자기 정화의 의지가
담겨 있음.

1 위 시의 화자에 대한 설명으로 가장 적절한 것은?

① 암담한 현실에 체념하고 있다.

② 자연의 아름다움을 예찬하고 있다.

③ 바람직한 삶에 대한 열망을 드러내고 있다.

④ 과거의 어리석은 행동에 대해 자책하고 있다.

⑤ 부재하는 대상에 대한 그리움을 토로하고 있다.

2 〈보기〉를 참고하여 위 시를 감상한 내용으로 적절하지 않은 것은?

> 보기
>
> 김수영의 「눈」은 대통령이 장기 집권을 위해 3선 제한의 철폐를 핵심으로 하는 헌법 개정안을 통과시킨 억압적이고 부패한 사회 현실을 배경으로 창작된 작품이다. 시인은 이 작품을 통해 비겁함, 속물근성, 소시민성 등과 같은 부정적인 것을 쏟아 버리고, 순수하고 강인한 생명력을 갖춘 삶을 회복하려는 의지를 표현하였다.

① '눈'은 순수하고 강인한 생명력을 갖춘 삶을 환기하는 존재라고 볼 수 있군.

② '기침'은 부정적인 온갖 것을 뱉어 버리는 행위를 의미한다고 볼 수 있군.

③ '젊은 시인'은 부패한 현실에 책임을 져야 할 지도자층을 의미한다고 볼 수 있군.

④ '마음 놓고 마음 놓고'는 당시의 사회적 분위기가 자유롭지 못하고 억압적이었음을 짐작할 수 있게 하는군.

⑤ '가래'는 비겁함, 속물근성, 소시민성 등과 같은 것을 상징한다고 볼 수 있군.

3 위 시의 표현상 특징으로 적절한 것을 〈보기〉에서 모두 골라 묶은 것은?

개념+ 공감각적 심상

둘 이상의 감각이 결합되어 나타나는 심상으로, 감각의 전이가 일어나는 심상. 청각의 시각화, 시각의 촉각화 등이 있음.

> 보기
>
> ㄱ. 동일한 시구를 반복하여 리듬감을 형성하고 있다.
> ㄴ. 청유형 문장을 구사하여 주제 의식을 부각하고 있다.
> ㄷ. 변형을 기반으로 한 점층을 통해 시의 의미를 강조하고 있다.
> ㄹ. 공감각적 이미지를 사용하여 대상을 생동감 있게 묘사하고 있다.

① ㄱ, ㄴ 　　② ㄴ, ㄹ 　　③ ㄱ, ㄴ, ㄷ

④ ㄱ, ㄷ, ㄹ 　　⑤ ㄴ, ㄷ, ㄹ

시어의 의미

1 이 시에 사용된 주요 시어의 의미와 관계를 다음과 같이 정리할 때, 빈칸에 들어갈 내용을 써 보자.

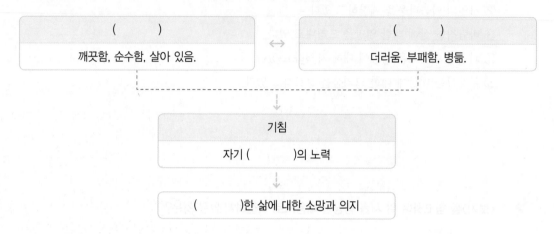

( )	↔	( )
깨끗함, 순수함, 살아 있음.		더러움, 부패함, 병듦.

기침

자기 ( )의 노력

( )한 삶에 대한 소망과 의지

표현상 특징

2 이 시의 표현상 특징과 효과를 다음과 같이 정리할 때, 빈칸에 들어갈 내용을 써 보자.

표현상 특징	→	효과
• '–자'라는 ( )형 표현의 반복적 사용 • '눈은 살아 있다', '기침을 하자'의 ( )과 점층		• ( )을 형성함. • 주제 의식을 강조함.

시어의 의미

3 이 시에 나타난 '젊은 시인'이라는 시어의 의미를 다음과 같이 정리할 때, 빈칸에 들어갈 내용을 써 보자.

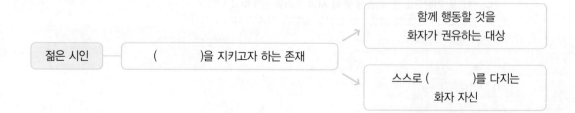

젊은 시인 ( )을 지키고자 하는 존재

→ 함께 행동할 것을 화자가 권유하는 대상

↘ 스스로 ( )를 다지는 화자 자신

깊이 읽기

시인 김수영의 저항 의식

1952년, 이승만 정권은 재선이 어려워지자 직선제로 헌법을 고쳐 강압적으로 통과시키고, 1954년에는 3선 제한 철폐를 핵심으로 하는 개헌안을 의결하였으나 1표가 부족해 부결(당시 재적 의원 203명으로 개헌 가능 정족수는 3분의 2인 135.33…으로 136명이 되어야 했는데, 찬성표는 135표가 나왔습니다)되자, 수학의 사사오입(반올림) 원리를 들어 소수점 이하는 삭제하는 것이 옳다는 억지 주장으로 가결을 선포하는 등 반민주적 행위를 마다하지 않았습니다. 당연히 비판의 목소리가 여기저기서 터져 나왔고, 민심은 요동쳤습니다.

이 작품은 이러한 시대적 상황에서 발표된 작품입니다. 순수하고 정의로운 삶을 살고자 하는 의지, 부정적인 현실을 극복하려는 의지를 표현하였지요. 이처럼 현실을 바라보던 시인의 목소리는 여기에서 그치지 않았습니다. 1960년 3월 15일, 정·부통령 선거에서 부정행위, 개표 조작 등이 일어납니다. 부정 선거를 규탄하는 시위가 각지에서 일어나던 중 김주열 학생이 참혹한 시신으로 발견되고, 이에 전국적으로 격렬한 시위가 일어납니다. 이것이 바로 4·19 혁명입니다. 결국 이승만이 대통령직에서 물러나게 되지만 이후 군사정권이 들어서며 독재가 이어지고 자유가 탄압당하면서 4·19 혁명은 미완의 혁명으로 남게 됩니다.

김수영은 이 시기, 1960년대에 정권의 탄압에 적극적으로 맞서며 부정과 타협하지 않는 정신을 강조하는 시를 쓰고 노래합니다. 이에 시인 김수영은 어둡고 암울했던 시대에 강렬한 현실 의식과 저항 의식을 지녔던 참여 시인, 저항 시인으로 평가받고 있습니다.

▲ 4·19 혁명 당시 시위 군중의 모습

사고력 키우기

자신이 본받을 만한 삶의 태도를 상징적으로 보여 줄 수 있는 자연물을 떠올려 보고, 그 까닭을 설명해 보자.

_____

_____

_____

_____

04

시

새들도 세상을 뜨는구나 | 황지우

문제 풀이
작품 해제
관련 영상
어휘 퀴즈

황지우(1952~)
시인이다. 대표 작품으로는
「겨울-나무로부터 봄-나무
에로」, 「너를 기다리는 동
안」, 「나는 너다」 등이 있다.

| 작품 개관 |
· **갈래:** 자유시, 서정시, 참여시
· **성격:** 비판적, 저항적
· **제재:** 새

영화(映畵)가 시작하기 전에 우리는

일제히 일어나 애국가를 경청한다˙

삼천리 화려 강산의

을숙도˙에서 일정한 군(群)을 이루며

갈대숲을 이륙하는 흰 새 떼들이

자기들끼리 끼룩거리면서

자기들끼리 낄낄대면서

일렬 이열 삼렬 횡대˙로 자기들의 세상을

이 세상에서 떼어 메고

이 세상 밖 어디론가 날아간다

우리도 우리들끼리

낄낄대면서

깔쭉대면서

우리의 대열을 이루며

한세상 떼어 메고

이 세상 밖 어디론가 날아갔으면

하는데˙ 대한 사람 대한으로

길이 보전하세로

[A] ┌ 각각 자기 자리에 앉는다
     └ 주저앉는다

**영화가 시작하기 전에 ~ 애
국가를 경청한다** 일상적 경
험을 바탕으로 권위적이고
획일적이던 당시의 사회 현
실을 나타냄.
을숙도 부산광역시 사하구에
있는 섬. 낙동강 하류의 철새
도래지로 널리 알려져 있다.
횡대 가로로 줄을 지어 늘어
선 대형(隊形).
하는데 애국가를 보며 생각
에 잠겼다가 다시 현실(애국
가의 끝 구절)로 돌아왔음을
나타냄.

1 위 시에 대한 설명으로 적절하지 <u>않은</u> 것은?

① 시간의 흐름에 따라 시상이 전개되고 있다.

② 유사한 시구를 반복하여 의미를 강조하고 있다.

③ 반어적 표현을 활용하여 주제를 뒷받침하고 있다.

④ 토속적 시어를 통해 향토적 정서를 전달하고 있다.

⑤ 대비되는 대상들을 활용하여 시적 상황을 제시하고 있다.

개념⁺ 토속적 시어

그 지방의 특유한 풍속을 담은 시어를 뜻하는 말로, 향토적 시어라고도 함. 주로 지역 방언(사투리)이 쓰인 경우를 가리키며, 시골의 정취가 느껴짐.

2 〈보기〉를 참고하여 위 시를 감상한 내용으로 적절하지 <u>않은</u> 것은?

〈보기〉

「새들도 세상을 뜨는구나」는 사소한 일상 속에서까지 개인의 행동이 통제당하고 조국애를 강요받던 1980년대 초반의 사회상을 잘 보여 준다. 군사 문화가 우리 사회 곳곳에 만연해 있던 분위기 속에서 시인은 자유에 대한 열망을 드러내는 동시에, 억압적 현실과 그에 무력하게 순응하는 소시민의 나약함을 드러내고 있다.

① '영화가 시작하기 전에' 관객 모두가 일어나서 애국가를 들어야 하는 상황을 통해 일상 속에서까지 조국애를 강요받던 당시의 사회상을 짐작할 수 있군.

② '일제히 일어나' 애국가를 들으라는 지시에 무력하게 순응하는 모습을 통해 소시민의 나약함을 드러내려 했다고 볼 수 있군.

③ 흰 새 떼들의 모습을 '일렬 이열 삼렬 횡대'라고 표현한 것에서 당시 우리 사회에 만연해 있던 군사 문화를 엿볼 수 있군.

④ '낄낄대면서 / 깔쭉대면서'에서 억압적 현실에 대한 냉소적 태도를 느낄 수 있군.

⑤ '이 세상 밖 어디론가 날아갔으면' 하고 생각하는 것은 자유란 결코 도달할 수 없는 허구에 불과하다는 비판적 인식의 표현이라고 할 수 있군.

3 [A]에 대한 설명으로 적절하지 <u>않은</u> 것은?

① '이륙'을 상상할 때 잠시 고양되었던 화자의 정서가 '앉는다'와 함께 침잠된다.

② '각각 자기 자리에 앉'을 수 있게 된 것은 억압적 상황이 종료되었음을 상징한다.

③ 애국가가 끝나고 '자기 자리에 앉'는 불 꺼진 영화관은 현실의 암담함과 조응된다.

④ '앉는다'에 이어서 '주저앉는다'로 시상을 마무리함으로써 화자의 좌절감이 강조된다.

⑤ '우리의 대열을 이루며' 날아가기를 바라던 것과 달리 '각각 자기 자리에 앉'는 모습에서 비판적 인식이 드러난다.

시의 구조

1 이 시의 흐름을 다음과 같이 정리할 때, 빈칸에 들어갈 내용을 써 보자.

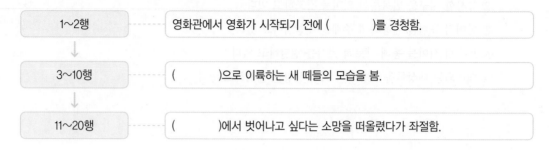

1~2행	-----	영화관에서 영화가 시작되기 전에 ( )를 경청함.
3~10행	-----	( )으로 이륙하는 새 떼들의 모습을 봄.
11~20행	-----	( )에서 벗어나고 싶다는 소망을 떠올렸다가 좌절함.

화자의 정서

2 다음 시구들을 통해 알 수 있는 화자의 정서 변화를 파악하여 빈칸에 들어갈 내용을 써 보자.

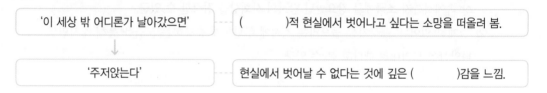

| '이 세상 밖 어디론가 날아갔으면' | ----- | (   )적 현실에서 벗어나고 싶다는 소망을 떠올려 봄. |
| '주저앉는다' | | 현실에서 벗어날 수 없다는 것에 깊은 (   )감을 느낌. |

시적 상황과 주제

3 이 시에서 다음의 상황 대비를 통해 전하고자 하는 바를 다음과 같이 정리할 때, 빈칸에 들어갈 내용을 써 보자.

스크린 속의 상황		영화관 안의 상황
( )이 이 세상 밖 어딘가를 향해 자유롭게 날아감.	↔	일제히 일어나 ( )를 강제로 경청함.

▼

| 전하고자 하는 바 | 개인의 (   )가 억압받는 암울한 현실에 대한 비판적 인식 |

일상화된 애국가와 국기에 대한 맹세

이 작품은 '영화가 시작하기 전에 우리는 / 일제히 일어나 애국가를 경청한다'라는 시구로 시작됩니다. 무슨 말인지 상상이 되시나요? 1970~1980년대, 우리나라에서는 극장에서 영화를 상영하기 전 '본 영화에 앞서 애국가를 상영하니 모두 기립해 달라.'라는 방송이 나오던 때가 있었습니다. 영화를 보러 극장을 찾은 관객들은 모두 일어나 부동자세로 태극기가 휘날리고 애국가가 울려 퍼지는 것을 지켜봐야 했지요.

이렇게 애국가가 나오면 부동자세를 취하는 일은 극장 밖에서도 이루어졌습니다. 계절에 따라 오후 5시나 6시, 국기 하강식 때 애국가가 흘러나오고 '국기에 대한 맹세'가 울려 퍼지면 누구나 가던 길을 멈추고 부동자세로 선 채 '몸과 마음을 바쳐 충성을 다할 것을 굳게 맹세'해야 했습니다. 극장에서든 거리에서든 국기에 대해 충성을 맹세하는 것이 애국의 기본이라는 이 강박은 1971년 3월부터 1989년 1월까지 계속되다, 1989년 1월 20일, 당시 문공부에 의해 폐지되었습니다.

1970~1980년대에 일상화되었던 이 의식은 국가를 앞세워 시민들을 무의식적으로 복종시키려 한 것으로 평가됩니다. 많은 것이 통제되고 조국애를 강요받던 암울하고 억압적이었던 시대, 이 작품은 이러한 시대적 배경을 반영한 작품으로 이해할 수 있습니다.

▲ 1970년대 후반 국기 하강식 때의 모습

이 시와 〈보기〉를 엮어 읽고, 화자의 상황과 대상의 속성이라는 측면에서 두 작품의 공통점을 파악하여 설명해 보자.

보기

나는 / 나는 / 죽어서
파랑새 되어

푸른 하늘 / 푸른 들
날아다니며

푸른 노래 / 푸른 울음
울어 예으리

나는 / 나는 / 죽어서
파랑새 되리

— 한하운, 「파랑새」

문제 풀이
작품 해제
어휘 퀴즈

나희덕(1966~)
시인이자 대학 교수이다. 대표 작품으로 「배추의 마음」, 「귀뚜라미」, 「땅끝」, 「방을 얻다」 등이 있다.

| 작품 개관 |
· **갈래**: 자유시, 서정시
· **성격**: 회상적, 사색적
· **제재**: 땅끝

┌─ 산 너머 고운 노을을 보려고
│   그네를 힘차게 차고 올라 발을 굴렀지
[A] 노을은 끝내 어둠에게 잡아먹혔지
│   나를 태우고 날아가던 그넷줄이
└─ 오랫동안 삐걱삐걱 떨고 있었어

어릴 때는 나비를 쫓듯
아름다움에 취해 땅끝을 찾아갔지
그건 아마도 끝이 아니었을지 몰라
그러나 살면서 몇 번은 땅끝에 서게도 되지
파도가 끊임없이 땅을 먹어 들어오는 막바지에서
이렇게 뒷걸음질 치면서 말야

살기 위해서는 이제
뒷걸음질만이 허락된 것이라고
파도가 아가리를 쳐들고 달려드는 곳
찾아 나선 것도 아니었지만
끝내 발 디디며 서 있는 땅의 끝,
그런데 이상하기도 하지
위태로움 속에 아름다움이 스며 있다는 것이
땅끝은 늘 젖어 있다는 것이
그걸 보려고
또 몇 번은 여기에 이르리라는 것이

◆ **산 너머 고운 노을** 화자가 어린 시절에 동경하던 삶의 가치를 상징함.
나를 태우고 ~ 떨고 있었어 꿈이 좌절된 후의 절망감과 좌절감을 구체적인 사물인 '그넷줄'에 투영하여 표현함.
뒷걸음질 삶의 고통과 시련에 쫓기는 모습을 의미함.
파도가 아가리를 쳐들고 달려드는 곳 바다가 보이는 땅끝의 모습을 화자가 처한 절박한 상황과 결부하여 표현함.
그걸 위태로움 속에 스며 있는 아름다움을.

1 위 시에 대한 설명으로 적절하지 <u>않은</u> 것은?

① 활유법을 통해 대상을 생동감 있게 형상화하고 있다.

② 특정 소재를 활용하여 계절적 배경을 환기하고 있다.

③ 어순이 도치된 문장으로 마무리하여 여운을 주고 있다.

④ 음성 상징어를 활용하여 대상의 모습을 묘사하고 있다.

⑤ 과거 회상과 고백적 어조를 통해 시상을 전개하고 있다.

개념⁺ **활유법**

생명이 없는 사물을 생명이 있는 것처럼 표현하는 방법으로, 표현의 생동감을 높이거나 서정적 정서를 높이기 위해 사용됨.

2 '땅끝'을 중심으로 하여 위 시의 흐름을 〈보기〉와 같이 정리한다고 할 때, @~ⓒ에 대한 설명으로 적절하지 <u>않은</u> 것은?

〈보기〉

@		ⓑ		ⓒ
어릴 때 찾아갔던 땅끝	→	살면서 몇 번은 서게 되는 땅끝	→	끝내 발 디디며 서 있는 땅끝

① 화자는 어릴 적 아름다움을 추구한 결과 도달했던 곳으로 @를 기억하고 있군.

② 화자는 살면서 맞닥뜨리는 절박한 한계 상황을 ⓑ로 표현하고 있군.

③ ⓑ는 화자에게 관계의 소중함을 재확인시켜 주는 기능을 하는군.

④ ⓒ에서 화자는 공간이 지닌 역설적 속성을 인식하게 되는군.

⑤ ⓒ에서의 깨달음을 통해 화자는 삶에 대해 긍정적인 태도를 갖게 되는군.

3 [A]에 대한 이해로 가장 적절한 것은?

① 아름다움에 대해 동경하던 삶의 자세를 반성하고 있다.

② 동경이 좌절됨으로써 두려움을 느꼈던 어린 시절에 대한 내용이다.

③ 어린 시절의 외로움이 현재의 성격 형성에 영향을 미쳤음을 환기한다.

④ 자신이 후대에 전달하려는 삶의 가치를 감각적 이미지로 제시하고 있다.

⑤ 어린 시절부터 자신의 노년기를 상상해 왔음을 상징적으로 표현하고 있다.

시의 내용

1 각 연의 주요 내용을 다음과 같이 정리할 때, 빈칸에 들어갈 내용을 써 보자.

1연	어린 시절의 꿈과, 그것의 ( )로 생긴 두려움
2연	• 어릴 때 아름다움을 좇아 땅끝에 이르렀던 경험 • 살면서 경험하게 되는 극한 시련에 대한 인식
3연	절망의 끝에서 발견한 삶의 ( )

시어의 의미와 기능

2 이 시에서 '땅끝'의 의미와 기능을 파악해 보자.

(1) '땅끝'의 이중성에서 떠올릴 수 있는 상징적 의미를 다음과 같이 정리할 때, 빈칸에 들어갈 내용을 써 보자.

땅끝 ─ 육지가 끝나는 곳 → (   )의 상징
　　 └ 바다가 (   )되는 곳 → 희망의 상징

(2) 화자의 경험과 관련하여 '땅끝'이 지니는 의미를 다음과 같이 정리할 때, 빈칸에 들어갈 내용을 써 보자.

공간		의미
'어릴 때'의 땅끝	···	( )에 취해 찾아갔던 곳
'살면서 몇 번은 서게' 되는 땅끝	···	살면서 ( ) 속에서 부딪히는 한계 상황
'끝내 발 디디며 서 있는' 땅끝	···	위태로움 속에 ( )이 스며 있음을 깨닫게 해 주는 공간

깊이 읽기

'땅끝'의 역설적 의미

　땅끝. 육지가 바다에 닿을 때 육지의 가장 끝을 뜻하는 말입니다. 우리나라에도 '땅끝'이라 불리는 곳이 있습니다. 전라남도 해남군에 위치한, 한반도의 최남단 마을 땅끝 마을로, 그 앞에는 넓은 바다가 펼쳐져 있습니다. 다른 나라에도 땅끝 마을이 있습니다. 유럽 서쪽 이베리아반도의 끝에 위치한 포르투갈의 까보다로까(Cabo da Roca)는 대서양과 맞닿은 땅끝 마을로 알려져 있습니다. 아르헨티나의 최남단, 남아메리카 대륙의 남쪽 가장 끝에 위치한 항구 도시 우수아이아(Ushuaia)는 '세상의 끝'이라고 불립니다.

　'땅끝'으로 불리는 이들 마을의 공통점은 그 뜻처럼 땅의 끝자락으로써, 한 걸음만 더 나아가면 바다라는 점입니다. 이 점에서 '땅끝'은 위태로운 곳이 됩니다. 이 작품에서도 '파도가 끊임없이 땅을 먹어 들어오는', '뒷걸음질만이 허락된'과 같은 시구를 찾아볼 수 있지요. 그런데 시인은 이 위태로운 곳에 아름다움이 스며 있음을 발견합니다. 그러면서 위태롭고 절망적인 공간이 희망을 품은 공간으로 바뀝니다. 그리고 보면 땅의 끝자락은 동시에 바다가 시작되는 지점입니다. 앞서 소개한 까보다로까에는 '이곳에서 땅이 끝나고 바다가 시작된다.'는 문구가 새겨져 있습니다. 땅끝은 이러한 공간입니다. 이에 시인은 '끝'인 '땅끝'에서, 희망이 되는 '시작'을 발견합니다. 즉, 이 작품은 절망 끝에서 희망을 발견할 수 있다는, 이러한 역설적인 인식을 '땅끝'이라는 소재를 통해 노래한 작품이라고 이해할 수 있습니다.

▲ 포르투갈의 까보다로까(Cabo da Roca)

사고력 키우기

이 시의 화자와 〈보기〉의 화자가 현실을 인식하는 태도가 어떤 점에서 유사한지 구체적인 시구를 근거로 들어 설명해 보자.

> 〈보기〉
>
> 길이 끝나는 곳에서도 / 길이 있다 / 길이 끝나는 곳에서도 / 길이 되는 사람이 있다
> 스스로 봄 길이 되어 / 끝없이 걸어가는 사람이 있다
> 강물은 흐르다가 멈추고 / 새들은 날아가 돌아오지 않고 / 하늘과 땅 사이의 모든 꽃잎은 흩어져도
> 보라 / 사랑이 끝난 곳에서도 / 사랑으로 남아 있는 사람이 있다
> 스스로 사랑이 되어 / 한없이 봄 길을 걸어가는 사람이 있다
>
> — 정호승, 「봄 길」

만흥 | 윤선도

문제 풀이
작품 해제
관련 영상
어휘 퀴즈

윤선도(1587~1671)
조선 중기의 문신이다. 대표
작품으로 「견회요」, 「어부사
시사」 등이 있다.

|작품 개관|
· 갈래: 연시조(전 6수)
· 성격: 자연 친화적, 탈속적
· 제재: 자연을 벗하는 생활

◆

띳집 초가집. 소박한 생활을
의미함.
향암 시골에서 지내 온갖 사
리에 어두운 사람. 소박하게
살고자 하는 화자 자신을 낮
춘 겸손함의 표현임.
그 밖의 여남은 일 속세에서
의 부귀영화를 뜻함.
**말씀도 웃음도 아녀도 못내
좋아하노라** 말도 웃음도 없는
산을 바라보기만 해도 좋다는
것에서 자연과 더불어 하나된
즐거움을 엿볼 수 있음.
삼공 의정부에서 국가 주요
정책을 결정하는 일을 맡아
보던 세 벼슬. 영의정, 좌의
정, 우의정을 이른다.
만승 만 개의 수레라는 뜻으
로, 천자 또는 천자의 자리를
이르는 말.
소부 허유 부귀영화를 마다
하는 사람을 비유적으로 이
르는 말.
임천한흥 자연 속에서 즐기
는 한가로운 흥취.

산수(山水) 간 **바위 아래 띳집**을 짓노라 하니
그 모르는 남들은 웃는다 한다마는
어리석고 향암(鄕闇)의 뜻에는 내 분(分)인가 하노라.　　　　〈제1수〉

보리밥 풋나물을 알맞게 먹은 후에
바위 끝 물가에 실컷 노니노라.
㉠**그 밖의 여남은 일**이야 부러워할 줄이 있으랴.　　　　〈제2수〉

잔 들고 혼자 앉아 **먼 산**을 바라보니
그립던 임이 온들 반가움이 이러하랴.
말씀도 웃음도 아녀도 못내 좋아하노라.　　　　〈제3수〉

누가 삼공(三公)보다 낫다 하더니 **만승(萬乘)의 지위가 이만하랴.**
이제야 생각하니 소부(巢父) 허유(許由)가 약았더라.
아마도 임천한흥(林泉閑興)을 **비길 곳이 없구나.**　　　　〈제4수〉

내 성격이 게으르더니 하늘이 아시어
인간(人間) 만사(萬事)를 하나도 아니 맡겨
다만 다툴 이 없는 강산(江山)을 지키라 하시도다.　　　　〈제5수〉

㉡강산(江山)이 좋다 한들 내 분(分)으로 누웠느냐.
임금 은혜(恩惠)를 이제 더욱 아옵니다.
아무리 갚고자 하여도 할 일이 없구나.　　　　〈제6수〉

1 〈보기〉를 참고하여 위 시를 감상한 내용으로 적절하지 **않은** 것은?

> 〈보기〉
>
> 「만흥」은 유배 후 자신의 고향인 해남에 은거하던 윤선도가 아름다운 자연을 접하며 느낀 감탄과 그 속에서 유유자적하며 지내는 삶의 흥취를 드러낸 연시조이다. 이 작품에는 화가가 살고 있는 공간과 세속적 가치가 지배하는 공간 간의 대립적 구도가 드러나는데, 화가는 자기 자신을 낮추어 겸손하게 표현하면서도 자신의 현재 삶에 대해서는 확고한 자부심을 드러낸다.

① 〈제1수〉의 '바위 아래 띳집'과 〈제2수〉의 '바위 끝 물가'에서 공간 간의 대립을 파악할 수 있군.

② 〈제1수〉의 '어리석고 향암', 〈제5수〉의 '내 성격이 게으르더니'에서 자신을 겸손하게 표현한 것을 확인할 수 있군.

③ 〈제2수〉의 '그 밖의 여남은 일', 〈제5수〉의 '인간 만사'는 세속적 가치와 관련이 있는 것들이로군.

④ 〈제3수〉에서 '그립던 임'보다 '먼 산'을 반가워하는 모습에서 자연에서 유유자적하며 지내는 흥취를 엿볼 수 있군.

⑤ 〈제4수〉의 '만승의 지위가 이만하랴'와 '비길 곳이 없구나'에서 현재 삶에 대한 자부심을 엿볼 수 있군.

2 ㉠과 ㉡의 표현상 공통점으로 가장 적절한 것은?

① 연쇄법을 활용하여 리듬감을 형성하고 있다.

② 색채 이미지를 활용하여 대상을 생동감 있게 묘사하고 있다.

③ 역설적 표현을 통해 모순된 상황을 압축적으로 제시하고 있다.

④ 반어적 표현을 통해 대상에 대한 비판적 태도를 드러내고 있다.

⑤ 설의적 표현을 통해 말하고자 하는 바를 효과적으로 강조하고 있다.

속담·한자 성어 익히기

• **안분지족** 편안한 마음으로 제 분수를 지키며 만족할 줄을 앎.

• **외유내강** 겉으로는 부드럽고 순하게 보이나 속은 곧고 굳셈.

• **입신양명** 출세하여 이름을 세상에 떨침.

• **전전긍긍** 몹시 두려워서 벌벌 떨며 조심함.

• **부화뇌동** 줏대 없이 남의 의견에 따라 움직임.

3 위 시에 드러나 있는 삶의 모습을 나타내는 한자 성어로 적절한 것은?

① 안분지족(安分知足)

② 외유내강(外柔內剛)

③ 입신양명(立身揚名)

④ 전전긍긍(戰戰兢兢)

⑤ 부화뇌동(附和雷同)

시의 내용

1 이 시의 중심 내용을 다음과 같이 정리할 때, 빈칸에 들어갈 내용을 써 보자.

제1수	남들의 시선에 아랑곳하지 않고 자신의 ( )를 지키며 자연 속에서 살아감.
제2수	자연 속에서 ( )한 생활을 하며 세속의 일에 관심을 갖지 않은 채 살아감.
제3수	자연을 가까이 마주하며 만족감을 느낌.
제4수	세속적인 부귀공명보다 자연에 묻혀 사는 즐거움이 더 큼을 확신함.
제5수	속세에서의 책무가 아니라 다툴 상대가 없는 ( )을 지키는 책무를 맡았다고 생각함.
제6수	자연에서 살게 해 준 ( )의 은혜에 감사함.

시의 구도

2 이 시의 바탕을 이루는 구도를 다음과 같이 정리할 때, 빈칸에 들어갈 시어나 시구를 써 보자.

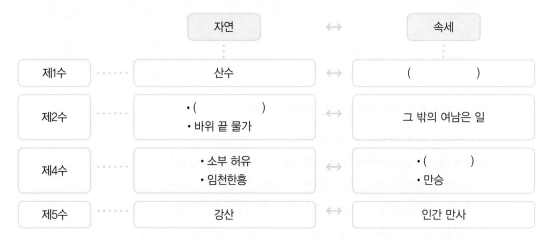

	자연	↔	속세
제1수	산수	↔	( )
제2수	• ( ) • 바위 끝 물가	↔	그 밖의 여남은 일
제4수	• 소부 허유 • 임천한흥	↔	• ( ) • 만승
제5수	강산	↔	인간 만사

화자의 정서

3 다음 시구에서 공통적으로 드러나는 화자의 정서를 파악하여 빈칸에 들어갈 내용을 써 보자.

• 그 밖의 여남은 일이야 부러워할 줄이 있으랴.
• 그립던 임이 온들 반가움이 이러하랴.
• 아마도 임천한흥을 비길 곳이 없구나.

▶ 자연에 묻혀 사는 삶에 대한
( )감과 ( )심

깊이 읽기

강호가도(江湖歌道)

옛 시조를 보면 자연을 예찬하거나 자연에 귀의하여 지내는 태도를 다룬 작품을 많이 발견할 수 있습니다. 그런데 이러한 작품의 창작자는 대체로 양반 사대부입니다. 사회적 지위가 높았던 이들이 왜 자연을 노래하게 된 것일까요?

조선 시대의 사대부들은 당쟁에 휩쓸려 한순간에 권력에서 밀려나거나 자기 몸을 보전하기 어려운 경우가 많았습니다. 이에 세상이 어지러우면 벼슬길에서 물러난 이들이 많았지요. 세상의 거친 풍파에 마음을 다친 이들은 세상 일을 잊고자 자연에 몸을 맡겼습니다. 이 작품을 지은 윤선도도 치열한 당쟁 탓에 유배를 가고, 이후 낙향하여 은거하며 지내는 일이 많았습니다. 이 작품도 병자호란 때 피난하던 인조의 수레를 호위하지 않았다는 까닭으로 유배되었다가 풀려난 뒤 고향에서 은거 생활을 하던 중 지은 작품으로 알려져 있습니다.

이처럼 자연을 예찬하고 그 속에 묻혀 사는 즐거움을 노래한 문학 경향을 강호가도(江湖歌道)라고 합니다. 강호가도 작품들은 자연에 대한 조선 사대부들의 인식과 삶의 태도, 가치관을 보여 준다고 이해할 수 있습니다. 그런데 이 강호가도에는 눈여겨볼 특징이 하나 있습니다. 자연을 노래하면서도 임금의 은혜에 감사하며 충의를 드러내는 작품이 많다는 것입니다. 이 작품의 제6수에도 이러한 내용이 담겨 있지요. 현실에서 물러나 자연에 귀의하여 살면서도 임금에 대한 은혜를 노래했던 것이지요.

▲ 자연과 어우러져 있는 해남 윤선도의 고택

사고력 키우기

이 작품의 화자와 〈보기〉의 화자에게서 발견할 수 있는 태도상의 공통점 두 가지를 구체적인 시구를 근거로 들어 설명해 보자.

> **보기**
>
> 강호(江湖)에 봄이 드니 미친 흥(興)이 절로 난다
> 탁료계변(濁醪溪邊)에 금린어(錦鱗魚)ㅣ 안주로다
> 이 몸이 한가(閒暇)하옴도 역군은(亦君恩)이샷다
>
> 강호에 봄이 찾아오니 깊은 흥이 절로 일어난다.
> 막걸리를 마시며 노는 시냇가에 싱싱한 물고기가 안주로다.
> 이 몸이 이렇게 한가한 것도 역시 임금의 은덕이시도다.
>
> – 맹사성, 「강호사시가」 중 〈춘사〉

III

수필·극

◙ 수필의 개념과 특성

글쓴이가 일상에서 체험하거나 느낀 바를 내용이나 형식에 제한을 받지 않고 자유롭게 표현한 글

- 자기 고백적인 글
- 제재가 다양한 글
- 비전문적인 글
- 자유로운 형식의 글
- 글쓴이의 개성이 잘 드러나는 글
- 다른 산문 양식에 비해 대체로 짧은 글

◙ 수필의 갈래

내용에 따라	경수필	일상에서 경험한 일에 대한 생각과 느낌을 쓴 수필
	중수필	사회적·학문적·철학적 문제에 대한 생각을 논리적으로 쓴 수필
진술 방식에 따라	교훈적 수필	글쓴이의 체험이나 깊은 사색에서 얻은 지혜를 바탕으로 교훈을 주는 내용을 담은 수필
	희곡적 수필	글쓴이가 체험한 사건이 극적인 요소를 지니고 있어 내용 전개가 희곡적인 수필
	서정적 수필	글쓴이가 일상생활이나 자연에서 느낀 정서적 체험을 솔직하게 표현한 수필
	서사적 수필	글쓴이 자신이나 다른 사람의 이야기를 전하는 형식으로, 대체로 글쓴이의 주관을 개입하지 않고 객관적으로 서술한 수필

'희곡적 수필'은 현재형 시제를 사용하여 행동을 묘사하거나 대화를 중심으로 내용을 전개하는 등 극적 방법을 구사하는 경우가 많다.

◙ 희곡의 개념과 특성

무대 상연을 전제로 하여 쓴 연극의 대본

- 무대 상연을 전제로 하기 때문에 시간적·공간적 제약, 등장인물 수의 제약을 받음.
- 무대 위 등장인물의 대사와 행동을 통해 이야기가 진행됨.
- 인물의 성격과 의지가 만들어 내는 극적 대립과 갈등을 다룸.
- 모든 사건을 무대 위 배우의 행동을 통해 지금 일어나는 사건으로 현재화하여 표현함.

바로 확인 ✓

01 수필에 대한 설명으로 알맞지 <u>않은</u> 것은?

① 글쓴이가 일상에서 체험하거나 느낀 바를 바탕으로 쓴다.
② 사회적 문제는 다루지 않고 개인적 체험만을 다룬다.
③ 내용에 따라 경수필과 중수필로 분류할 수 있다.
④ 내용 전개가 극적인 성격을 지닌 수필도 있다.
⑤ 글쓴이의 개성이 비교적 잘 드러난다.

02 다음은 희곡의 개념과 특성에 대해 정리한 것이다. 빈칸에 들어갈 내용을 순서대로 쓰시오.

> 희곡은 무대 상연을 전제로 하는 (　　　)의 대본으로, 무대 위 등장인물의 대사와 행동을 통해 이야기가 진행된다. 그런데 무대는 무한정으로 늘어나거나 할 수 없는 공간이다. 이러한 한계 때문에 희곡은 소설과 달리 등장인물 수에 (　　　)을 받는다.

희곡의 형식 요소

해설	희곡의 첫머리에서 등장인물, 무대 장치, 배경 등을 설명하는 말
	예 무대: 번화한 상가에 자리 잡은 최 노인의 낡은 기와집. 정면에 유리문이 달리고 마루를 사이에 두고 방이 둘 있고 좌편으로 기역형으로 굽어서 부엌과 장독대 유리문 저쪽은 가게. 우편으로 대문을 끼고 헛간과 방 하나의 판채가 서너 평이 못 넘는 좁은 뜨락을 에워싸고 웅크리고 앉았다. – 차범석, 「불모지」
	▶ 무대의 구성과 배경을 설명함.
대사	등장인물들이 하는 말 • 대화: 등장인물들 사이에 주고받는 말 • 독백: 등장인물이 상대 없이 혼자 하는 말 • 방백: 관객에게는 들리지만, 무대 위의 상대방에게는 들리지 않는 것으로 약속하고 하는 말
	예 남자, 관객석을 투덕투덕 걸어 다니다가 넥타이를 맨 남성 관객 앞에 앉는다. 남자: 물론 그래요. 저 인정사정도 없는 하인이 날더러 잘해 보라고 그런 말 한마디 하진 않았어요. 하지만 말입니다, 나도 그래요. 기축을 필요야 없는 겁니다. 〈중략〉 자아, 그럼 당신은 시간을 재고, 난 이만. – 이강백, 「결혼」
	▶ '남자'는 관객에게 대사를 하고 있는데, 이는 무대 위의 배우들에게는 들리지 않는 '방백'임.
지시문	무대 장치 및 효과, 인물의 행동 및 표정, 말투 등을 지시하는 말 • 무대 지시문: 무대의 장치, 음향, 조명, 배경 등을 지시하는 말 • 행동 지시문: 등장인물의 동작, 표정, 말투, 심리 등을 지시하는 말

희곡의 구성 단계

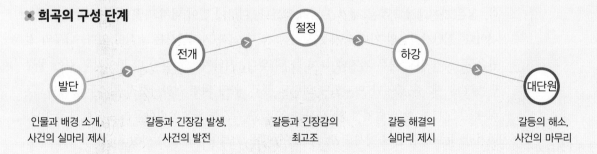

발단	전개	절정	하강	대단원
인물과 배경 소개, 사건의 실마리 제시	갈등과 긴장감 발생, 사건의 발전	갈등과 긴장감의 최고조	갈등 해결의 실마리 제시	갈등의 해소, 사건의 마무리

■ 정답과 해설 27쪽

03 다음에서 찾아볼 수 <u>없는</u> 희곡의 형식 요소를 <u>모두</u> 고르시오. (정답 2개)

> 촌장: 얘, 나 좀 보자. (한갓진 곳으로 데리고 가서) 너한테는 안됐다만, 넌 이곳에서 일생을 지내야 한다.
> 다: ……네?
> 촌장: 마을엔 오지 말아라.
>
> (바람 부는 소리가 거칠게 들려온다.)
> – 이강백, 「파수꾼」

① 등장인물 사이에 주고받는 대화
② 등장인물이 상대 없이 혼자 하는 독백
③ 무대의 장치, 음향, 조명 등을 지시하는 무대 지시문
④ 인물의 동작, 표정, 말투 등을 지시하는 행동 지시문
⑤ 관객에게는 들리지만, 무대 위 상대방에게는 들리지 않는 방백

봄 | 윤오영

문제 풀이
작품 해제
어휘 퀴즈

윤오영(1907~1976)
해방 이후 활동한 수필가이
다. 「양잠설」, 「방망이 깎던
노인」, 「달밤」 등의 수필을 저
술하였다.

|작품 개관|
·갈래: 경수필
·성격: 사색적, 회고적
·제재: 봄

나무는 해를 거듭하면 연륜˚이 하나씩 늘어간다. 그 연륜을 보면 지나간 봄과 가을이 하나도 빠지지 않고 둘레에 남아 금을 긋고 있다. 가을과 봄은 가도 그들이 찍어 놓고 간 자취는 가시지 않고 기록되어 있다. 사람도 흰 터럭˚이 하나하나 늘어감에 따라 지나간 봄과 가을이 터럭에 쌓이고 쌓여 느낌이 커 간다.

㉠꽃을 보고 반기는 소녀의 봄은 꽃뿐이지만, 꽃을 캐는 소녀를 아울러 봄으로 느끼는 봄은 꽃과 소녀들이다. 사랑을 노래하는 청춘의 봄은 화려하고 찬란한 봄이지만, 그것을 바라보고 느끼는 봄은 인생의 끝없는 봄이다. 누가 봄을 젊은이의 것이요, 늙은이의 것이 아니라 하던가. 젊은이의 봄은 기쁨으로 차 있는 홑겹의 봄이지만 늙은이의 봄은 기쁨과 슬픔을 아울러 지닌 겹겹의 봄이다. 과거란 귀중한 재산, 과거라는 재산이 ⓐ호수에 가득 찬 물결같이 고이고 고여서 오늘을 이루고 있는 것, 물 위에 호수가 따로 없듯이 과거를 떠나서 오늘이 따로 없는 것. 그러므로 물이 많을수록 호수가 아름답고 과거가 길수록 오늘이 큰 것이다.

㉡늙어서 봄을 맞으며 봄을 앞으로 많이 못 볼까 슬퍼할 필요는 없다. 그동안 많이 가져 본 봄이 또 하나 느는 것을 대견하게 생각할 일이다. 산에 오르거나 먼 길을 걸을 때, 십 리고 이십 리고 가서 뒤를 돌아다보고는 내가 저기를 걸어왔구나 하며, 흐뭇하고 자랑스러운 때도 있다. 그리고 ㉢돌아다보는 경치가 걸어올 때보다 놀랍게 아름다움을 발견하는 때도 있다. 다만 지나온 추억을 더듬어 한 개의 ⓑ진주를 발견하지 못하고 거친 모래알만 쥐어질 때, 그것이 슬프다. 보잘것없는 내 과거가 항상 오늘을 슬프게 할 뿐이다.

뜰 앞에 한 그루 밀감나무가 서 있다. ⓒ동쪽 가지 끝에 파릇파릇 싹이 움 돋기 시작한다. 굵은 가지에서도 푸른 생기가 넘쳐 흐른다. 미구˚에 잎이 퍼지고 꽃이 피고 열매가 맺힐 것이다. 집안사람들의 기대가 사뭇 크다. 그러나 서쪽 가지에서는 소식이 없다. 나무의 절반은 죽은 가지다. 죽은 가지에 봄이 올 리 없다. 지난겨울에 잎이 다 떨어지고 검은 등걸만 남았을 때, 혹 죽지나 아니했나 염려도 했고, 봄이 되면 살아나겠지 믿기도 했었다. 그러나 같은 나무 한 등걸에서 한 가지는 살고 한 가지는 죽었으리라고는 생각하지 못했다. 하지만, 눈보라 추운 속에서도 한 가지는 생명을 기르며 겨울을 살아왔고, 한 가지는 그 속에서 자기를 살리지 못했던 것이다. 저 동쪽 가지의 씩씩하고 발랄한 생의 의지. 지난겨울 석 달 동안, 마음속으로의 안타까운 저항. 그리고 남모르는 분투˚와 인내! 이에 대한 무한한 경의˚와 찬사를 보내고 싶다. 봄이 가면 봄이 없다고 슬퍼함은 일 년을 사는 ⓓ곤충의 슬픔이다. ㉣교목˚은 봄이 열 번 가면 열 개의 봄을, 가을이 백 번 가면 백 개의 가을을 지닌다.

생활에 따라서는 인류 역사 억만 년의 봄이 다 내 몸에 간직된 봄이요, 생각에 따라서는 잊지 못할 뚜렷한 봄이란 또 몇 날이 못 될 것이다. 그러므로 ㉤오래 세상에 머물러 봄을 여러 번 보는 것이 귀한 게 아니라, 봄을 봄답게 느끼고 지나온 모든 봄을 회상하며 과거를 잊지 않고 되새기는 것도 우리의 생활을 풍부하게 해 줄지언정 섭섭할 것은 없다.

◆
연륜 나무의 줄기나 가지 따위를 가로로 자른 면에 나타나는 둥근 테. 나이테.
터럭 사람이나 길짐승의 몸에 난 길고 굵은 털.
미구 얼마 오래지 아니함.
분투 있는 힘을 다하여 싸우거나 노력함.
경의 존경하는 뜻.
교목 줄기가 곧고 굵으며 높이가 8미터를 넘는 나무.
태만 열심히 하려는 마음이 없고 게으름.

　　다만 봄은 나를 잊지 않고 몇 번이라도 찾아 와 세월을 깨우쳐 주었건만, 둔감과 태만이 그를 저버린 채 헛되게 늙은 것이 아쉽고 한스러워 다시 찾아 주는 봄에 죄의식조차 느낀다. 그러나 이제 발버둥쳐 봐도 미칠 수 없는 일, 고요히 뜰 앞을 거닐며 지나간 봄의 가지가지 추억과 회상에 남겨보는 것이다. 오늘 따라 주위는 말할 수 없이 고요하고 따스한 ⓔ햇볕이 백금처럼 빛나고 있다.

---

1 윗글에 대한 설명으로 적절하지 <u>않은</u> 것은?

① 봄에 대한 기존의 통념에 의문을 제기하면서 주제와 연결하고 있다.
② 첫 부분에서 봄에 관한 명언을 인용하여 독자의 주의를 환기하고 있다.
③ 비유적 표현을 통해 과거라는 시간의 가치를 긍정적으로 평가하고 있다.
④ 늙은이의 봄이 지닌 가치를 젊은이의 봄과 대조함으로써 부각하고 있다.
⑤ 나무의 나이테에서 사람의 흰 터럭이 지닌 속성을 유추하여 제시하고 있다.

---

2 문맥을 고려할 때 ㉠~㉤에 대한 이해로 적절하지 <u>않은</u> 것은?

① ㉠은 나이가 들어서 더 넓어진 관점으로 봄을 대하게 되는 것을 뜻한다.
② ㉡은 늙었다는 사실 때문에 불필요한 애상감에 빠져서는 안 된다는 말이다.
③ ㉢은 지난날에 대한 회고의 결과로, 몰랐던 가치를 깨닫게 되는 때가 있음을 뜻한다.
④ ㉣은 존재에 따라서는 봄보다 가을이 더 소중할 수도 있음을 인정해야 한다는 뜻이다.
⑤ ㉤은 추억을 곱씹으며 봄을 즐기는 바람직한 노년의 태도를 제시한 것이다.

---

3 ⓐ~ⓔ 중 〈보기〉의 밑줄 친 부분에 해당하는 소재로 가장 적절한 것은?

> ──〈보기〉──
> 　　글쓴이는 우리가 어떤 태도를 갖는가에 따라 인생에서 봄의 의미가 달라질 수 있음을 전달하고 있다. 이를 위해 글쓴이는 <u>생의 의지를 상징적으로 보여 주는 자연물</u>을 주변에서 발견하여 예찬의 대상으로 삼고 있다.

① ⓐ　　　② ⓑ　　　③ ⓒ　　　④ ⓓ　　　⑤ ⓔ

1 이 수필의 내용을 다음과 같이 정리할 때, 빈칸에 들어갈 내용을 써 보자.

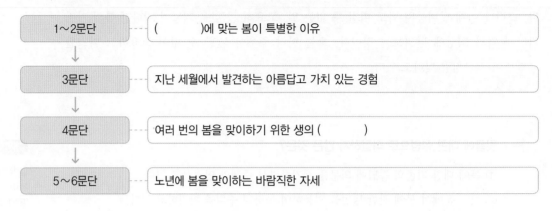

1~2문단	( )에 맞는 봄이 특별한 이유
3문단	지난 세월에서 발견하는 아름답고 가치 있는 경험
4문단	여러 번의 봄을 맞이하기 위한 생의 ( )
5~6문단	노년에 봄을 맞이하는 바람직한 자세

2 '젊은이의 봄'과 '늙은이의 봄'에 대한 글쓴이의 개성적 관점을 파악하여 빈칸에 들어갈 내용을 써 보자.

젊은이의 봄		늙은이의 봄
( )으로 차 있는 홑겹의 봄	↔	기쁨과 ( )을 아울러 지닌 겹겹의 봄

글쓴이의 관점	( )에 맞이하는 봄이 더 아름다울 수 있다.

3 다음에 제시된 부분들을 찾아 읽고, 글쓴이가 사용한 표현 방법과 그 효과를 파악하여 빈칸에 들어갈 내용을 써 보자.

· '나무는 해를 거듭하면 연륜이 하나씩 늘어간다. ~ 지난간 봄과 가을이 터럭에 쌓이고 쌓여 느낌이 커 간다.'	나무에 생기는 나이테로부터 사람에게 생기는 흰 터럭의 속성을 ( )하여 노년에 봄을 맞이한다는 것의 의미를 드러냄.
· '젊은이의 봄은 ~ 아울러 지닌 겹겹의 봄이다.' · '과거란 귀중한 재산, ~ 과거가 길수록 오늘이 큰 것이다.'	젊은이의 봄과 노년의 봄을 ( )하고 있으며, 과거를 귀중한 ( ), 호수에 가득 찬 ( ) 등에 비유하여 노년의 봄이 지닌 가치를 부각함.

윤오영 수필의 특징

　윤오영은 우리 근·현대 수필계에 큰 영향을 미친 인물로, 한국적 정서를 바탕으로 한 아름다운 수필을 많이 쓴 작가입니다. 특히 수필 창작뿐만 아니라 수필 문학의 개념을 정립하는 데도 힘썼지요.

　윤오영의 수필에서 가장 높이 평가받는 부분은 서정성과 간결하고 절제된 문체입니다. 특히 만연체, 화려체의 글이 득세하던 한국 현대 수필계 초기, 함축과 여운이 담긴 간결한 문체로 품격 있는 글을 쓴 점이 높이 평가됩니다. 이 작품도 짧고 간결한 문장 속에 함축적 의미를 담고 있어 여운을 느낄 수 있지요. 이러한 특징은 윤오영이 쓴 「쓰고 싶고 읽고 싶은 글」에서 제시한 견해에 부합합니다. 그는 정화된 감정과 깊이 있는 사유를 간결한 문장으로 써서 구체적으로 형상화하고, 함축과 여운을 담아야 한다고 제시한 바 있습니다.

　윤오영은 수필의 본질이 '정서적'인 데 있다며 잡문과 근본적으로 다르다고 보았습니다. 다시 말해, 윤오영에게 있어 수필이란 시적 발상을 산문적으로 형상화한 문학인 셈입니다. 이러한 그의 견해는 우리에게 생각할 거리를 던져 줍니다. 우리는 흔히 수필을 '무형식의 글', '붓 가는 대로 쓰는 글', '위트와 유머가 있는 글', '경험과 생각, 느낌을 솔직하게 드러낸 글'로 이해합니다. 이러한 이해가 수필 문학을 설명하는 데 충분한 것일까요? 문학의 주요한 한 갈래로서 수필을 어떻게 이해해야 할지, 한번 고민해 볼 지점입니다.

이 글의 글쓴이가 제시한 것 이외에 우리 삶에서 나이가 듦에 따라 더 나아지는 것에는 어떤 것이 있을지 생각해 보자.

무소유 | 법정

문제 풀이
작품 해제
관련 영상
어휘 퀴즈

법정(1932~2010)
불교 승려이다. 무소유의 정신으로 유명하며 산문집 『무소유』, 『새들이 떠나간 숲은 적막하다』 등을 저술하였다.

| **작품 개관** |
· **갈래**: 경수필
· **성격**: 체험적, 교훈적, 사색적
· **제재**: 소유와 무소유

⊙ "나는 가난한 탁발승이오. 내가 가진 거라고는 물레와 교도소에서 쓰던 밥그릇과 염소 젖 한 깡통, 허름한 담요 여섯 장, 수건, 그리고 대단치도 않은 평판, 이것뿐이오."

마하트마 간디가 1931년 9월 런던에서 열린 제2차 원탁회의(圓卓會議)에 참석하기 위해 가던 도중 마르세유 세관원에게 소지품을 펼쳐 보이면서 한 말이다. K. 크라팔라니가 엮은 『간디 어록』을 읽다가 이 구절을 보고 나는 몹시 부끄러웠다. 내가 가진 것이 너무 많다고 생각되었기 때문이다. 적어도 지금의 내 분수로는 그렇다.

사실, 이 세상에 처음 태어날 때 나는 아무것도 갖고 오지 않았었다. 살 만큼 살다가 이 지상의 적(籍)에서 사라져 갈 때에도 빈손으로 갈 것이다. 그런데 살다 보니 이것저것 내 몫이 생기게 되었다. 물론 일상에 소용되는 물건들이라고 할 수도 있다. 그러나 없어서는 안 될 정도로 꼭 긴요한 것들만일까? 살펴볼수록 없어도 좋을 만한 것들이 적지 않다.

우리들이 필요에 의해서 물건을 갖게 되지만, 때로는 그 물건 때문에 적잖이 마음이 쓰이게 된다. 그러니까 무엇인가를 갖는다는 것은 다른 한편 무엇인가에 얽매인다는 뜻이다. 필요에 따라 가졌던 것이 도리어 우리를 부자유하게 얽어맨다고 할 때 주객이 전도되어 우리는 가짐을 당하게 된다. 그러므로 많이 갖고 있다는 것은 흔히 자랑거리로 되어 있지만, 그만큼 많이 얽혀 있다는 측면도 동시에 지니고 있다.

나는 지난해 여름까지 이름 있는 난초 두 분(盆)을 정성스레, 정말 정성을 다해 길렀었다. 3년 전 거처를 지금의 다래헌(茶來軒)으로 옮겨 왔을 때 어떤 스님이 우리 방으로 보내 준 것이다. 혼자 사는 거처라 살아 있는 생물이라고는 나하고 그 애들뿐이었다. 그 애들을 위해 관계 서적을 구해다 읽었고, 그 애들의 건강을 위해 하이포넥스인가 하는 비료를 구해 오기도 했었다. 여름철이면 서늘한 그늘을 찾아 자리를 옮겨 주어야 했고, 겨울에는 그 애들을 위해 실내 온도를 높이곤 했다.

이런 정성을 일찍이 부모에게 바쳤더라면 아마 효자 소리를 듣고도 남았을 것이다. 이렇듯 애지중지 가꾼 보람으로 이른 봄이면 은은한 향기와 함께 연둣빛 꽃을 피워 나를 설레게 했고, 잎은 초승달처럼 항시 청청했었다. 우리 다래헌을 찾아온 사람마다 싱싱한 난초를 보고 한결같이 좋아라 했다.

지난해 여름 장마가 갠 어느 날 봉선사로 운허 노사(耘虛老師)를 뵈러 간 일이 있었다. 한낮이 되자 장마에 갇혔던 햇볕이 눈부시게 쏟아져 내리고 앞 개울물 소리에 어울려 숲속에서는 매미들이 있는 대로 목청을 돋우었다.

아차! 이때에야 문득 생각이 난 것이다. 난초를 뜰에 내놓은 채 온 것이다. 모처럼 보인 찬란한 햇볕이 돌연 원망스러워졌다. 뜨거운 햇볕에 늘어져 있을 난초 잎이 눈에 아른거려 더 지체할 수가 없었다. 허둥지둥 그길로 돌아왔다. 아니나 다를까, 잎은 축 늘어져 있었다. 안타까워하며 샘물을 길어다 축여 주고 했더니 겨우 고개를 들었다. 하지만 어딘지 생생한 기운이 빠져나간 것 같았다.

◆
탁발승 경문(經文)을 외면서 집집마다 다니며 동냥하는 승려.
세관원 공항·항구·국경 지대에서, 여행하는 사람들의 소지품이나 수출입 화물에 대하여 검사·허가·관세 사무를 맡아보는 공무원.
적 병적, 당적, 학적 따위의 문서.
긴요하다 꼭 필요하고 중요하다.
주객이 전도되다 주인과 손의 위치가 서로 뒤바뀐다는 뜻으로, 사물의 경중·선후·완급 따위가 서로 뒤바뀜을 이르는 말.
분 흙을 담아 화초나 나무를 심는 그릇.

1 글쓴이가 ㉠을 인용한 이유로 가장 적절한 것은?

① 자신이 가장 존경하는 인물이 간디라는 것을 분명히 드러내기 위해

② 자신이 소유하고 싶은 물건들이 무엇인지 구체적으로 제시하기 위해

③ 간디처럼 자신도 민족의 운명에 대한 고민을 하고 있음을 부각하기 위해

④ 간디가 자신과 마찬가지로 불교적 교리를 중시했다는 점을 강조하기 위해

⑤ 현재 자신이 소유한 물건이 필요에 비해 너무 많다는 반성을 이끌어 내기 위해

2 이 글의 글쓴이(A)와 〈보기〉의 남자(B)가 가진 생각을 비교한 내용으로 적절하지 <u>않은</u> 것은?

〈보기〉

남자 내 것이라곤 없습니다.

여자 (충격을 받는다.)

남자 모두 빌린 것들뿐이었지요. 저기 두둥실 떠 있는 달님도, 저 은빛의 구름도, 이 하늬바람도, 그리고 어쩌면 여기 있는 나마저도, 또 당신마저도…… (미소를 짓고) 잠시 빌린 겁니다.

여자 잠시 빌렸다고요?

남자 네, 그렇습니다.

〈중략〉

여자 (악의적인 느낌이 없이) 당신은 사기꾼이에요.

남자 그래요, 난 사기꾼입니다. 이 세상 것을 잠시 빌렸죠. 그리고 시간이 되니까 하나 둘씩 되돌려 줘야 했습니다. 이제 난 본색이 드러나 이렇게 빈털터리입니다. 그러나 덤, 여기 있는 사람들에게 물어봐요. 누구 하나 자신 있게 이건 내 것이다, 말할 수 있는가를. 아무도 없을 겁니다. 없다니까요. 모두들 덤으로 빌렸지요. 언제까지나 영원한 것이 아닌, 잠시 빌려 가진 거예요. (누구든 관객석의 사람을 붙들고 그가 가지고 있는 물건을 가리키며) 이게 당신 겁니까? 정해진 시간이 얼마지요? 잘 아꼈다가 그 시간이 되면 꼭 돌려주십시오. 덤, 이젠 알겠어요?

– 이강백, 「결혼」

① A와 달리 B는 누구에게든 진정한 소유물은 아무것도 없다고 여기고 있다.

② A와 달리 B는 소유의 주체로 여겨지는 자신마저도 빌린 것일 수 있다고 생각하고 있다.

③ B와 달리 A는 우리가 소유한 것을 다른 이들과 나눌 수 있는 여유를 중시하고 있다.

④ B와 달리 A는 소유로 인해 구속의 상황이 초래된다고 생각하고 있다.

⑤ A와 B는 모두 소유가 일시적인 성격을 지닌 행위라고 보고 있다.

나는 이때 온몸으로, 그리고 마음속으로 절절히 느끼게 되었다. 집착이 괴로움인 것을. 그렇다. 나는 난초에게 너무 집념해 버린 것이다. 이 집착에서 벗어나야겠다고 결심했다. 난을 가꾸면서는 산철─승가(僧家)의 유행기(遊行期)─에도 나그네 길을 떠나지 못한 채 꼼짝을 못했다. 밖에 볼일이 있어 잠시 방을 비울 때면 환기가 되도록 들창문을 조금 열어 놓아야 했고, 분(盆)을 내놓은 채 나가다가 뒤미처 생각하고는 되돌아와 들여놓고 나간 적도 한두 번이 아니었다. 그것은 정말 지독한 집착이었다.

며칠 후, 난초처럼 말이 없는 친구가 놀러 왔기에 선뜻 그의 품에 분을 안겨 주었다. 비로소 나는 얽매임에서 벗어난 것이다. 날아갈 듯 홀가분한 해방감. 삼 년 가까이 함께 지낸 '유정(有情)'을 떠나보냈는데도 서운하고 허전함보다 홀가분한 마음이 앞섰다. 이때부터 나는 하루 한 가지씩 버려야겠다고 스스로 다짐을 했다. 난을 통해 무소유(無所有)의 의미 같은 걸 터득하게 됐다고나 할까.

인간의 역사는 어떻게 보면 소유사(所有史)처럼 느껴진다. 보다 많은 자기네 몫을 위해 끊임없이 싸우고 있는 것 같다. 소유욕에는 한정도 없고 휴일도 없다. 그저 하나라도 더 많이 갖고자 하는 일념으로 출렁거리고 있다. 물건만으로는 성에 차질 않아 사람까지 소유하려 든다. 그 사람이 제 뜻대로 되지 않을 경우는 끔찍한 비극도 불사하면서. 제정신도 갖지 못한 처지에 남을 가지려 하는 것이다.

소유욕은 이해(利害)와 정비례한다. 그것은 개인뿐 아니라 국가 간의 관계도 마찬가지다. 어제의 맹방들이 오늘에는 맞서게 되는가 하면, 서로 으르렁대던 나라끼리 친선 사절을 교환하는 사례를 우리는 얼마든지 보고 있다. 그것은 오로지 소유(所有)에 바탕을 둔 이해 관계 때문이다. 만약 인간의 역사가 소유사에서 무소유사로 그 방향을 바꾼다면 어떻게 될까. 아마 싸우는 일은 거의 없을 것이다. 주지 못해 싸운다는 말은 듣지 못했다.

간디는 또 이런 말도 하고 있다.

㉠"내게는 소유가 범죄처럼 생각된다……."

그가 무엇인가를 갖는다면 같은 물건을 갖고자 하는 사람들이 똑같이 가질 수 있을 때에 한한다는 것. 그러나 그것은 거의 불가능한 일이므로 자기 소유에 대해서 범죄처럼 자책하지 않을 수 없다는 것이다.

우리들의 소유 관념이 때로는 우리들의 눈을 멀게 한다. 그래서 자기의 분수까지도 돌볼 새 없이 들뜬다. 그러나 우리는 언젠가 한 번은 빈손으로 돌아갈 것이다. 내 이 육신마저 버리고 홀홀히 떠나갈 것이다. 하고많은 물량일지라도 우리를 어떻게 하지 못할 것이다.

ⓐ크게 버리는 사람만이 크게 얻을 수 있다는 말이 있다. 물건으로 인해 마음을 상하고 있는 사람들에게는 한 번쯤 생각해 볼 말씀이다. ⓑ아무것도 갖지 않을 때 비로소 온 세상을 갖게 된다는 것은 무소유(無所有)의 또 다른 의미이다.

유행기 승려들이 여기저기 돌아다니며 수행하는 시기.
불사 사양하지 아니함. 또는 마다하지 아니함.
이해 이익과 손해를 아울러 이르는 말.
맹방 서로 동맹 조약을 체결한 당사국.

3 다음 중 글쓴이의 생각과 일치하지 <u>않는</u> 것은?

① 무엇인가에 집착하면 심리적인 괴로움이 발생한다.

② 국제 관계는 소유로 인한 이해관계에 따라 수시로 달라진다.

③ 소유 관념이 자신의 분수를 자각하지 못하게 만들 때도 있다.

④ 인류는 물건에 대한 소유를 넘어 사람에 대한 소유까지 시도한다.

⑤ 만약 인류가 무소유를 위해 노력한다면 새로운 종류의 갈등이 생길 것이다.

4 문맥을 참고할 때 ㉠의 의미로 가장 적절한 것은?

① 어떤 소유가 범죄인지 아닌지에 대한 판단은 저마다의 기준에 따라 달라진다.

② 범죄는 대체로 아무것도 못 가진 사람보다는 많이 가진 사람이 저지르게 된다.

③ 누구든 갖고 싶은 것을 똑같이 가질 수 있는 획일적 상황은 바람직하지 못하다.

④ 내가 무엇을 가지면 다른 사람이 그것을 못 가지게 되므로 그에게 죄를 짓는 것 같다.

⑤ 무엇인가를 소유한다는 것은 내가 욕망을 절제하지 못했다는 뜻이므로 자책감을 유발한다.

5 ⓐ와 ⓑ의 표현상 공통점으로 가장 적절한 것은?

① 도치법을 통해 표현의 생동감을 높이고 있다.

② 설의법을 통해 독자의 능동적 사고를 유도하고 있다.

③ 반어적인 표현을 통해 숨겨진 의도를 드러내고 있다.

④ 역설적인 표현을 통해 주제를 강조하여 제시하고 있다.

⑤ 비유적인 표현을 통해 대상의 특성을 생동감 있게 그리고 있다.

(수필의 내용)

1 이 수필의 내용을 다음과 같이 정리할 때, 빈칸에 들어갈 내용을 써 보자.

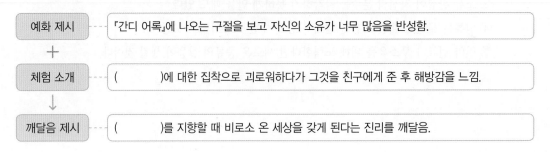

예화 제시	『간디 어록』에 나오는 구절을 보고 자신의 소유가 너무 많음을 반성함.
체험 소개	( )에 대한 집착으로 괴로워하다가 그것을 친구에게 준 후 해방감을 느낌.
깨달음 제시	( )를 지향할 때 비로소 온 세상을 갖게 된다는 진리를 깨달음.

(수필의 주제)

2 난초를 키우는 과정에서 나타난 글쓴이의 태도 변화와 이를 통해 글쓴이가 말하고자 하는 바를 다음과 같이 정리할 때, 빈칸에 들어갈 내용을 써 보자.

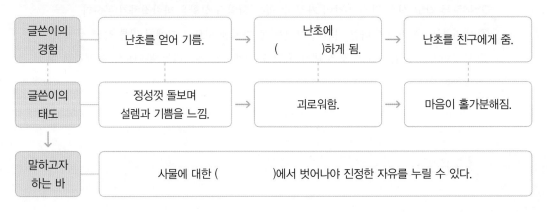

글쓴이의 경험	난초를 얻어 기름. →	난초에 ( )하게 됨. →	난초를 친구에게 줌.
글쓴이의 태도	정성껏 돌보며 설렘과 기쁨을 느낌. →	괴로워함. →	마음이 홀가분해짐.
말하고자 하는 바	사물에 대한 ( )에서 벗어나야 진정한 자유를 누릴 수 있다.		

(글쓴이의 관점)

3 인간의 역사에 대한 글쓴이의 관점을 다음과 같이 요약할 때, 빈칸에 들어갈 말을 써 보자.

> 인간의 역사는 소유사처럼 느껴진다. 인간은 물건뿐 아니라 사람까지 소유하려 들면서, 하나라도 더 가지려는 마음으로 가득 차 있기 때문이다. 개인뿐 아니라 국가 간의 관계도 오로지 소유에 바탕을 둔 이해관계에 의해 수시로 달라진다. 그런데 만약 인간의 역사가 (   )로 방향을 바꾼다면 서로 싸우는 일은 사라질 것이다.

깊이 읽기

법정 스님의 무소유

법정 스님은 우리나라 불교계에서 가장 널리 알려진 인물 중 한 명입니다. 특히 스님의 수필집 『무소유』 는 날이 갈수록 큰 반향을 얻으면서 스테디셀러의 위치에 오르기도 했지요. 이 무소유에 대한 관심이 커지 면서 일각에서는 '그렇다면 아무것도 갖지 말고 살아야 한다는 것인가?'라며 묻는 사람도 많았습니다. 이에 대해 스님은 무소유란 아무것도 갖지 않는 것이 아니라, 불필요한 것을 갖지 않는 것이라면서 무소유의 진 정한 의미를 이해할 때 좀 더 홀가분한 삶을 이룰 수 있을 것이라 이야기한 바 있습니다.

무소유의 삶을 설파하고 스스로 실천했던 스님은 입적 직전에, 많은 사람에게 수고만 끼치는 일체의 장례 의식을 하지 말고, 관과 수의를 따로 마련하지도 말며, 이웃에 방해되지 않는 곳에서 지체 없이 평소 승복 입은 그대로 화장하고, 사리를 찾으려고 하지 말 고, 탑도 세우지 말라고 당부했다고 합니다. 또 자신의 이름으로 출판된 모든 출판물을 더 이상 출간하지 말아 줄 것을 부탁했다고 합니다.

이에 따라 스님이 쓴 모든 책이 절판되었습니다. 서점가에 남아 있던 스님 의 책들은 한순간에 팔리고, 가격이 크게 치솟기도 했습니다. 1993년 판 『무 소유』는 한 인터넷 오픈 마켓에서 무려 100만 원이 넘는 금액에 낙찰이 되기 도 했습니다. 스님의 바람과 달리 『무소유』를 '소유'하려 해서 일어난, 아이러 니한 촌극입니다.

▲ 법정 스님

사고력 키우기

이 글의 글쓴이는 〈보기〉의 사회 현상에 대해 어떤 반응을 보일지 짐작하여 써 보자.

> 보기
>
> '어플루엔자(affluenza)'는 '풍요'라는 뜻의 영어 단어 '어플루언스(affluence)'와 유행성 독감을 뜻하는 '인 플루엔자(influenza)'의 합성어이다. 더 풍요로워지기 위해 계속해서 더 많은 것을 추구하다 보니 과중한 업 무와 빚, 근심 걱정과 낭비 풍조 등에 시달리게 되는데, 이러한 증상을 가리키는 말이 어플루엔자이다. 어플 루엔자가 만연한 사회에서는 억만장자와 자신을 비교하면서 스스로를 가난하고 불행하다고 여기는 사람이 늘어난다.

문제 풀이
작품 해제
관련 영상
어휘 퀴즈

수오재기 | 정약용

정약용(1762~1836)
조선 후기의 유학자이자 실학자이다. 장기간 유배 생활을 하였으며, 이 기간 동안 500여 권에 이르는 방대한 저술을 남겼다. 대표 저서로는 『목민심서』가 있다.

|작품 개관|
·**갈래:** 한문 수필, 기(記)
·**성격:** 반성적, 회고적, 교훈적
·**제재:** 수오재

장기 경상북도 포항시 장기면. 정약용은 신유박해 때 이곳에서 유배 생활을 했음.
질탕하다 신이 나서 정도가 지나치도록 흥겹다.
요염하다 사람을 호릴 만큼 매우 아리땁다.
허투루 아무렇게나 되는대로.
사모관대 사모(고려 말기에서 조선 시대에 걸쳐 벼슬아치들이 관복을 입을 때에 쓰던 모자.)와 관대(옛날 벼슬아치들의 공복(公服))를 아울러 이르는 말.
백주 환히 밝은 낮. 대낮.
소내 현재 경기도 남양주시 조안면 능내리.
태현 '심오하고 현묘한 이치'를 뜻하는 말.
기문 기록한 문서.

수오재(守吾齋), 즉 '나를 지키는 집'은 큰형님이 자신의 서재에 붙인 이름이다. 나는 처음 그 이름을 보고 의아하게 여기며, "나와 단단히 맺어져 서로 떠날 수 없기로는 '나'보다 더한 게 없다. 비록 지키지 않는다 한들 '나'가 어디로 갈 것인가. 이상한 이름이다."라고 생각했다.

장기로 귀양 온 이후 나는 홀로 지내며 생각이 깊어졌는데, 어느 날 갑자기 이러한 의문점에 대해 환히 깨달을 수 있었다. 나는 벌떡 일어나 다음과 같이 말했다.

천하 만물 중에 지켜야 할 것은 오직 '나'뿐이다. ㉠내 밭을 지고 도망갈 사람이 있겠는가? 그러니 밭은 지킬 필요가 없다. 내 집을 지고 달아날 사람이 있겠는가? 그러니 집은 지킬 필요가 없다. 〈중략〉 내 옷과 양식을 도둑질하여 나를 궁색하게 만들 수 있겠는가? 천하의 실이 모두 내 옷이 될 수 있고, 천하의 곡식이 모두 내 양식이 될 수 있다. 도둑이 비록 훔쳐 간다 한들 하나둘에 불과할 터, 천하의 모든 옷과 곡식을 다 없앨 수는 없다. 따라서 천하 만물 중에 꼭 지켜야만 하는 것은 없다.

그러나 유독 이 ㉡'나'라는 것은 그 성품이 달아나기를 잘하며 출입이 무상하다. 아주 친밀하게 붙어 있어 서로 배반하지 못할 것 같지만 잠시라도 살피지 않으면 어느 곳이든 가지 않는 곳이 없다. 이익으로 유혹하면 떠나가고, 위험과 재앙으로 겁을 주면 떠나가며, 질탕한 음악 소리만 들어도 떠나가고, 미인의 예쁜 얼굴과 요염한 자태만 보아도 떠나간다. 그런데 한번 떠나가면 돌아올 줄 몰라 붙잡아 만류할 수 없다. 그러므로 천하 만물 중에 잃어버리기 쉬운 것으로는 '나'보다 더한 것이 없다. 그러니 꽁꽁 묶고 자물쇠로 잠가 '나'를 굳게 지켜야 하지 않겠는가?

나는 '나'를 허투루 간수했다가 '나'를 잃은 사람이다. 어렸을 때는 과거 시험을 좋게 여겨 그 공부에 빠져 있었던 것이 10년이다. 마침내 조정의 벼슬아치가 되어 사모관대에 비단 도포를 입고 백주 도로를 미친 듯 바쁘게 돌아다니며 12년을 보냈다. 그러다 갑자기 상황이 바뀌어 친척을 버리고 고향을 떠나 한강을 건너고 문경 새재를 넘어 아득한 바닷가 대나무 숲이 있는 곳에 이르러서야 멈추게 되었다. 이때 '나'도 땀을 흘리고 숨을 몰아쉬며 허둥지둥 내 발뒤꿈치를 쫓아 함께 이곳에 오게 되었다. 나는 '나'에게 말했다.

"너는 무엇 때문에 여기에 왔는가? 여우나 도깨비에게 홀려서 왔는가? 바다의 신이 불러서 왔는가? 너의 가족과 이웃이 소내에 있는데, 어째서 그 본고장으로 돌아가지 않는가?"

그러나 '나'는 멍하니 꼼짝도 않고 돌아갈 줄을 몰랐다. 그 안색을 보니 마치 얽매인 게 있어 돌아가려 해도 돌아갈 수 없는 듯했다. 그래서 '나'를 붙잡아 함께 머무르게 되었다.

이 무렵, 내 둘째 형님 또한 그 '나'를 잃고 남해의 섬으로 가셨는데, 역시 '나'를 붙잡아 함께 그곳에 머무르게 되었다.

유독 내 큰형님만이 '나'를 잃지 않고 편안하게 수오재에 단정히 앉아 계신다. 본디부터 지키는 바가 있어 '나'를 잃지 않으신 때문이 아니겠는가? 이것이야말로 큰형님이 자신의 서재 이름을 '수오'라고 붙이신 까닭일 것이다. 일찍이 큰형님이 말씀하셨다.

"아버지께서 나의 자(字)를 태현(太玄)이라고 하셨다. 나는 홀로 나의 태현을 지키려고 서재 이름을 '수오'라고 하였다." / 이는 그 이름 지은 뜻을 말씀하신 것이다.

맹자께서 말씀하시기를, "무엇을 지키는 것이 큰일인가? 자신을 지키는 것이 큰일이다." 라고 하셨는데, 참되도다, 그 말씀이여!

드디어 내 생각을 써서 큰형님께 보여 드리고 수오재의 기문(記文)으로 삼는다.

1 〈보기〉를 참고하여 윗글을 감상한 내용으로 적절하지 **않은** 것은?

〈보기〉

정조가 죽은 직후 1801년 신유박해를 시작으로 정약용과 그 형제들을 비롯한 많은 남인 선비들이 정치적으로 탄압을 받았다. 이때 정약용은 지독한 고통 속에서 치열하게 자기를 응시한 결과, 이제까지 자기가 본질적인 자아를 잃고 살아왔음을 깨닫고 참된 나를 지키겠다는 각오를 다지게 된다.

「수오재기」는 바로 그런 각오를 '기(記)'라는 한문 산문 양식에 담은 글이다. '기(記)'는 일반적으로 처음에 의문을 제기하고 논리적 사유를 통해 깨달음에 이르는 과정을 보여 주며, 성현의 말씀을 인용해 주장의 근거로 삼고, 구체적 경험으로부터 교훈을 도출하는 양식이다.

① '장기로 귀양 온' 것은 정약용이 정치적인 탄압을 받았기 때문이라고 볼 수 있겠군.

② 정약용이 자기 자신을 '허투루 간수했다가' 잃었다고 반성한 것은 고통 속에서도 치열한 자기 응시를 한 결과였겠군.

③ 정약용은 성현의 말씀을 인용하는 '기(記)'의 특성에 맞게 '홀로 나의 태현을 지키려고' 했다는 큰형님의 말을 주장의 근거로 삼고 있군.

④ 정약용은 자신의 처지와 상반되는 큰형님의 모습을 '편안하게 수오재에 단정히 앉아' 있는 것으로 표현하면서 교훈적 주제를 부각하고 있군.

⑤ 큰형님이 지은 집의 '이상한 이름'에 대한 정약용의 의문을 서술한 것은 일반적으로 처음에 의문을 제기하는 '기(記)'의 양식적 특성을 따른 것이겠군.

개념+ 기(記)

중국의 문장 형식으로 사실을 그대로 적는 글을 말하며, 잡기(雜記)라고도 함. 생활 주변의 잡다한 사실을 소재로 하면서 그 의미를 탐구하는 것으로, 오늘날로 말하면 기록 문학이나 수필에 속함.

◆
성현 지혜와 덕이 매우 뛰어나 길이 우러러 본받을 만한 사람인 성인(聖人)과 어질고 총명하여 성인에 다음가는 사람인 현인(賢人)을 아울러 이르는 말.

2 ㉠, ㉡에 대한 글쓴이의 생각으로 적절한 것은?

① ㉠과 달리 ㉡은 반드시 굳게 지켜야 하는 것이다.

② ㉠과 달리 ㉡은 남이 쉽게 가져갈 수 없는 것이다.

③ ㉡과 달리 ㉠은 달아나기를 잘하는 성질을 지닌 것이다.

④ ㉡과 달리 ㉠은 출입이 일정하지 않고 변화가 심한 것이다.

⑤ ㉠과 ㉡은 모두 한번 떠나가면 돌아오기가 힘든 것이다.

수필의 내용

1 이 수필의 내용을 다음과 같이 정리할 때, 빈칸에 들어갈 내용을 써 보자.

[기]
수오재, ~ "나와 ~ 이상한 이름이다."라고 생각했다.
⋯⋯ '수오재'라는 집 이름에 대한 (   )

[승]
장기로 귀양 온 이후 ~ '나'를 굳게 지켜야 하지 않겠는가?
⋯⋯ (   )를 지켜야 하는 까닭에 대한 깨달음

[전]
나는 '나'를 허투루 ~ 그곳에 머무르게 되었다.
⋯⋯ '나'를 잃어버렸던 과거에 대한 (   )

[결]
유독 내 큰형님만이 ~ 수오재의 기문으로 삼는다.
⋯⋯ 「수오재기」를 쓰게 된 내력

수필의 주제

2 글쓴이가 말한 '지켜야 하는 것'과 '지키지 않아도 되는 것'을 통해 이 수필의 주제를 다음과 같이 정리할 때, 빈칸에 들어갈 내용을 써 보자.

구분	지켜야 하는 것	지키지 않아도 되는 것
대상	'나'	천하 만물
까닭	• 달아나기를 잘하며 출입이 ( )하기 때문에 • 한번 떠나가면 돌아올 줄 모르기 때문에	• 다른 사람이 가져갈 수 없기 때문에 • 완전히 없앨 수 없고 대체할 수 있기 때문에

▼

주제	참된 ( )를 지키는 일의 중요성

깊이 읽기

정약용의 유배 생활

이 글의 초반부에는 정약용이 장기로 귀양을 왔다는 내용이 제시되어 있습니다. 사실 그는 30대 후반에서 50대 중반까지, 무려 18년이라는 긴 세월을 유배지에서 보냈습니다. 조선 후기의 이름난 실학자 정약용은 왜 이토록 긴 유배 생활을 하게 되었을까요?

정약용은 정조의 신임을 받던 신하였습니다. 그런데 1800년, 정조가 갑작스럽게 세상을 떠나고 순조가 11세의 어린 나이로 왕이 되자, 대비였던 정순 왕후의 수렴청정이 시작됩니다. 정순 왕후는 정조와 대립하던 사이로, 서인에서 갈라져 나온 노론 세력과 손을 잡고 있었습니다. 이들은 정조의 정치적 동반자였던 남인을 축출하고자 하였는데, 당시 남인 중에는 서학(西學)을 참된 진리로 여기며 천주교를 받아들이는 사람이 많았습니다. 천주교는 서서히 퍼져 나갔고, 점점 교세가 확장되었습니다. 이는 유교 중심이던 조선의 지배체제에 중대한 위협이었습니다. 이에 천주교에 대한 탄압이 시작되고, 노론 세력은 이를 빌미로 남인 세력을 제거해 나갑니다. 서학에 심취한 적이 있었고, 가족·친지 중에 천주교도가 있기도 했던 정약용은 천주교도라는 죄명으로 장기로 유배를 떠나게 됩니다. 그리고 다시 전라남도 강진으로 돌아올 기약이 없는 긴 유배길에 오릅니다.

정약용은 이 시절을 학문에 매진하며 보냈고, 그의 저서 가운데 상당수가 이 시기에 쓰였습니다. 그의 유배 생활은 큰 불행이었으나, 그가 대학자로 거듭나는 계기가 되기도 하였습니다.

▲ 강진에서 정약용이 머문 다산 초당
(출처: 국가 문화 유산 포털)

사고력 키우기

이 글의 글쓴이가 강조하는, '나'를 지키는 것이란 구체적으로 어떤 태도나 행동을 가리키는 것일지 써 보자.

_____

_____

_____

_____

_____

04

수필·극

문제 풀이
작품 해제
관련 영상
어휘 퀴즈

차범석(1924~2006)
극작가이다. 주요 작품으로
「성난 기계」, 「산불」, 「귀향」
등이 있다.

│작품 개관│
· 갈래: 희곡
· 성격: 사실적, 비극적, 비판적
· 배경: 1950년대 후반, 서울
　종로 한복판
· 제재: 최 노인 가족의 삶

혼구 혼인 때에 쓰는 여러
가지 기구.
면목 사람이나 사물의 겉모습.
거적때기 짚을 두툼하게 엮
거나, 새끼로 날을 하여 짐으
로 쳐서 자리처럼 만든 물건
의 조각.
대차 큰 차이.
함석 표면에 아연을 도금한
얇은 철판. 지붕을 이거나 양
동이, 대야를 만드는 데 쓴다.
노다지 캐내려 하는 광물이
많이 묻혀 있는 광맥.

불모지 | 차범석

모의평가 출제 작품

전체 줄거리 전통 혼구 대여점을 운영하는 최 노인은 오래된 한옥에 강한 집착을 보인다. 신식 결혼이 성행하면서 최 노인의 사업은 날로 쇠퇴하고, 주변에 최신식 건물이 들어선다. 군 제대 후 일자리를 구하지 못하고 방황하는 큰아들 경수, 여배우가 되기를 꿈꾸는 큰딸 경애, 인쇄소에서 일하며 가족의 생계를 떠맡고 있는 둘째 딸 경운, 대학 진학을 앞둔 막내 경재. 어머니는 그런 자식들을 걱정하며 집을 팔자고 이야기하고, 결국 최 노인은 집을 세놓기로 한다. 그러나 최 노인이 집을 팔려는 것으로 오해한 경수는, 집에 찾아온 복덕방 노인이 턱없이 낮은 가격을 제시한다고 여겨 복덕방 노인에게 폭언을 한다. 최 노인은 경수가 집을 팔지 않고 세를 놓는 것에 불만을 가진 것이라고 오해해 경수를 크게 꾸짖고, 가족들이 모두 한통속이 되어 집을 팔 생각만 한다며 화를 낸다. 경애가 영화사로부터 사기를 당해 수속금을 잃고 좌절하여 돌아오고, 우체부가 경수의 취업 통지서를 배달하고 가족들이 기뻐하던 그 순간, 경수가 형사들 손에 이끌려 들어온다. 형사는 경수가 보석상을 털려고 하다 붙잡혔다는 이야기를 전하고, 다시 경수를 데리고 나간다. 그사이 경운이 경애가 스스로 목숨을 끊었음을 발견하고, 최 노인은 경애가 남긴 유서를 읽다 크게 절규한다.

제1막

ⓐ **무대** 번화한 상가에 자리 잡은 최 노인의 낡은 기와집. 정면에 유리문이 달리고 마루를 사이에 두고 방이 둘 있고 좌편으로 기역형으로 굽어서 부엌과 장독대 유리문 저쪽은 가게. 우편으로 대문을 끼고 헛간과 방 하나의 딴채가 서너 평이 못 넘는 좁은 뜨락을 에워싸고 웅크리고 앉았다. 해묵은 지붕에는 푸른 이끼며 잡초까지 자라나서 오랜 풍상을 겪어 내려온 이 집의 역사를 말해 주는 듯하다. 배경으로 면목이 일신해져 가는 매끈한 고층 건물의 행렬이 엿보이고 좌우편에도 역시 삼사 층이나 되어 보이는 최신식 건물이 들어서서 이 낡은 기와집을 거의 폐가처럼 멸시하고 있다. 좌편 건물은 아직도 건축 공사가 진척 중에 있는지 통나무로 얽어맨 작업 보조대에 거적때기가 걸려서 건물은 반쯤 가려진 채로다. 이처럼 대차적인 주변의 장애로 말미암아 이 낡은 집 안팎에는 온종일 햇볕이 안 드는 탓인지 한층 어둡고 습하며 음산한 공기가 찬바람처럼 풍겨 나온다. 때는 초여름 어느 일요일 오전.

막이 오르면 질주하는 전차며 자동차의 소음이 잇달아 들려온다. 뜰가에서 경운이 함석통에 담겨진 빨래를 빨고 있고 부엌에서 설거지를 하는 어머니의 초라한 모습이 보인다. 좌편 담 아래에 마련된 조그마한 화단 앞엔 아까부터 최 노인이 쭈그리고 앉아서 화초며 푸성귀들을 손보고 있다. 입에 물린 파이프에서 이따금 뱉어지는 담배 연기가 한가롭다. 잠시 후 경재가 물지게를 지고 좁은 대문을 간신히 빠져 나와 경운 앞에다 부려 놓는다.

경재　어유, 오늘은 웬 사람이 그리도 많아…… 공동 수도엔 난장판인걸! (하며 항아리에다 물을 붓는다.)

경운　(여전히 빨래를 하며) 비가 개니까 집집마다 빨래하느라고 그렇겠지…….

경재　아버지, 우리도 다음엔 제발 물 흔한 집으로 옮깁시다. 물만 긷다가 내년 봄엔 낙제하게 생겼는걸요! 하루이틀이 아니구…… / 최 노인　(돌아보지도 않고) 그래…….

경운　얘도 속없는 소리 잘하긴 경애 언니 닮았나 봐! 누가 이따위 골목 구석에서 살고 싶어 살고 있니?

경재   살기 싫으면 딴 데로 옮기면 될 걸 왜 이런 게딱지 굴 속에서 산다는 거요?

최 노인   (눈을 크게 부릅뜨며) 무슨 소리냐? 이 집이 어때서?

경재   아버지나 좋아하시지 우리 식구 중에서 이 집을 좋아하는 사람이 누가 있어요?

최 노인   싫은 놈은 언제건 나가라지! ⓛ절간이 미우면 중이 나가는 법이야.

경재   (남은 물통을 비우며) 중도 없는 절을 뭣에 쓰게요? 도깨비나 날 걸…….

최 노인   (약간 핏대를 올리며) 도깨비가 나건 노다지가 나건 제 집 지니고 산다는 걸 다행으로 알아 이놈아! / **경재**   (못마땅한 낯으로) 다행으로 알 건덕지가 있어야죠.

최 노인   (휙 돌아서며) 뭐, 뭐야? 〈중략〉

---

1   **윗글에 대한 설명으로 적절하지 <u>않은</u> 것은?**

① 무대 상연을 전제로 한다.   ② 장면 전환의 제약이 거의 없다.

③ 해설, 지시문, 대사로 구성된다.   ④ 등장인물의 수에 제약을 받는다.

⑤ 인물의 대사와 행동으로 사건이 전개된다.

---

2   **㉠에 대한 설명으로 가장 적절한 것은?**

① 고층 빌딩 사이에 자리한 집을 통해 최 노인의 높은 사회적 신분을 드러내고 있다.

② 햇볕이 들지 않는 집의 모습을 통해 이사를 원하는 최 노인의 심정을 암시하고 있다.

③ 오랜 풍상을 겪은 최 노인의 집을 묘사하여 전통 있는 명문 집안임을 나타내고 있다.

④ 번화한 상가 사이에 자리한 집을 통해 최 노인의 부유함을 간접적으로 드러내고 있다.

⑤ 최신 빌딩과 낡은 기와집을 대비하여 근대화 과정에 적응하지 못하는 최 노인의 상황을 암시하고 있다.

---

3   **다음 중 ⓛ과 유사한 표현 방식이 <u>아닌</u> 것은?**

① 엎드려 절받기   ② 집도 절도 없다

③ 절간같이 조용하다   ④ 절에 가서 젓국 달라 한다

⑤ 절에 가면 중노릇하고 싶다

┌ 속담·한자 성어 익히기 ┐

• **엎드려 절받기** 상대편은 마음에 없는데 자기 스스로 요구하여 대접을 받는 경우를 비유적으로 이르는 말.

• **집도 절도 없다** 가진 집이나 재산도 없이 여기저기 떠돌아다닌다는 말.

• **절에 가서 젓국 달라 한다** 사람 또는 물건 따위가 있을 수 없는 데에 가서 엉뚱하게 그것을 찾는 경우를 비유적으로 이르는 말.

• **절에 가면 중노릇하고 싶다** 일정한 주견이 없이 남이 하는 일을 보면 덮어놓고 따르려고 하는 경우를 비유적으로 이르는 말.

어머니 (설거지 통을 들고 부엌에서 나오며) 바쁘면 어서 가려무나, 설거지가 끝나면 내가 길을 테니…….

경재 (펄쩍 뛰며) 엄마가 제일야! 우리 엄마가 '넘버 원'이지! 그 대신 내일 아침엔 식전에 다섯 지게 길을게요, 어머니!

어머니 (웃으며) 그럼 물 항아리를 더 사 놔야겠구나……. (하며 수챗구멍에다 물을 버린다.)

경재 (손을 씻으며) 항아릿값은 우리의 재무 장관인 작은누나가 치르구. 핫하……. (하며 아랫방으로 퇴장)

경운 깍쟁이! (빨래를 짜며) 어머니가 어떻게 물을 길으신다구 그러세요! 아직도 허리를 쓰시기가 거북하시다면서……. (방 안에서 휘파람 소리가 흘러온다.)

어머니 괜찮아……. / 최 노인 참, 그 ㉠고약은 다 붙였어?

어머니 예. (허리를 가볍게 치며) 이제 훨씬 부드러워졌어요.

최 노인 뭐니 뭐니 해도 그 강 약방의 처방이 제일이야! 내 청이라면 친형제 일보다 더 알심 있게 약을 써 주거던!

어머니 하기야 이 동리에서 예부터 사귀어 온 집은 이제 그 강 약방하구 우리 집뿐인걸요.

최 노인 그래, 우리가 (과거를 회상하며) 이 집에서 산 지가 꼭 사십칠 년이고 그 강 약방이 사십 년이 되니까……. 그리고 보면 나도 무던히 오래 살았어……. 이 종로 바닥에서 자라서 장가들어 자식 낳고 길러서 이제는 환갑을 맞게 되었으니…….

어머니 (마루 끝에 앉으며) 정말……. 근 오십 년 동안에 이웃 얼굴 바뀌고 저렇게 집이 들어서는 걸 보면 세상 변해 가는 모양이 환하게 보이는 것 같아요. 제가 당신에게 시집왔을 때만 하더라도 어디 우리 이웃에 우리 집 담을 넘어서는 집이 있었던가요?

최 노인 사실이야! 빌어먹을 것! (좌우의 높은 집들을 쏘아보며) 무슨 집들이 저따위가 있어! 게다가 저것들 등쌀에 우린 일 년 열두 달 햇볕 구경이라곤 못하게 되었지! 당신도 알겠지만 옛날에 우리 집이 어디 이랬오?

경운 (웃으며) 아버지두……. 세상이 밤낮으로 변해 가는 시대인데요…….

최 노인 변하는 것도 좋구 둔갑하는 것도 상관하지 않지만 글쎄 염치들이 있어야 염치가!

경운 왜요?

최 노인 제깟 놈들이 돈을 벌었으면 벌었지 온 장안 사람들에게 내보라는 듯이 저따위로 층층이 쌓아 올릴 줄만 알고 이웃이 어떻게 피해를 입고 있다는 걸 모르니 말이다!

경운 피해라뇨?

최 노인 (화단 쪽을 가리키며) 저기 심어 놓은 화초며 고추 모가 도무지 자라질 않는단 말이야! 아까도 들여다보니까 고추 모에서 꽃이 핀 지는 벌써 오래전인데 열매가 열리지 않잖아! 이상하다 하고 생각을 해 봤더니 저 멋없는 것이 좌우로 탁 들어 막아서 햇볕을 가렸으니 어디 자라날 재간이 있어야지! 이러다간 땅에서 풀도 안 나는 세상이 될 게다! ㉡말세야 말세! 〈중략〉

수챗구멍 집 안에서 버린 물이 집 밖으로 흘러 나가도록 만든 구멍.
고약 주로 헐거나 곪은 데에 붙이는 끈끈한 약.
알심 보기보다 야무진 힘.
재간 어떤 수단이나 방도.

4 윗글에서 알 수 있는 경운의 성격으로 적절한 것은?

① 부모에 대한 효심이 깊다.

② 동생을 미워하는 마음이 있다.

③ 고생하는 가족들에게 무관심하다.

④ 아버지의 고집에 분노하는 등 자기주장이 강하다.

⑤ 집안의 어려움을 일부러 모르는 척하는 등 이기적이다.

5 ㉠을 통해 알 수 있는 최 노인과 어머니의 가치관으로 적절한 것은?

① 친구의 처방을 무조건 신뢰하는 것으로 보아 합리적인 가치관을 지녔다고 볼 수 있다.

② 한약이 아닌 양약을 더 신뢰하는 것으로 보아 서구 지향적인 가치관을 지녔다고 볼 수 있다.

③ 고약을 붙이면 무조건 낫는다고 믿는 것으로 보아 비과학적인 가치관을 지녔다고 볼 수 있다.

④ 오래전부터 다닌 약방의 처방을 신뢰하는 것으로 보아 과거 지향적인 가치관을 지녔다고 볼 수 있다.

⑤ 허리가 아파도 약을 쓰지 않고 회복하려는 것으로 보아 무속 신앙을 추앙하는 가치관을 지녔다고 볼 수 있다.

6 〈보기〉는 ㉡의 사전적 의미이다. 〈보기〉를 읽은 학생이 최 노인에 대해 보일 반응으로 적절하지 <u>않은</u> 것은?

> 보기
>
> **말세³(末世)**
> 「명사」「1」정치, 도덕, 풍속 따위가 아주 쇠퇴하여 끝판이 다 된 세상.

① 최 노인은 사회적 변화에 대해 매우 부정적인 생각을 갖고 있군.

② 최 노인은 높은 빌딩 사이에서 살아가는 삶을 운명으로 받아들이고 있군.

③ 최 노인은 빌딩이 햇볕을 가려 화초가 자라지 않는 상황에 대해 분노하고 있군.

④ 최 노인은 최근의 변화로 도덕, 풍속 등이 쇠퇴하여 끝판이 된 세상이 될 거라고 생각하고 있군.

⑤ 최 노인은 앞으로의 세상이 땅에서 풀도 안 나는 '불모지'가 될지도 모른다는 불안감을 가지고 있군.

최 노인　㉠사람이란 얌치가 있어야 하는 법이야! 제 놈이 군대에 갔다 왔으면 왔지 놀고먹으라는 법은 없어! 한두 살 먹은 어린애도 아니고 내일모레 삼십 고개를 바라보는 녀석이 취직이 안 된다 핑계 치고 비슬비슬 놀고만 있으면 돼? 첫째로 경운이 미안해서도 그럴 수는 없지!

경운　아이 아버지두……. 오빠인들 속조차 없겠어요? 아무리 일자리를 구하려고 해도 안 써 주는걸……. 사회가 나쁘지 오빠야 무슨 잘못이에요?

어머니　사실이에요…….

최 노인　뭐가 사실이야? 나이 어린 누이가 그 굴속 같은 인쇄 공장에서 온종일 쭈그리고 앉아서 활자 줍는 노동으로 벌어들인 쥐꼬리만 한 월급에만 의지하는 것이 사실이란 말이야? 나도 가게가 전과 같이 세가 난다면 이런 소리도 않지. 허지만 골목 안 똥개까지 신식만을 찾는 세상이라 사모관대나 원삼 쪽도리 따위는 이제 소꿉장난으로 아니 장사가 돼야지! 지난 봄철만 하더라도 꼭 네 번밖에 안 나갔지 뭐야! 이럴 때 그 신식 나이롱 면사포나 두어 벌 장만한다면 또 모르지만…….

경애　(화장하던 얼굴을 내밀며) 아버지, 조금만 기다리세요. 제가 최신식 미제 면사포를 사 올 테니까요.

최 노인　네 말은 이제 메주로 콩을 쑨대도 안 믿겠다! 네가 활동사진 배우가 되기를 기다리다간 엉덩이에 없는 꼬리가 나게 됐어!

경애　두고 보세요. 오늘은 꼭 무슨 기별이 있을 테니까.

어머니　경애야! 너두 이제 그만하면 바람 좀 잤을 텐데 시집갈 궁리나 해라.

경애　시시하게 시집이 다 뭐요? 전 시집 안 가요!

최 노인　그럼 처녀로 늙을 셈이냐? 속 차려! (하며 뒤뜰로 나간다.)

경애　영화계로 나선 이상 끝까지 이름을 내고야 말겠어요. 오늘 신인 배우 모집 시험이 있어요!

경운　(흥미를 느끼며) 언니 자신 있우?

경애　십분지 팔, 구는 확실해! (하며 신나게 분첩을 두들긴다.)

경운　어떻게 미리 알우?

경애　(뜻 품은 웃음을 뿜으며) 심사 위원과 미리 언약이 되어 있어.

경운　어머나! 영화계에도 사바사바가 있어요?

경애　실력이 넷, 고등어가 여섯이면 되지 뭐!

경운　실력이라니 언니가 언제 연기 공부를 해 봤우?

경애　영화에 연기가 무슨 필요가 있니? 우선 여배우가 될려면 마스크가 개성적이면서 아름답고, 육체미가 있으면 됐지 뭐!

경운　그렇지만 얼굴만 예뻐도 안 된다던데요?

경애　누가 그래?

얌치　마음이 깨끗하여 부끄러움을 아는 태도.

사모관대　사모와 관대를 아울러 이르는 말. 본디 벼슬아치의 복장이었으나, 지금은 전통 혼례에서 착용한다.

원삼　부녀 예복의 하나. 흔히 비단이나 명주로 지으며 연두색 길에 자주색 깃과 색동 소매를 달고 옆을 튼 것으로 홑옷, 겹옷 두 가지가 있다. 주로 신부나 궁중에서 내명부들이 입었다.

쪽도리　족두리(부녀자들이 예복을 입을 때에 머리에 얹던 관의 하나)를 구어적으로 이르는 말.

활동사진　'영화'의 옛 용어.

사바사바　뒷거래를 통하여 떳떳하지 못하게 은밀히 일을 조작하는 짓을 속되게 이르는 말.

실력이 넷, 고등어가 여섯　실력보다는 뒷거래를 통한 은밀한 조작이 더 중요하다는 뜻. 고등어는 일본어로 '사바(サバ)'라고 하며 '사바사바'와 의미가 연결됨.

경운 영화 잡지에서 읽었어요.

경애 그야 전혀 연기력이 없는 것도 곤란하지만 역시 용모가 제일이지! (하며 거울을 향해
눈썹을 치켜올렸다 눈을 크게 떴다 한다.)

7 윗글에서 최 노인이 ⑦과 같이 말한 이유로 가장 적절한 것은?

① 아들이 취직을 하지 않고 놀고 있기 때문이다.

② 아들이 군대를 가지 않으려고 숨어 있기 때문이다.

③ 아들이 벌어 온 돈을 딸이 쉽게 써 버렸기 때문이다.

④ 아들이 자신의 가업을 잇지 않으려고 하기 때문이다.

⑤ 딸이 자신이 벌어 온 돈을 가족에게는 쓰려고 하지 않기 때문이다.

8 경애에 대한 설명으로 적절하지 않은 것은?

① 윗사람의 단점을 은근히 꼬집고 있다.

② 외모 지상주의적 가치관을 갖고 있다.

③ 부모의 충고에 버릇없게 대꾸하고 있다.

④ 아버지에게 신뢰가 가지 않는 허세를 부리고 있다.

⑤ 부정한 일을 한 것에 대한 부끄러움이 드러나지 않는다.

9 〈보기〉를 참고할 때, 윗글의 제목인 '불모지'가 상징하는 바로 적절한 것은?

> 〈보기〉
>
> 1950년대는 새로운 문명과 서구화에 의하여 구세대가 쇠퇴해 가던 시기이기도 하다. 구세대의 몰락은 곧 새로운 세대의 성장과 맞닿아 있어야 하지만, 전후의 곤궁함은 신세대에게도 성공의 기회를 주지 않았다. 그래서 이 시기의 희곡 작품에는 목적을 위해 수단과 방법을 가리지 않는 당시의 신세대 역시 파멸하는 모습으로 표현되어 있다.

① 구세대와 신세대 모두 현실에 적응하지 못하는 상황을 상징한다.

② 승승장구하는 구세대와는 달리 파멸해 가는 신세대의 상황을 상징한다.

③ 국가의 재건을 위해 조화롭게 살아가는 구세대와 신세대의 화합을 상징한다.

④ 새 시대에 꿈을 펼쳐 나가는 신세대와 달리 부적응하는 구세대의 상황을 상징한다.

⑤ 구세대와 신세대가 갈등과 화해를 반복하며 민족의 발전을 이룩해 나가는 상황을 상징한다.

개념⁺ 전후 문학

한국 전쟁 이후 나타난 문학적 경향을 뜻함. 전쟁으로 물질적·정신적으로 황폐해진 현실을 보여 주는 작품, 삶과 죽음의 갈림길에서 고뇌하는 실존적 문제를 다룬 작품, 전쟁의 상처를 극복해 가는 과정에서 새로운 희망을 노래하는 작품과 더욱 더 비참하게 살아가는 사람들의 현실적 고통을 드러낸 작품 등으로 발전하였으며, 이후 1960년대 경제 부흥기가 시작되면서 소시민의 삶이 부각되며 전후 문학의 시기는 끝나게 됨.

인물의 태도

1 이 희곡의 등장인물들은 자신들이 살고 있는 집에 대해 어떻게 생각하고 있는지 살펴보고, 빈칸에 들어갈 내용을 써 보자.

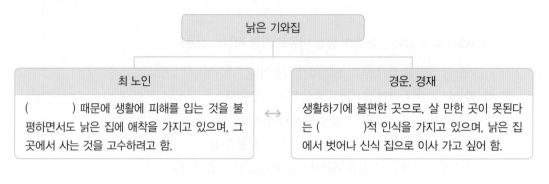

낡은 기와집

최 노인	↔	경운, 경재
(　　　　) 때문에 생활에 피해를 입는 것을 불평하면서도 낡은 집에 애착을 가지고 있으며, 그곳에서 사는 것을 고수하려고 함.		생활하기에 불편한 곳으로, 살 만한 곳이 못된다는 (　　　　)적 인식을 가지고 있으며, 낡은 집에서 벗어나 신식 집으로 이사 가고 싶어 함.

시대적 배경

2 이 희곡의 내용을 바탕으로 시대적 배경을 다음과 같이 정리할 때, 빈칸에 들어갈 내용을 써 보자.

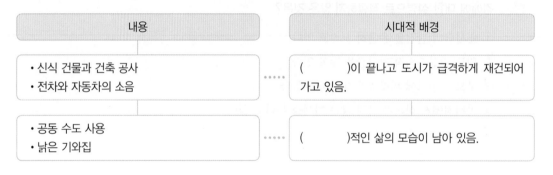

내용		시대적 배경
• 신식 건물과 건축 공사 • 전차와 자동차의 소음	……	(　　　　)이 끝나고 도시가 급격하게 재건되어 가고 있음.
• 공동 수도 사용 • 낡은 기와집	……	(　　　　)적인 삶의 모습이 남아 있음.

제목의 의미

3 이 희곡의 제목인 '불모지'가 의미하는 바를 다음과 같이 정리할 때, 빈칸에 들어갈 내용을 써 보자.

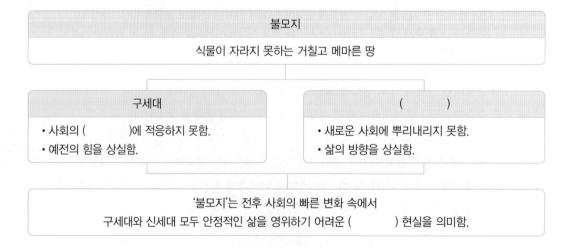

불모지

식물이 자라지 못하는 거칠고 메마른 땅

구세대	(　　　　)
• 사회의 (　　　　)에 적응하지 못함. • 예전의 힘을 상실함.	• 새로운 사회에 뿌리내리지 못함. • 삶의 방향을 상실함.

'불모지'는 전후 사회의 빠른 변화 속에서
구세대와 신세대 모두 안정적인 삶을 영위하기 어려운 (　　　　) 현실을 의미함.

깊이 읽기

1950년대 전후 사회의 모습

차범석은 현실을 있는 그대로 묘사하고 재현하고자 한 사실주의 경향의 작가입니다. 그래서 그의 작품에는 당대 사회의 모습이 잘 반영된 경우가 많습니다. 이 작품에도 1950년대 후반, 전후 우리 사회의 모습이 잘 담겨 있습니다.

종로의 번화한 상가 사이에 자리한 낡은 기와집, 신식 면사포에 밀려나는 전통 혼구점 등은 당시 서구 문화와 전통 문화의 충돌을 보여 줍니다. 또 제대 군인으로서 번번이 취직에 실패하고 무력감에 빠져 살아가는 경수는 당시 사회적인 문제가 되었던 제대 군인들의 사회 부적응 문제와 높은 실업률 문제를, 영화배우가 되어 출세하겠다는 꿈을 지닌 경애는 1950년대 중후반부터 크게 성장하던 한국 영화 산업의 모습(1955년 15편에 머물던 국산 영화 제작 편수는 1959년 무려 108편으로 증가합니다)을 보여 주지요.

「불모지」는 이처럼 당대 사회의 모습과 현실을 객관적으로 재현하여 전후 사회의 모습을 압축적으로 보여 줍니다. 그리고 새로운 시대에 적응하지 못하는 최 노인, 사회에 제대로 뿌리내리지 못하고 비극적인 결말을 맞이하는 자식들의 모습을 통해 전후 한국 사회의 불안한 시대 상황을 상징적으로 형상화하고 있습니다.

사고력 키우기

작가는 1961년에 이 작품을 개작하여 「태양을 향하여」라는 희곡을 발표하였는데, 원작과 달리 가족이 파멸의 위기를 극복하는 것으로 결말을 바꿔 희망찬 미래를 암시하였다. 작가가 결말을 바꾼 의도가 무엇이었을지 시대적 배경을 고려하여 생각해 보자.

_____

_____

_____

_____

_____

빠른시작
빠작
중학 국어 문학 독해

 빠작으로 내신과 수능을 한발 앞서 준비하세요.

빠른시작

빠작

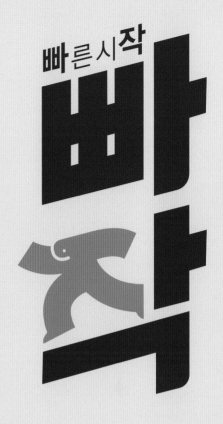

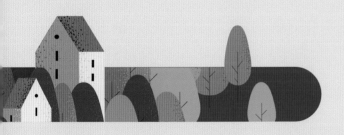

정답과 해설

중학 국어
문학 독해

3

동아출판

Ⅰ 소설

01 답 ②

소설은 하나의 사건에 대한 이야기로만 전개되는 단일 구성을 취하기도 하고, 둘 이상의 사건으로 이야기가 복잡하게 얽혀 전개되는 복합 구성을 취하기도 한다.

| 오답 풀이 |
① 소설은 현실에 있음 직한 일을 작가의 상상력으로 꾸며 낸 허구의 이야기이다.
③ 인물, 사건, 배경은 소설의 구성 요소로, 인물은 소설 속에 등장하는 사람, 사건은 인물들 사이에서 벌어지는 일, 배경은 사건이 일어나는 시간과 공간을 말한다.
④ 소설은 인물과 배경이 소개되고 사건의 실마리가 제시되는 발단, 갈등과 긴장감이 발생하며 사건이 구체화되는 전개, 갈등이 심화되면서 위기감이 조성되는 위기, 갈등과 긴장감이 최고조에 이르고 해결의 실마리가 제시되는 절정, 갈등이 해소되고 사건이 마무리되는 결말의 5단계로 구성된다.
⑤ 소설에서 '현재 → 과거' 또는 '현재 → 과거 → 현재' 등과 같이 시간의 역전이 일어나며 이야기가 전개되는 구성 방식을 역순행적 구성이라고 한다.

02 답 역순행적 구성

사건 전개 과정 중간에 어린 시절에 대한 회상이 담겨 있는 것으로 보아 「학」은 '현재 → 과거 → 현재'와 같이 시간의 역전이 일어나며 이야기가 전개되는 역순행적 구성 방식을 취하고 있음을 알 수 있다.

03 답 ③

대화는 등장인물들이 주고받는 말을 그대로 보여 주는 방법으로, 사건을 전개시키고 인물의 성격이나 심리를 간접적으로 드러낸다.

04 답 서술

제시된 부분에는 서술자가 사건의 진행 과정을 요약해서 전달하는 표현 방법인 서술이 사용되었다.

05 답 서술자, 행동

소설의 인물 제시 방법에는 직접적 제시와 간접적 제시 두 가지가 있다. 직접적 제시는 서술자가 인물의 심리와 성격을 직접 설명하는 것을 말하며, 간접적 제시는 인물의 말과 행동을 통해 인물의 심리와 성격을 간접적으로 드러내는 것을 말한다.

06 답 ⑤

소설의 배경은 인물의 행위와 사건이 일어나는 시간과 공간 등의 구체적인 정황으로, 작품 전체의 분위기를 조성하고 사실성을 높이며, 인물의 심리나 앞으로의 사건 전개 방향을 암시한다. 배경은 인물의 성격 변화 여부와는 크게 관련이 없다.

07 답 전지적 작가 시점

제시된 소설은 작품 밖에 위치한 서술자가 전지전능한 위치에서 인물의 내면 심리까지 서술하는 전지적 작가 시점을 취하고 있다.

08 답 (1)X (2)O (3)O

(1) 1인칭 시점은 소설 속에 위치한 '나'가 서술자가 되어 이야기를 전달한다.
(2) 관찰자 시점은 인물을 관찰하여 이야기를 전달하기 때문에 인물의 심리나 성격이 간접적으로 드러난다. 따라서 독자의 상상과 추측이 필요하다.
(3) 전지적 작가 시점은 작품 밖에 위치한 서술자가 전지전능한 위치에서 사건의 내막과 인물의 내면 심리까지 모두 제시하므로 사건의 총체적 모습과 인물의 속마음을 보여 주기에 효과적이다.

간단 확인

1 X   2 O   3 O   4 X

문제

1 ④   2 ②   3 ⑤   4 ①   5 ②
6 ④   7 ①   8 ②   9 ①

작품 독해

1 어리숙(어수룩), 욕심
2 성례, 이중적
3 역순행, 해학

사고력 키우기

예시 답

- 뭉태의 말을 참고하면, 장인은 셋째 딸이 열 살이 되는 해, 그러니까 앞으로 적어도 4년 동안은 더 '나'를 데릴사위로 삼겠다며 데리고 있으면서 일을 부려 먹으려 할 것이다. 따라서 당장은 가을에 성례를 시켜 주겠다고 무마하였으나, 그 시기가 되면 또 다른 핑계를 대며 성례를 미루고자 할 것이다.
- 장인의 성격이 그리 온순하지 않다는 점을 고려할 때, 자신의 급소를 쥐어 잡기까지 한 '나'를 단순히 일을 잘한다는 이유만으로 용서하고 다시 달랬다고 보기는 어렵다. 그간 여러 사람을 데릴사위로 보았던 장인의 눈에 '나'는 조금 어리숙하지만 일 잘하고 착실한 사람으로 보였을 것이다. 따라서 딸을 위해 약속대로 가을에 성례를 시켜 줄 것이다.

| 작품 해제 |

이 작품은 1930년대 시골 농촌을 배경으로, 어리숙한 데릴사위와 교활한 장인 사이에서 일어나는 갈등을 해학적으로 그린 소설이다. 어수룩한 '나'의 언행을 중심으로 성례를 둘러싼 갈등과 그 해결 과정을 익살스럽게 그려 내고 있으며, 사건을 역순행적으로 구성하여 극적 효과를 주고 있다. 또 웃음을 유발하는 해학적인 문제로 장인의 행태를 보여 주며 교활한 마름에 대한 비판도 절묘하게 드러내고 있다.

| 주제 |

어리숙한 데릴사위와 교활한 장인 간의 갈등

1 '내가 일두 참 잘하구, 그리고 사람이 좀 어수룩하니까 장인님이 잔뜩 붙들고 놓질 않는다.'를 통해서 알 수 있듯, 장인은 '나'를 부려 먹기 위해 데릴사위로 잡고 있을 뿐, 성례를 추진하고 있지 않다.

| 오답 풀이 |

① 뭉태는 땅을 얻어 부치다가 떨어진 뒤로 장인만 보면 으릉거린다고 하였다.
② 점순이는 구장한테 갔다가 목적을 이루지 못하고 온 '나'의 무능력함과 소극적인 태도를 비난하고 있다.
③ '나'는 장인이 자신을 죽도록 부려 먹는 것이라는 뭉태의 이야기를 곧이 듣지 않고 있다. 즉, '나'는 장인이 자신을 이용하고 있다는 사실을 제대로 파악하지 못하고 있다.
⑤ 뭉태는 '나'에게 '장가를 들여 달라구 떼를 쓰고 나자빠져라'라며 부추기고 있다.

2 '나'는 뭉태의 말을 듣고도 자신을 데릴사위로 두고 있는 장인의 의도를 파악하지 못하고 있다. 이로 볼 때 '나'는 상황 판단을 제대로 하지 못하는 단순하고 어수룩한 인물이라고 볼 수 있다.

| 오답 풀이 |

① '나'가 자신의 이익만 챙기는 모습은 찾아볼 수 없다.
③ '나'의 목적은 점순이와 혼례를 하는 것이지만, 그것을 이루기 위해 수단과 방법을 가리지 않는 것은 아니다.
④ '나'는 뭉태의 말을 듣고도 자신의 상황을 깊이 생각하며 고민하지 않고 있다.
⑤ '나'는 단순하고 우직한 인물일 뿐, 남을 먼저 생각하는 이타적인 인물이라고 볼 근거는 찾을 수 없다.

3 ⓔ의 '되우'는 '아주 몹시.'를 뜻하는 말이다. '아닌 게 아니라 정말로.'를 뜻하는 말은 '과연'이다.

4 꾀병을 부리는 '나'와 일을 시키려는 장인이 다투는 모습을 해학적으로 표현하고 있다.

| 오답 풀이 |

② '나'의 내면 심리가 드러나 있으나, 성찰과는 거리가 멀다.
③ 이 글의 서술자인 '나'는 부정적 인물로 볼 수 없으며, '나'를 비판하고 있지도 않다.
④ '나'와 장인 사이의 대화가 제시되어 있으나, 이를 통해 사건을 속도감 있게 전개하고 있지는 않다.
⑤ '나'와 장인 간의 갈등이 드러나 있을 뿐, 처한 상황을 통해 사회적 문제를 날카롭고 예리하게 고발하고 있지는 않다.

5 이 글에는 농사일을 하지 않고 성례 문제를 해결하려는 '나'와 일을 시키려고 하는 장인 사이의 외적 갈등이 두드러지게 나타나 있다.

6 '저기까지 잘 들리도록'에서 알 수 있듯이 '나'는 점순이에게 자신이 문제 해결을 위해 적극적으로 노력하고 있다는 것을 보여 주려 하고 있다. 따라서 진심으로 장인을 위협하려는 의도를 담고 있는 것은 아니다.

| 오답 풀이 |

① 점순이가 자신을 병신으로 본다면 '신세는 따분하다'고 한 것에서 점순이에게 무시당하고 싶지 않은 마음이 드러난다.

② 앞부분의 '내가 일 안 하면 ～ 농사 못 짓고 만다.'를 통해 '나'가 꾀병을 부리는 것임을 알 수 있다.
③ 어떤 일이 있어도 결정을 내겠다는 '나'의 의지를 엿볼 수 있다.
⑤ '나'가 장인과 갈등하는 근본 원인은 장인이 부려만 먹고 성례를 시켜 주지 않아서이다.

7 '나'와 장인이 싸우는 장면 중간에 장인과 화해를 하고 일하러 가는 '나'의 모습이 삽입된 것에서 역순행적 구성임을 확인할 수 있다.

| 오답 풀이 |
② 주인공 '나'와 관련하여 장인과 싸우고 화해하는 일화 하나만 제시되어 있다.
③ 외부 이야기 속에 내부 이야기가 담겨 있는 액자식 구성을 취하고 있지 않다.
④ 서술자는 작품 속 등장인물이자 주인공인 '나'이다.
⑤ '나'의 시선에서 사건을 전달하고 있을 뿐, 각기 다른 두 인물의 시선에서 사건을 서술하고 있지 않다.

8 성례를 허락하지 않으면 수염이라도 잡아채라고 말하던 점순이는 정작 '나'와 장인이 싸움을 벌이자 장인의 편을 들고 있다. 이처럼 상황에 따라 태도가 바뀌는 점순이의 이중적인 모습에 '나'는 망연자실하고 만다.

9 ㉠은 '나'가 장인과 한창 몸싸움을 벌이던 때로, 장인에게 바짓가랑이를 잡힌 후에, '나'가 엉금엉금 기어가 장인의 바짓가랑이를 꽉 움켜잡은 때를 가리킨다.

| 오답 풀이 |
② 점순이가 '나'를 몰아세운 것은 ㉠보다 더 이전의 일이다.
③ 점순이가 장인의 편을 든 것은 ㉠ 이후의 일이다.
④ 장인이 '나'를 달랜 것은 싸움이 끝나고 난 다음이므로 ㉠ 이후이다.
⑤ '나'가 지게막대기로 맞은 것은 점순이가 장인의 편을 든 다음이므로 ㉠ 이후이다.

02 태평천하   22~31쪽

간단 확인

1 X	2 X	3 O	4 X

문제

1 ④	2 ①	3 ⑤	4 ③	5 ②
6 ⑤	7 ①	8 ①	9 ③	

작품 독해

1 아들, 군수, 사회주의
2 태평천하, 일제 강점기
3 서술자, 판소리, 웃음

사고력 키우기

예시 답

• 작가는 인색하고 이기적이며, 민족의식이 없는 윤 직원을 주인공으로 내세우고 있다. 이처럼 부정적 인물을 주인공으로 삼은 것은 독자들이 스스로의 생각과 판단으로 주인공의 말과 행동에서 부정적 측면을 인식함으로써 비판적 의식을 갖게 하기 위한 의도로 이해할 수 있다. 또한, 윤 직원은 우리 민족에게 있어 암울했던 시기인 일제 강점기를 긍정적으로 평가하는 모습을 보여 주는데, 이러한 반어적 상황을 통해 당시 우리 민족의 고통과 아픔을 간접적으로 드러내고자 했다고 이해할 수 있다.

| 작품 해제 |
이 작품은 1930년대 후반 서울을 배경으로 하여, 한 대지주 집안이 무너지는 모습을 그린 소설이다. 중심인물인 윤 직원은 인색하고 이기적이며 반민족적인 인물로, 일제 강점기의 현실을 태평천하라고 인식하는 등 부정적인 모습을 보인다. 서술자는 이러한 윤 직원을 비유와 과장, 반어, 희화화 등을 통해 풍자한다. 또 독자에게 말을 건네는 듯한 방식을 사용하기도 하는데, 이는 판소리 창자(唱者)와 같은 효과를 거두며 이 작품이 문학적 전통을 어느 정도 계승하고 있음을 보여 준다. 구한말의 부패한 사회상부터 일제 강점기의 부조리한 사회 현실까지 두루 살피면서 바람직한 가치관과 현실 대응 방식에 대해 질문을 던지는 작품이다.

| 주제 |
일제 강점기 한 지주 집안의 갈등과 붕괴

1 이 글은 전지적 작가 시점의 소설이므로 주인공이 자신의 이야기를 서술하는 것이 아니라, 작품 밖에 위치한 서술자가 이야기를 전달한다. 주인공이 자신의 이야기를 서술하는 것은 1인칭 주인공 시점이다.

| 오답 풀이 |

① '경부' 등의 단어를 통해 시대적 배경이 일제 강점기라는 것을 알 수 있다.

② 일제 강점기에 자기 가족의 영화만을 추구하는 윤 직원을 통해 사회 현실을 비판하고 있다.

③ '우리만 빼놓고 어서 망해라!', '군수 되구 경찰서장 되구 허머넌, 느덜 좋구 느덜 호강이지.' 등의 말을 통해 윤 직원의 이기적인 태도와 비도덕적인 가치관, 허영심 등을 드러내고 있다.

⑤ 윤 직원을 중심으로 그의 자손들 이야기가 핵심을 이루는데, 이러한 성격의 소설을 가족사 소설이라고 한다.

2 윤 직원은 손자인 종수와 종학이 각각 군수와 경찰서장이 되어서 권력자가 되기를 바라고 있으며, 그것이 자신의 가문을 위한 길이라고 생각하고 있다.

3 ㉠에서는 판소리 창자와 같이 경어체를 사용하여, 부정적 인간성과 세상에 대한 적대감을 바탕으로 이룬 윤 직원의 부유함에 대해 '승리'라고 서술하며 조롱하고 있다.

4 뒷부분을 보면, 전보의 내용에 윤 직원은 큰 충격을 받는다. 그러나 삶의 태도가 변하는 내용은 나타나지 않는다.

| 오답 풀이 |

① 전보의 내용이 전해지면서 그전 이야기와는 다른 이야기가 펼쳐진다.

② 전보의 내용은 손자 종학이 경시청에 검거되었다는 것이다.

④ 종학이 잡혀 갔다는 사실보다 사회주의에 참여했다는 사실에 윤 직원이 더 놀라는 점에서 알 수 있다.

⑤ 전보를 본 윤 직원의 반응을 통해 윤 직원이 손자인 종학에게 큰 기대를 가지고 있었음을 알 수 있다.

5 일본어로 된 전보의 번역은 윤 주사네 서사 민 서방이 했다고 하였다. 윤 주사가 일본어를 잘한다고 판단할 근거는 찾을 수 없다.

| 오답 풀이 |

① 윤 직원은 '해가 서쪽에서 뜨겠구나?'라고 말하며 윤 주사를 부르지도 않았는데 집에 온 것을 이상하게 여기고 있다. 이처럼 윤 직원이 윤 주사를 비아냥거리는 것으로 보아 둘 사이가 좋다고 보기는 어렵다.

③ '지체를 바꾸어, 윤 주사를 점잖고 너그러운 아버지로, 윤 직원 영감을 속 사납고 경망스런 어린 아들로 둘러놓았으면 꼬옥 맞겠습니다.'라는 구절을 근거로 윤 주사가 윤 직원에 비해서는 점잖은 편이라는 것을 추측할 수 있다.

④ 윤 직원이 '멋허러 오냐? 돈 달라러 오지?'라고 말한 것을 통해 추측할 수 있다.

⑤ '윤 주사는 토방으로 내려서는 아들 종수더러', '부친 윤 직원 영감한테 절을 한 자리 꾸부리고서'를 통해 알 수 있다.

6 '해가 서쪽에서 뜨다'는 '전혀 예상 밖의 일이나 절대로 있을 수 없는 희한한 일을 하려고 하거나 하였을 경우를 비

유적으로 이르는 말.'이다.

| 오답 풀이 |

① 거리낌 없이 아주 쉽게 예사로 하는 모양을 뜻하는 말은 '식은 죽 먹기'이다.

② 새의 가느다란 발에서 나오는 피라는 뜻으로, 아주 하찮은 일이나 극히 적은 분량임을 비유적으로 이르는 말은 '새 발의 피'이다.

③ 남이 잘되는 것을 기뻐해 주지는 않고 오히려 질투하고 시기하는 경우를 비유적으로 이르는 말은 '사촌이 땅을 사면 배가 아프다'로, 윤 직원이 평소 윤 주사를 시기하고 있었다고 보기는 어렵다.

④ 남을 해치고 나서 약을 주며 그를 구원하는 체한다는 뜻으로, 교활하고 음흉한 자의 행동을 비유적으로 이르는 말은 '병 주고 약 준다'이다.

7 기대하던 손자 종학이 사회주의 운동으로 검거되자, 윤 직원은 그에 대해 울분을 토하며 강하게 비난하고 있다.

8 윤 직원이 경찰서에 삼천 석을 줄 걸 그랬다고 말한 것은 종학에게 삼천 석을 상속하려고 했으나 사회주의 운동으로 피검되었으니 차라리 사회주의자를 잡아들이는 경찰서에나 주어야겠다고 화를 낸 것이다. 이를 자신의 재산을 국가 기관에 헌납해야 한다고 생각할 근거로 보기는 어렵다.

9 이 글은 전지적 작가 시점으로, 서술자가 개입하여 인물의 심리를 직접 제시하여 평가하고 있으므로 서술자와 인물 사이의 거리는 가깝고, 독자의 개입 여지가 줄어들어 독자와 인물 사이의 거리는 멀다.

| 오답 풀이 |

① 독자가 인물을 직접 평가하기 때문에 독자와 인물 사이의 거리가 가까운 것은 관찰자 시점일 경우이다.

②, ④ 이 글은 서술자가 작품 속에 등장하지 않고, 작품 밖에 서술자가 존재하는 전지적 작가 시점의 소설이다.

⑤ 이 글은 서술자가 인물의 내면을 간접적으로 제시하는 것이 아니라 인물들의 내면을 직접 서술하고 있는 전지적 작가 시점의 소설이다.

간단 확인

1 ○ 2 ○ 3 ✕ 4 ✕

문제

1 ① 2 ⑤ 3 ① 4 ⑤ 5 ①
6 ③ 7 ④ 8 ② 9 ④

작품 독해

1 총수, 독종들
2 방언, 비판적
3 비단잉어, 물질

사고력 키우기

예시 답

• 유자는 사람보다 물질을 중시하는 총수의 위선적인 모습에 비판적인 태도를 보이며 총수를 비꼬고 있다. 이를 통해 유자는 물질보다는 사람이 우선이라고 여기는 인물이며, 자신이 모시는 사람이라도 눈치를 보지 않고 자신의 생각과 신념을 말하는 인물임을 알 수 있다. 즉, 유자는 올바르지 않은 사람이나 상황을 접하면 그것을 바로잡으려고 노력하는 인물이라고 이해할 수 있다.

| 작품 해제 |
이 작품은 고전 산문의 하나인 '전(傳)'의 양식을 차용하여 중심인물인 유자의 일대기를 다룬 소설이다. 지역적 특징이 강하게 드러나는 방언을 사용하여 향토적 정서와 현장감, 생동감을 높이고 있으며, 희극적 상황을 설정하고 사건을 전개하여 독자의 관심과 흥미를 끌고 있다. 실존 인물인 유재필의 삶을 소재로 삼아 그의 일대기를 전달하면서 물질 만능주의에 빠진 현대 사회를 비판하는 작품이다.

| 주제 |
물질 만능주의에 빠진 현대 사회에 대한 비판

1 이 작품의 주인공은 유자이며, 1인칭 관찰자인 '나'가 유자가 겪은 일화를 서술하고 있다.

| 오답 풀이 |
② 주인공은 유자이므로 1인칭 주인공 시점이 아니다.
③ 주인공 유자의 일화를 친구이자 관찰자인 '나'가 서술하고 있으나 유자를 비판적으로 바라보고 있지는 않다.
④ 1인칭 주인공 시점이 아니므로 적절하지 않다.
⑤ 제시된 부분에서는 주로 1인칭인 '나'가 서술하는 1인칭 관찰자 시점에서 이야기를 서술하고 있다.

2 유자가 자기주장을 굽히지 않고 완강할 때는 '경험론적인 설득 논리로써 무장이 되어 있는 경우'라고 하였다. 따라

서 경험이 부족해도 주장을 완강하게 했다는 것은 적절하지 않다.

| 오답 풀이 |
① 유자는 10년도 더 지난 후 잡지를 보고 '나'를 찾아왔다.
② '나'는 민물고기 요리의 해감내가 역하고 싫었으나, 유자는 그 해감내가 문득 그리워졌다고 했다.
③ 유자는 '나'가 준 『사기』를 읽고 난 후부터 책 탐을 드러내며 독서에 흥미를 갖게 되었다.
④ 유자는 직장에서 답답한 일이 있으면 하소연하러 자주 '나'를 만나러 오고는 하였다.

3 ㉠은 '보기만 좋았지 아무 실속이 없는 사람이나 사물을 비유적으로 이르는 말.'을 뜻하는 속담이다. 따라서 겉만 보기 좋다는 것이므로, '겉은 화려하나 속은 빈곤함.'을 뜻하는 '외화내빈(外華內貧)'과 의미가 통한다.

| 오답 풀이 |
② 갑론을박(甲論乙駁): 여러 사람이 서로 자신의 주장을 내세우며 상대편의 주장을 반박함을 뜻한다.
③ 주마간산(走馬看山): 말을 타고 달리며 산천을 구경한다는 뜻으로, 자세히 살피지 아니하고 대충대충 보고 지나감을 이르는 말이다.
④ 동분서주(東奔西走): 동쪽으로 뛰고 서쪽으로 뛴다는 뜻으로, 사방으로 이리저리 몹시 바쁘게 돌아다님을 이르는 말이다.
⑤ 오비이락(烏飛梨落): 까마귀 날자 배 떨어진다는 뜻으로, 아무 상관도 없이 한 일이 공교롭게도 때가 같아 억울하게 의심을 받거나 난처한 위치에 서게 됨을 이르는 말이다.

4 방언을 사용하여 말하기를 한다고 해서 현실에 대해 비판적인 태도를 드러낼 수 있는 것은 아니다.

| 오답 풀이 |
① 방언은 실제로 그 지역의 사람들이 사용하는 말이므로 사실적인 느낌을 줄 수 있다.
② 표준어와 달리 이질적인 방언을 사용한 대화 장면은 독자로 하여금 실제 그 지역의 현장에 있는 듯한 느낌을 준다.
③ 방언으로 표현된 대화 장면은 생생한 느낌을 주어 인물이 생기 있게 살아 움직이는 듯한 느낌을 준다.
④ 방언은 특정 지역의 특징이 반영된 언어이므로 그 지역만의 독특한 정감을 독자에게 전할 수 있다.

5 [A]에서 유자는 회사 직원의 몇 사람 치 월급보다 비싼 비단잉어를 대하는 총수의 태도를 비꼬기 위해 의도적으로 능청스러운 말투를 사용하고 있다.

6 '뱉어낸메네또(베토벤)라나 뭐라나', '차에코풀구싶어(차이콥스키)'는 발음의 유사성을 이용한 언어유희이다.

7 유자는 사람보다 비단잉어를 중시하는 총수의 태도에 불만을 나타내며 능청스러운 태도로 총수를 비판하고 있다. 작가는 이러한 유자의 일화를 통해 물질만을 중시하는 현대인의 모습을 비판하고 있다.

| 오답 풀이 |

① 제시된 일화는 유자의 무례한 태도를 비꼬려는 것과는 관련이 없다. 오히려 총수의 태도를 비꼬고 있다.
② 유자의 삶의 태도를 보여 주는 일화로, 유자의 업적과는 관련이 없다.
③ 삶에 대한 반성을 촉구하는 것이 아니라 물질을 중시하는 현대인의 삶의 태도를 비판하고 있다.
⑤ 총수에 대해 비꼬고 있지만 현실에 저항하며 사회 제도의 변화를 촉구하고 있지는 않다.

8 총수는 비싼 비단잉어는 소중히 여기면서도 유자와 같이 자신의 밑에서 일하는 직원들에게는 잔인무도하다면서 비난하는 모습을 보인다. 이것은 물질만을 중시하며 허영심이 가득한 상류층의 위선적인 모습을 드러내는 것이다. 따라서 총수는 위선적인 상류층의 모습을 나타내는 인물이라고 할 수 있다.

| 오답 풀이 |
① 총수가 비단잉어를 아끼는 것은 그 가격이 비싸기 때문이지 동물의 생명을 소중히 여겨서가 아니다.
③ 총수가 자신의 잘못을 인정하고 자책하는 모습은 찾아볼 수 없다. 총수는 비단잉어를 술안주로 먹은 직원들을 비난하고 있다.
④ 총수가 유자의 말에 화가 났지만 참는 모습을 보이는 것은 자신의 위신 때문이므로 어려운 상황을 웃음으로 넘기는 긍정적인 인물이라고 할 수 없다.
⑤ 총수가 사리 판단을 정확하게 하는 모습은 찾아볼 수 없다.

9 ㉣은 큰소리로 떠드는 것이 아니라 '딱딱한 말씨로 따지고 다투는 소리. 또는 그 모양.'을 뜻한다.

간단 확인

1 ○   2 X   3 ○   4 ○

문제

1 ④   2 ④   3 ②   4 ②   5 ③
6 ②   7 ③   8 ③   9 ④

작품 독해

1 연탄, 노새
2 아버지, 적응
3 도시

사고력 키우기

예시 답

- '나'에게 노새는 가족과 같은 존재로, '나'는 도망간 노새를 찾기 위해 무척 노력하는 등 노새에게 애정을 보인다. 또한 '나'는 아버지에게 연민과 사랑을 느끼고 있으므로 아버지가 소중히 여기는 노새를 더욱 아끼고 돌봐 주자고 할 것이다.
- '나'는 그 누구보다도 아버지와 노새 가까이에서 그들의 고생을 지켜보았다. 노새는 나이를 먹어 감에 따라 점점 쇠약해질 것이고, 새로운 환경에 적응하기도 점점 더 어려워질 것이다. 따라서 노새를 찾더라도 다시 놓아 주자고 할 것이다.

| 작품 해제 |
이 작품은 산업화와 도시화가 급속하게 진행되던 1970년대를 배경으로, 변화하는 환경에 적응하지 못하는 도시 소시민의 불행한 삶을 다룬 소설이다. 당시 새롭게 생겨나던 문화 주택으로 대표되는 변화하는 도시의 모습을 엿볼 수 있으며, 짐을 실어 나르는 데 이용된 노새와 연탄 배달 일을 하는 아버지 등을 통해 고단한 도시 빈민층의 삶도 살펴볼 수 있다. 어린아이인 '나'를 서술자로 설정하여 시대 변화에 적응하지 못하는 존재들에 대한 연민과 안타까움을 담은 작품이다.

| 주제 |
변화하는 대도시의 환경에 적응하지 못하는 도시 소시민의 불행한 삶

1 이 작품은 소설이므로 서사 갈래로 분류할 수 있으며, 인물의 갈등을 중심으로 한 '발단 – 전개 – 위기 – 절정 – 결말'의 구성 단계를 지닌다.

| 오답 풀이 |
① 운율이 있는 함축적인 언어는 시와 같은 서정 갈래의 특징이다.
② 지시문이 존재하는 갈래는 희곡이나 시나리오 같은 극 갈래이다.

③ 작가의 실제 체험을 바탕으로 깨달음을 전하는 갈래는 수필로 대표되는 교술 갈래의 특징이다.
⑤ 시간적·공간적 제약이 많은 갈래는 희곡이 속하는 극 갈래로, 인물의 대화와 행동을 통해 '보여주기' 방식으로 사건이 전개된다.

2 〈보기〉에서는 1970년대의 급속한 산업화와 도시화로 변화한 삶의 모습과 사회적 문제를 설명하고 있다. ㉠은 '새 동네', ㉡은 '구 동네'인데, 슬래브 집은 문화 주택을 가리키며 ㉠에 존재하는 소재이다.

| 오답 풀이 |
① ㉠은 새 동네이므로 〈보기〉에서 언급한 도시화가 이루어지고 있는 장소라고 할 수 있다.
② ㉠은 새 동네이므로 새로운 형식의 주택인 문화 주택이 존재하는 장소라고 할 수 있다.
③ ㉡은 구 동네이므로 〈보기〉에서 언급한 도시의 하층민이 거주하는 공간이라고 할 수 있다.
⑤ 새 동네와 구 동네는 모두 급격한 변화가 이루어지던 1970년대 사회의 모습을 보여 준다고 할 수 있다.

3 '판잣집'은 도시화와 산업화가 진행되기 이전 가난한 동네의 모습을 보여 주는 소재이다. 이 글에서 '소주병'과 '사과'는 새 동네가 들어서기 이전부터 있던 것으로 도시 개발 이전의 가난한 동네와 관련된 소재이다. 반면 '음료수병'과 '귤 상자'는 새 동네와 관련된 소재이다.

4 노새와 말을 맞바꾸었다고 서술하고 있으므로 노새와 말을 함께 부렸다는 설명은 적절하지 않다.

| 오답 풀이 |
① '뒷다리 복사뼈 근처에 늘 상처가 가시지 않는 등 잔병치레가 잦은 터라'라는 부분을 통해 알 수 있다.
③ '할머니와 어머니, 그리고 큰형은 그래도 말이 낫지 그까짓 노새가 무슨 힘을 쓰겠느냐고, 바꾸지 말자고 했으나'를 통해 알 수 있다.
④ '탄을 싣거나 부릴 때 내가 거들려고 나서면 아버지는 한사코 그걸 말렸다.'를 통해 알 수 있다.
⑤ '아버지는 이따금 따라다니지 말고 집에 가서 공부나 하라고 했지만'을 통해 알 수 있다.

5 이 글은 1인칭 서술자인 '나'가 주로 아버지를 관찰한 내용을 서술하고 있다. 따라서 1인칭 관찰자 시점이라고 할 수 있다.

6 아버지가 말과 바꾸어 온 노새를 동정하거나 긍정적으로 바라보는 인물군은 '나'와 아버지이다. '나'는 노새를 정성스럽게 돌봐 주었고, 아버지는 가족들의 반대에도 불구하고 노새를 한번 보고 온 후에 말과 노새를 바꾸었으며, 노새를 우리로 끌고 가 솔질부터 해 주었다.

7 노새는 시대의 변화에 적응하지 못하고 사라져 가는 존재이자, 힘없고 나약한 존재를 의미한다. 나아가 이 작품에서 또 한 마리의 노새는 아버지를 의미하며, 이는 작품의 제목인 '노새 두 마리'와 통한다고 볼 수 있다.

| 오답 풀이 |
① 노새는 산업 문명과 반대의 성격을 지닌 존재이다.
② 〈보기〉와 이 글에서 노새가 마땅히 보호받아야 할 존재라고 파악할 근거는 찾을 수 없다.
④ 노새는 새로운 시대에 정착하지 못한 소외된 존재이다.
⑤ 노새는 나약하고 힘이 없는 존재로 묘사되고 있다.

8 '뒤룩뒤룩'은 '크고 둥그런 눈알이 자꾸 움직이는 모양.'을 뜻하는 단어로, 노새의 난동으로 경찰서에 잡혀갈 위기에 처했음을 알게 된 아버지의 착잡한 심정을 효과적으로 드러내는 의태어이다.

9 ㉣은 어머니의 말에 충격을 받고 집을 나가는 아버지를 걱정해서 한 말이지, 아버지에게 원망을 드러내는 것은 아니다.

| 오답 풀이 |
① 술을 만류하는 '나'의 모습에서 아버지를 걱정하고 있음을 알 수 있다.
② 노새가 사람들에게 입힌 피해를 책임져야 할 입장에 놓인 아버지를 어머니가 걱정하고 있음을 알 수 있다.
③ 경찰서에서 자신을 오라고 했음에도 노새를 찾았는지 물어보는 아버지의 모습에서 노새를 찾기를 바라는 심정을 엿볼 수 있다.
⑤ 시대에 맞게 자동차를 굴리라는 칠수 어머니의 말은 시대에 뒤떨어진 아버지를 무시하는 발언이라고 할 수 있다.

간단 확인

1 X   2 ○   3 X   4 ○

문제

1 ⑤   2 ②   3 ②   4 ⑤   5 ③
6 ④   7 ①   8 ④   9 ①

작품 독해

1 줄타기, 가치, 전달
2 자유, 줄
3 가치, 비판

사고력 키우기

예시 답

• 허 노인과 허운은 줄타기에서 삶의 의미와 가치를 발견한 인물들이다. 이들은 단순히 줄을 타는 것이 아니라 아름답게 타는 것, 특별한 경지에 이르는 것을 목표로 하고 그것을 삶의 의미이자 가치로 받아들이고 있다. 그리고 이를 위해 끝없이 최선을 다하고 노력한다. 반면 '나'는 구체적인 삶의 의미나 가치 없이 무기력하게 살아가는 인물이다. 이에 '나'는 허 노인 부자의 이야기, 그로부터 전해지는 그들의 삶의 가치를 버거워하는 모습을 보인다. 올바른 삶이라는 것이 반드시 목표를 세우고, 그것을 달성해야만 하는 것은 아닐 것이다. 또 허 노인 부자의 삶처럼 특별한 것만도 아닐 것이다. '왜 사는가'에 대한 고민을 바탕으로 자신만이 추구하는 무언가를 발견하고, 그것을 위해 노력하며 사는 것, 그것이 올바른 삶의 태도이자 의미 있는 삶이 아닐까?

작품 해제

이 작품은 전통 예술의 하나인 줄타기를 소재로 하여 줄광대 부자인 허 노인과 허운이라는 두 인물의 이야기를 다룬 소설이다. 묘기를 부리지 않고 줄타기 자체에 몰두하는 이들의 태도를 통해 진정한 삶의 가치를 제시하는 동시에 이들과는 대조적으로 무기력한 삶을 살아가는 '나'의 모습을 통해 삶의 가치를 상실한 현대인의 모습을 비판하고 있다. 허운과 허 노인의 이야기가 내부 이야기로, 이들과 함께 지낸 트럼펫 사내로부터 그 이야기를 전해 듣는 '나'의 이야기가 외부 이야기로 이루어진 액자식 구성을 취하고 있으며, 진정한 삶의 가치를 추구하며 사는 삶은 어떠한 것인지를 생각해 보게 하는 작품이다.

주제

❶ 진정한 삶의 가치에 대한 추구
❷ 삶의 가치를 상실한 무기력한 현대인에 대한 비판

1 제시된 장면은 '나'가 트럼펫 사내에게서 전해 들은 이야기를 3인칭으로 서술한 것이다.

|오답 풀이|

① '나'가 과거에 겪은 사건을 회상한 것이 아니라 사내의 회상을 듣고 서술한 것이다.
② 현재 사건과 관련된 일화가 아닌, 과거의 이야기를 서술하고 있다.
③ '나'는 사건의 관찰자가 아닌, 들은 이야기를 전달하는 서술자이다.
④ '나'가 경험한 사건이 아니라 사내가 해 준 이야기를 들은 것이다.

2 제시된 장면에는 허 노인과 허운 사이의 대화가 나타나 있다. 허운은 사람들 앞에서 줄을 타기를 바라지만, 허 노인은 아직 준비가 되지 않았다고 여겨 이를 허락하지 않고 있다. 이 과정에서 두 인물 사이의 미묘한 갈등을 엿볼 수 있다.

|오답 풀이|

① 허 노인의 질문은 허운이 줄타기에만 몰입하는 경지에 이르렀는지를 확인하는 것으로, 의미 없는 것이 아니다.
③ 허 노인과 허운의 대화는 줄타기의 본질과 관련한 것으로, 일상적인 대화라고 보기 어렵다.
④ 허 노인과 허운의 대화는 허운이 점점 줄타기의 올바른 경지에 도달해 가고 있음을 보여 준다. 따라서 새로운 문제가 부각되고 있다고 보기는 어렵다.
⑤ 허 노인이 말하고자 하는 바를 비교적 간접적으로 전달하고 있으나, 이 때문에 대화가 끊기고 있지는 않다.

3 허운은 줄타기를 배우고 시간이 지나면서 ㉠에서 ㉡으로 바뀌고 있다. 즉, 줄타기를 하면서 ㉠에서는 줄을 의식하고 있으나, ㉡에서는 줄이 보이지 않을 정도로 몰입하고 있음을 알 수 있다.

|오답 풀이|

① 줄타기 실력이 점점 향상되는 것이므로 즐기지 못하고 있다는 것은 적절하지 않다.
③ 줄타기를 배우는 과정이므로 줄타기를 놀이에서 직업으로 바꾸고 있다는 것은 적절하지 않다.
④ 줄타기에 대한 자부심이 아니라 줄타기 실력이 향상되고 있음을 보여 준다.
⑤ 줄타기로 아버지에게 반감이 생겼다는 내용은 확인할 수 없다.

4 단장은 허 노인이 줄을 타면서 재주를 부리지 않았기 때문에 싫어한 것이다. 허 노인은 줄을 탈 때 편하고 쉽게 탄 것이 아니라 혼신의 힘을 다하였다.

|오답 풀이|

① '나'는 트럼펫의 사내로부터 허 노인과 허운의 이야기를 전해 듣고 있다.
② 트럼펫의 사내는 허운과 나이가 가까워 조금씩 이야기하며 지냈고, 남은 시간은 허 노인 부자가 지내는 뒷마당에서 보냈다고 하였다.
③ 허 노인은 줄이 잠시 흔들리는 실수를 하였는데, 누구도 그것을 실수로 생각하지 않았다고 하였다.
④ 허 노인이 줄을 잘 탔다는 것은 허운의 생각이라는 사내의 말을

통해 허운이 허 노인의 줄타기를 진심으로 인정하고 있었음을 알 수 있다.

5 허 노인이 줄을 타는 모습을 '아름다웠다'라고 서술한 것은 허 노인이 줄타기를 예술의 경지로 표현하였다는 것이다. 반면에 단장은 사람들에게 자극을 주고 인기를 모으는 줄타기를 원했다. 따라서 허 노인은 줄타기의 예술적 가치를, 단장은 세속적 가치를 중시하였음을 알 수 있다.

| 오답 풀이 |
① 단장은 재주를 부리는 줄타기를 원했지, 예술적 가치를 중시하지 않았다.
② 허 노인은 줄타기 그 자체의 의미를 추구한 것이므로, 세속적 가치를 중시한다고 할 수 없다.
④, ⑤ 허 노인은 줄타기의 과정과 의미를, 단장은 재주를 부리는 줄타기의 결과물(돈, 인기)을 중시하였다.

6 사내의 이야기를 3인칭 시점에서 서술하다가 [A]에서는 1인칭인 '나'의 시점으로 서술하고 있다. 이는 사내가 관찰한 과거의 이야기에서 현재의 이야기로 장면이 전환된 것이다.

| 오답 풀이 |
㉠ 사내가 이야기하는 중간에 '나'의 개입이 일어난 것으로, 사건 해결의 실마리와는 관련이 없다.
㉢ 새로운 사건이 일어날 것을 암시하는 것이 아니라, 사내의 이야기에 좀 더 신뢰를 주기 위한 것이다.

7 사내는 '나'에게 자신이 알고 있는 허 노인과 허운의 이야기를 힘들지만 꼭 전하고 싶어 하는 것이지, 자신의 힘겨운 삶을 '나'에게 맡기고 의지하려는 것은 아니다.

| 오답 풀이 |
② '나'는 사내가 이야기로써 떠맡기려는 것의 무게를 감당하기 힘들어하고 있다.
③ 허운은 함께 줄타기를 하던 허 노인이 떨어진 줄도 모를 정도로 줄타기에 몰입하는 등 허 노인과 같은 경지에 이르렀다.
④ 사내는 자신이 알고 있는 허 노인과 허운의 이야기를 '나'에게 전하는 전달자의 역할을 하고 있다.
⑤ 주막에서 허 노인이 허운에게 전하는 말은 허 노인이 추구하는 줄타기의 본질이라고 할 수 있다.

8 '나'는 사내로부터 줄타기에서 절대적인 삶의 가치를 발견하고 살아간 허 노인과 허운의 이야기를 들으며 부담스러워하고 있다. 이는 '나'가 삶의 가치를 상실하고 무기력하게 살아가는 인물이기 때문이다. 따라서 이러한 '나'가 자신의 삶의 가치와 문화부장의 기대 사이에서 갈등한다는 것은 적절하지 않다.

| 오답 풀이 |
① 허 노인은 자신만의 줄타기를 추구한 인물이므로 주변에 상관없이 삶의 가치를 지키고자 한 인물이라고 할 수 있다.
② 사내는 허 노인과 허운이 추구한 삶의 가치를 전달하고 있다.

③ 허운은 허 노인과 마찬가지로 절대적인 줄타기를 추구하고 있다. 따라서 아버지인 허 노인과 같은 삶의 가치를 추구하였다고 할 수 있다.
⑤ '나'는 사내가 떠맡기려고 하는, 허 노인과 허운 부자의 삶의 무게를 감당하기 힘들어하고 있다.

9 [A]에서 허 노인은 눈과 귀가 열리지 않는 경지에 대해 말하고 있으므로, 이는 '정신이 한곳에 온통 쏠려 스스로를 잊고 있는 경지.'를 뜻하는 '무아지경(無我之境)'과 관련이 있다.

| 오답 풀이 |
② 일희일비(一喜一悲): 한편으로는 기쁘고 한편으로는 슬퍼함. 또는 기쁨과 슬픔이 번갈아 일어남을 뜻한다.
③ 개과천선(改過遷善): 지난날의 잘못이나 허물을 고쳐 올바르고 착하게 됨을 뜻한다.
④ 자수성가(自手成家): 물려받은 재산이 없이 자기 혼자의 힘으로 집안을 일으키고 재산을 모음을 뜻한다.
⑤ 유명무실(有名無實): 이름만 그럴듯하고 실속은 없음을 뜻한다.

간단 확인

1 X 2 ○ 3 X 4 ○

문제

1 ③ 2 ⑤ 3 ③ 4 ① 5 ④
6 ② 7 ⑤ 8 ④ 9 ⑤

작품 독해

1 봉건적, 근대적, 속물적
2 가문, 가치관, 재산(돈)
3 갈등, 사회

사고력 키우기

예시 답

• 이 작품의 시대적 배경이 되는 일제 강점기는 봉건 시대를 막 지난 시기이며 근대로의 진입기라고 할 수 있다. 이에 따라 당시 사회는 근대와 전근대의 가치관이 혼재하고 충돌이 심화되던 시기였다. 이 작품은 서로를 이해하지 못하는, 봉건적 사고를 대표하는 조 의관과 근대적 사고를 대표하는 조상훈, 그리고 이들과는 또 다른 새로운 세대인 조덕기를 중심인물로 설정하여 당시에 존재했던 가치관의 혼재와 갈등 양상을 보여 주려 하였다고 이해할 수 있다.

│작품 해제│

이 작품은 1920~1930년대를 배경으로 만석꾼 조씨 집안의 '할아버지–아버지–손자' 삼대(三代)의 이야기를 다룬 소설이다. 대지주이며 가문을 중시하는 봉건주의자인 조 의관, 미국 유학을 다녀와 신문물을 받아들이고 기독교 사상을 신봉하지만 도덕적으로 타락한 개화 지식인인 아들 조상훈, 그리고 이들 사이의 중간적 존재인 손자 조덕기가 작품의 중심축을 구성하며, 이 외에도 사회주의자 김병화, 조 의관의 첩 수원집 등 다양한 인물을 통해 세대 간의 갈등과 '돈' 문제를 다루고 있다. 일제 강점기라는 사회 현실을 배경으로 시대 상황을 사실적으로 묘사하고, 그 시대를 살아가는 인물들의 삶을 폭넓게 조망하고 있다는 점에서 의의를 찾을 수 있는 작품이다.

│주제│

일제 강점기 한 만석꾼 가문 내 세대 갈등과 몰락

1 이 작품은 작품 밖에 위치한 전지전능한 서술자가 인물들(조 의관, 상훈, 창훈 일파)의 내면 심리와 생각을 직접 서술하고 있다.

│오답 풀이│

① 이 글의 서술자는 작품 밖에 위치하여 등장인물들의 이야기를 전달하고 있다.

② 소설에서 인물의 성격은 인물 간의 대화나 행동 묘사를 통해 간접적으로 드러나거나, 서술자의 목소리를 통해 직접적으로 드러난다. 제시된 부분에서 서술자는 인물의 내면 심리를 직접 서술하는 데 초점을 맞추고 있다.

④ 한 작품에서 작품 안 서술자(1인칭)와 작품 밖 서술자(3인칭)가 번갈아 나타나는 경우는 드물며, 제시된 장면에서도 이러한 부분은 찾아볼 수 없다.

⑤ 제시된 부분에서는 일화를 여러 개 나열하여 긴장감을 높이는 부분은 나타나지 않는다.

2 이 글에서 조 의관은 봉건적 가치를 옹호하는 인물이고, 상훈은 봉건적 가치를 배척하는 인물이다. 조 의관이 돈을 주고 양반을 산 것에 창훈은 굴욕을 느끼고 있는데, 치산을 한다는 것을 두고도 상훈은 창훈에게 또 새판으로 일을 꾸민다며 비꼬는 것에서 상훈이 봉건적 가치를 대표하는 치산에 대해 부정적 입장이라는 것을 알 수 있다.

│오답 풀이│

①, ② 조 의관은 자신의 힘으로 늘린 돈으로 족보를 사 양반으로 계층을 바꾼 것을 조상에 대한 효도라고 생각하며 자부심을 느끼고 있다.

③ 상훈은 봉건적 제도에 대해 부정적인 태도를 보이는 인물이다. 족보를 위조하기 위해 목돈을 들이는 것 역시 부정적으로 평가하고 있다.

④ 봉건적 사고에 젖어 있는 조 의관은 가문을 위해 치산을 해야겠다고 생각하고 있다.

3 ㉠의 앞부분에서 '아무래도 못하겠다는 말이 입에서 아니 나와서'라고 하였으므로, '맵다고 울면서도 겨자를 먹는다는 뜻으로, 싫은 일을 억지로 마지못하여 함을 비유적으로 이르는 말.'인 '울며 겨자 먹기'가 ㉠에 들어가기에 적절하다.

│오답 풀이│

① 칼로 물 베기: 다투었다가도 시간이 조금 지나 곧 사이가 다시 좋아지는 경우를 비유적으로 이르는 말이다.

② 식은 죽 먹기: 거리낌 없이 아주 쉽게 예사로 하는 모양을 뜻한다.

④ 하늘의 별 따기: 무엇을 얻거나 성취하기가 매우 어려운 경우를 비유적으로 이르는 말이다.

⑤ 달걀로 바위 치기: 대항해도 도저히 이길 수 없는 경우를 비유적으로 이르는 말이다.

4 '상훈이로서는 때리는 사람보다 말리는 놈이 더 미웠다.'를 통해서 상훈이 창훈에 대해 부정적으로 생각하고 있음을 짐작할 수 있다.

│오답 풀이│

② '창훈이는 속으로는 시원하다고 생각하면서도 인사치레로 한마디 하였다.'를 통해서 창훈이 상훈을 두둔하는 척하며 형식적인 예의를 차렸음을 알 수 있다.

③ 영감(조 의관)은 자신의 행동에 대해 '성한 돈 가지고 이런 병신구실해 보기는 처음이다.'라고 평가하고 있다.

④ 영감은 '너같이 오륙천 원씩 ~ 유리하게 쓰는 방법이냐?'라며 상훈의 잘못을 가감 없이 폭로하고 있다.

⑤ '반대를 하는 축들이 많으니까 그 입을 씻기 위하여 쓴 것이다.'를 통해 알 수 있다.

5 영감은 상훈이 지적하고 있는 '공연한 일을 만드는 사람들'이 가문의 위상을 높이고 싶은 자신의 약점을 잡아 농락하고 있음을 알고 있다. 그럼에도 불구하고 어쩔 수 없이 돈을 쓰고 있는 것이다. 이러한 점을 고려할 때, 영감이 이들에 대해 기꺼워할 것이라고 보기는 어렵다.

|오답 풀이|
① 상훈은 이들의 행실을 공격하려는 의도를 지니고 있다. 따라서 자신은 이들과 전혀 다른 사람이라고 생각할 것이다.
② 상훈은 이들이 아버지의 돈을 목적에 맞게 제대로 쓰지 않고 무분별하게 사용하면서 아버지를 속이고 있다고 생각하고 있다.
③ 영감은 자신이 이들에게 농락당하고 있는 것을 알고 있지만, 그럼에도 불구하고 어쩔 수 없이 계속해서 돈을 쓰고 있다. '아들의 말이 옳다고는 생각하였으나'를 통해 영감은 내심 아들의 의견에 동조하고 있을 것이라는 점을 추론할 수 있다.
⑤ 창훈은 영감이 족보를 만드는 일을 돕고 있으므로 상훈의 말이 은연중에 자신을 지적하고 있다고 생각할 것이다. 따라서 이를 불편하게 느낄 것이다.

6 ㉡에서 말은 공손했으나 속은 달랐다고 했으므로 '겉으로 드러나는 언행과 속으로 가지고 있는 생각이 다름.'을 뜻하는 '표리부동(表裏不同)'이 어울린다.

|오답 풀이|
① 역지사지(易地思之): 처지를 바꾸어서 생각해 봄을 뜻한다.
③ 인지상정(人之常情): 사람이면 누구나 가지는 보통의 마음을 뜻한다.
④ 맥수지탄(麥秀之歎): 고국의 멸망을 한탄함을 이르는 말로, 기자(箕子)가 은(殷)나라가 망한 뒤에도 보리만은 잘 자라는 것을 보고 한탄하였다는 데서 유래한다.
⑤ 풍수지탄(風樹之歎): 효도를 다하지 못한 채 어버이를 여읜 자식의 슬픔을 이르는 말이다.

7 창훈은 상훈보다는 오히려 조 의관에 가까운 인물로, 상훈의 입장에 동조하고 있는 것은 아니다. 창훈이 상훈을 끌고 마루로 나오는 장면이 있으나 이를 상훈과 영감의 갈등을 중재하는 것이라고 볼 수는 없다.

|오답 풀이|
① '애비 에미도 모르고 ~'라는 부분을 통해 유교적 가치인 '효(孝)'를 기준으로 상훈을 평가한다고 할 수 있다.
② '지금 이 판에 별안간 치산이란 당한 일입니까.'를 통해 상훈은 '치산'과 같은 봉건적 가치를 배척하고 있음을 알 수 있다. 이처럼 상훈과 조 의관은 서로 다른 가치관 때문에 갈등을 겪고 있다고 할 수 있다.
③ '좌중을 돌려다 보며', '젊은 사람들은 와아 달려들어서 가로막는다.'를 통해 여러 사람들 앞에서 갈등을 직접적으로 드러내고 있음을 확인할 수 있다.

④ 상훈이 '지금 시대에 당한 일입니까?'라고 한 것에서 상훈은 영감의 행동이 시대의 흐름에 부합하지 않는다고 생각하고 있음을 알 수 있다.

8 〈보기〉에서는 이 글이 각 세대가 가지고 있는 다양한 가치관과 삶의 모습을 보여 주되, 이들이 밀접한 연관성을 가지게 하기 위해 독특한 소설적 구성을 취하고 있음을 설명하고 있다. 이 글은 '조 의관 – 조상훈 – 조덕기'에 이르는 3대 구조를 통해 혈연이라는 밀접한 연관성을 가지면서 각 세대의 삶의 모습을 보여 주어 작가의 의도를 효과적으로 전달하고 있다.

|오답 풀이|
① 이 글이 실제 역사적 사건을 바탕으로 했는지 여부는 확인할 수 없으며, 〈보기〉의 설명과도 관련이 없다.
② 이 글에 가치관 차이에 따른 상훈과 영감 사이의 첨예한 대립이 나타나기는 하지만, 갈등은 소설의 일반적인 특징이므로 이것을 통해 〈보기〉의 설명을 뒷받침할 수는 없다.
③ 지배층의 권력을 강화하기 위한 도구는 제시되어 있지 않으며, 〈보기〉의 설명과도 무관하다.
⑤ 남존여비의 전통 속 여성 인권 신장은 이 글의 내용과 관련이 없으며, 〈보기〉의 설명과도 연관성이 없다.

9 [A]와 [B] 모두 인물의 내면 심리가 드러나 있다. [A]에는 재산 상속에 대한 조 의관의 생각이, [B]에는 상훈의 소외감이 구체적으로 드러나 있다.

|오답 풀이|
① [A]는 서술자가 영감에 초점을 맞추어 내면 심리를 서술하고 있다.
② [B]는 서술자가 상훈에 초점을 맞추어 내면 심리를 서술하고 있다.
③ [A]와 [B]는 각각 영감, 상훈에 초점을 맞추어 서술하고 있는 부분으로, 동일한 서술자가 서로 다른 인물에 초점을 맞추어 설명하고 있다.
④ [A]와 [B]에서 서술의 중심이 되는 사건은 영감의 유산 상속에 관한 것이다.

간단 확인

1 ○   2 ○   3 ○   4 X

문제

1 ④   2 ①   3 ②   4 ①   5 ⑤
6 ⑤   7 ④   8 ②   9 ⑤

작품 독해

1 비범, 이시백, 시비
2 외모, 허물, 병자호란
3 영웅, 청나라

사고력 키우기

예시 답

• 이 작품은 병자호란이라는 실제 역사적 사실을 배경으로 하여 삼전도의 굴욕(인조가 청나라에 항복한 일) 등 역사적 사실을 반영하면서도 박씨가 도술을 부려 적장인 용골대를 물리치면서 농락하는 등의 허구적인 내용도 가미하고 있다. 이는 병자호란에서의 패배로 당시 우리 민족이 느낀 좌절감과 치욕감을 심리적으로 치유하기 위한 의도로 이해할 수 있다. 그리고 이를 통해 민족의 자존감과 자긍심을 회복하고자 하는 의도가 담겨 있다고 생각한다.

|작품 해제|

이 작품은 병자호란이라는 역사적 사실을 배경으로, 박씨 부인의 영웅적 면모를 다룬 역사 군담 소설이자 여성 영웅 소설이다. 전반부에는 박씨가 절세가인으로 바뀌는 변신 모티프가 등장하며, 후반부에는 박씨의 영웅적 기상과 재주가 나타나 있다. 역사적 사실과 허구적 내용이 뒤섞여 나타나 있는데, 이는 전란의 패배감을 보상받고자 하는 당시 민족의 욕구를 충족시켜 주기 위한 의도로 이해할 수 있다. 또 여성인 박씨가 초인적인 능력을 지닌 비범한 인물로 설정되어 있는데, 이는 당시 지배 계층이었던 무능한 양반 남성들을 비판한 것이면서 동시에 가부장제 사회에서 억눌려 살아야 했던 여성들의 해방 의식이 반영된 것으로 이해할 수 있다.

|주제|

❶ 박씨의 영웅적 기상과 재주
❷ 청나라에 대한 적개심과 민족의 자존감 회복

1 박씨의 생김새가 박색(薄色, 아주 못생긴 얼굴)인 것에 대해 상공은 개의치 않는 반면, 이시백은 중요하게 여겨 박씨를 멀리하고 있다.

|오답 풀이|

① '이는 다 소부의 탓이옵니다.'라고 하는 것으로 보아 박씨는 원인을 타인의 탓으로 돌리고 있지 않다.

② 박씨는 생김새와 상관없이, 나무를 심어 앞으로 일어날 화를 막고자 하는 등 비범한 능력을 보이고 있다.

③ 상공은 외모와 상관없이 박씨가 가진 능력을 알아보고 박씨를 긍정적으로 평가하고 있다.

⑤ '내 자식이 어리석어서인지 부부간의 즐거움을 알지 못하고'를 통해 이시백이 박씨를 멀리하고 있음을 알 수 있다.

2 상공은 계화에게 박씨의 근황을 묻고 있으므로, 박씨에 대해 궁금한 점을 다른 사람을 통해 해결하고자 하고 있다는 설명은 적절하다.

|오답 풀이|

② 사실을 있는 그대로 대답하고 있을 뿐, 박씨에 대해 불만을 드러내고 있다고 보기는 어렵다.

③ 상공이 '나로서는 감히 그 재주를 헤아릴 수 없을 것이다.'라고 한 것으로 보아 박씨의 재주를 높이 평가하고 있음을 알 수 있다.

④ 상공은 자신의 아들인 이시백을 긍정적으로 보는 것이 아니라, 박씨를 긍정적으로 평가하고 있다.

⑤ 박씨는 이시백이 자신에게 관심을 갖지 않는 것을 자신의 탓으로 돌리고 있다.

3 '뒷날 무슨 일이 생겼을 때 저 나무로 미리 막아 보고자 싶었습니다.'로 보아 박씨에게 비범한 능력이 있음을 추측할 수 있다. 또한 상공이 박씨의 비범한 면모를 알아보는 것으로 보아, '주머니 속의 송곳이라는 뜻으로, 재능이 뛰어난 사람은 숨어 있어도 저절로 사람들에게 알려짐을 이르는 말.'인 '낭중지추(囊中之錐)'가 박씨의 면모를 나타내는 가장 적절한 한자 성어라고 할 수 있다.

|오답 풀이|

① 괄목상대(刮目相對): 눈을 비비고 상대편을 본다는 뜻으로, 남의 학식이나 재주가 놀랄 만큼 부쩍 늚을 이르는 말이다.

③ 난형난제(難兄難弟): 누구를 형이라 하고 누구를 아우라 하기 어렵다는 뜻으로, 두 사물이 비슷하여 낫고 못함을 정하기 어려움을 이르는 말이다.

④ 견강부회(牽强附會): 이치에 맞지 않는 말을 억지로 끌어 붙여 자기에게 유리하게 함을 뜻한다.

⑤ 온고지신(溫故知新): 옛것을 익히고 그것을 미루어서 새것을 앎을 뜻한다.

4 이 글은 전지적 작가 시점의 작품으로, 작품 속의 등장인물이 아니라 작품 밖에 위치한 전지전능한 서술자를 통해 이야기를 전개하고 있다.

|오답 풀이|

② 이 글은 전지적 작가 시점의 작품으로, 1인칭 서술자는 등장하지 않는다.

③ 이 글에 인물에 대한 외양 묘사는 나타나지 않으며, 인물을 우스꽝스럽게 만드는 희화화 역시 나타나 있지 않다.

④ 호흡이 긴 문장을 통해 등장인물의 정돈되지 않은 내면을 드러내고 있다는 것은 이 글에 대한 설명으로 적절하지 않다.

⑤ 시간과 공간의 변화가 일어나면 장면의 전환이 일어난다고 할 수 있다. 상공과 처사의 만남에서 박씨의 변신으로 사건의 전환이 나

타나 있으나, 빈번한 장면 전환이 일어났다고 보기는 어렵다.

5 ㉠은 변신한 박씨의 아름다움을 나타낸 것이지, 인물에 대한 부정적 인식을 드러내는 것은 아니다.

| 오답 풀이 |

① '월궁항아', '무산 선녀' 등 중국의 옛이야기에 등장하는 인물들을 인용하고 있다.

② '월궁항아', '무산 선녀', '서시', '양귀비'와 같이 여러 인물들을 나열하고 있다.

③ '~라도 따르지 못할 듯했고', '~도 미치지 못할 정도였다.' 등과 같이 비교의 방법을 사용하고 있다.

④ '아름답기 그지없었으며', '기이했다.', '미치지 못할 정도였다' 등 박씨에 대한 서술자의 평가가 나타나 있다.

6 전기성은 현실에서 일어날 수 없는 일이 일어나는 것이다. 이를 고려하여 기이한 부분을 찾으면, ⓒ에서 처사가 학을 타고 공중에 올라가는 장면과 ⓓ에서 박씨가 둔갑술을 부리는 장면이라고 할 수 있다.

| 오답 풀이 |

ⓐ 처사와 상공에 관한 진술로, 기이한 사건과는 관계가 없다.

ⓑ 처사가 박씨를 불렀다는 진술로, 기이한 사건과는 관계가 없다.

7 계화는 '무지한 오랑캐 놈들아! ~ 당장 왕비를 모셔 오너라.'라며 말하고자 하는 바를 직설적으로 전달하고 있다.

| 오답 풀이 |

① 박씨는 '명심하여라.', '듣거라' 등 용골대에게 시종일관 해라체를 사용하여 하대하고 있다.

② 박씨는 '조양자', '지백'과 같은 중국의 옛이야기에 등장하는 인물을 인용하여 말하고 있다.

③ 용골대는 계화의 말에 코웃음을 날리며 가소롭다고 무시하는 등 모욕적인 발언을 하였다.

⑤ 용골대는 '이시백의 후원을 범치 말라 하셨는데, 과연 그것이 틀린 말이 아니었구나.'라며 왕비의 말을 떠올리면서 자신의 잘못을 깨닫고 있다.

8 〈보기〉에서는 박씨가 의존적이고 현실 순응적인 인물이 아니라, 적극적이고 주체적인 인물임을 설명하고 있다. 따라서 박씨가 다정함이 넘치는 여성의 모습을 보여 준다는 평가는 적절하지 않다.

| 오답 풀이 |

① 작품 속 박씨를 통해 당시 여성들은 여성이라고 해서 무력하지만은 않으며 남성 못지 않게 활약할 수 있다는 희망을 얻었을 것이라고 볼 수 있다.

③ 박씨는 규방에 안주하는 수동적인 여성이 아니라 스스로 나서서 남편을 돕고 나라를 위기에서 구하는 적극적인 여성이므로 주체적으로 일을 수행하는 능력이 있다고 평가할 수 있다.

④ 봉건적 인습에 억눌려 살아왔던 당시 여성들의 해방 욕구가 반영된 인물이라고 평가할 수 있다.

⑤ 나라가 위기에 처하자 남성보다 뛰어난 능력으로 외적을 물리치는 여성의 활약상을 그림으로써 남성보다 뛰어난 여성이 있을 수 있음을 보여 주었다고 평가할 수 있다.

9 이 작품이 병자호란에서의 패배를 그대로 기록하지 않고, 우리나라가 승리한 것처럼 지어진 것은 전쟁에서 패한 것에 대해 정신적으로나마 위안을 주고 민족의 자존감을 회복하기 위해서였다고 이해하는 것이 가장 적절하다.

| 오답 풀이 |

①, ③ 소설의 허구성을 살리거나 이야기를 더 재미있게 하기 위해서라면 역사를 왜곡하기보다 다른 요소를 사용하는 것이 더 효과적일 것이다.

② 박씨의 영웅적 활약은 실제 역사와는 별개의 요소이다. 여성의 실제 활약을 보여 주는 것은 실제 역사를 배경으로 하지 않아도 창작이 가능하므로, 적절하지 않다.

④ 사람들에게 현실을 극복할 수 있는 힘을 주는 문학의 영향력과 관련지어 생각해 볼 수 있다고 하였으므로, 단순히 역사적 사실을 모르는 사람이 창작했기 때문이라고 보는 것은 적절하지 않다.

간단 확인

1 ○　　**2** X　　**3** X　　**4** ○

문제

1 ③　　**2** ②　　**3** ⑤　　**4** ①　　**5** ②

6 ②　　**7** ③　　**8** ⑤　　**9** ③

작품 독해

1 절개, 사랑, 탐관오리

2 사랑, 수청

3 신분, 지배 계층

사고력 키우기

예시 답

• 몽룡은 자신의 신분을 감추고 옥사를 방문한 과정에서 춘향이 몽룡의 처지에 상관없이 몽룡에 대한 애정을 지키고 있음을 확인하였다. 그런데도 어사출두 이후에 다시 한번 춘향의 정절을 시험한 것은 어사또라는 지위를 내세워 사랑하는 이를 극한으로 몰고 간 행위라고 볼 수 있다. 따라서 이러한 몽룡의 행동은 비판받아 마땅하다고 생각한다.

• 몽룡은 천민 출신인 춘향을 받아들였으나, 다시 한번 시험한 것은 춘향이 어사또라는 직책 앞에서도 정절을 지키는 여인임을 여러 사람 앞에서 드러냄으로써 양반가의 부인이 될 자격이 있음을 증명하고자 하는 의도가 있었기 때문이라고 해석할 수 있다. 실제로 춘향은 이후 임금으로부터 정렬부인을 하사받는데, 여기에는 이러한 행동도 하나의 근거가 될 수 있기 때문이다. 따라서 몽룡의 시험은 이후의 일까지 고려한, 춘향을 믿기에 행할 수 있었던 행위로 볼 수 있다고 생각한다.

| 작품 해제 |

이 작품은 기생의 딸인 춘향과 양반가 자제인 몽룡의 신분을 초월한 사랑 이야기를 다룬 고전 소설이다. 암행어사 설화, 열녀 설화 등 여러 설화를 바탕으로 판소리로 창작된 작품이 소설로 정착된 판소리계 소설로, 운문체와 산문체, 양반의 언어와 민중의 언어 등이 혼재되어 있는 모습에서 판소리계 소설의 특징을 엿볼 수 있다. 조선 후기의 사회상 및 민중의 소망이 투영되어 있으며, 뛰어난 풍자와 해학으로 오늘날까지도 많은 이들이 즐겨 읽는 작품으로, 문학적으로도 매우 뛰어난 고전 소설 중 하나로 평가받고 있다.

| 주제 |

❶ 신분을 초월한 남녀 간의 사랑

❷ 부패한 지배 계층에 대한 항거

1 운봉은 잔치 분위기를 고조시키기 위해 '차운 한 수씩 하여 보면 어떠하오?'라며 시를 지을 것을 제안하였고 이에 시를 지은 것은 본관이 아니라 어사또이다.

| 오답 풀이 |

① 본관은 술주정이 나서 춘향을 급히 올리라고 하였다.

② 본관은 어사또의 시를 보고도 아무것도 눈치채지 못했다. 그랬기에 잔치를 계속하며 술주정이 나서 춘향을 급히 올리라고 분부한 것이다.

④ 운봉이 어사또가 지은 시를 보고 '일이 났다.'라고 한 것으로 보아 어사또의 정체를 짐작하였음을 알 수 있다.

⑤ 어사또의 시는 본관의 횡포와 백성들의 고통을 표현하고 있다. 따라서 어사또는 시를 통해 자신의 정체를 간접적으로 암시하고 있다고 할 수 있다.

2 [A]는 어사또가 본관의 횡포를 비판하고 백성들의 고통스러운 상황을 표현한 시이다. 이것은 앞으로 일어날 사건인 어사출두를 암시하며 작품에 긴장감을 높이는 기능을 한다.

| 오답 풀이 |

① 어사또가 지은 시는 탐관오리의 가렴주구와 그 때문에 고통받는 백성들의 아픔을 표현한 것일 뿐, 어사또의 비범한 능력을 암시하는 것은 아니다.

③ 작품 전체에 서정적인 분위기를 조성하는 것이 아니라 긴장된 분위기를 조성한다.

④ 공간적, 시간적 배경을 아름답게 표현하는 것이 아니라 부패한 본관을 비판하며 새로운 사건이 일어날 것을 암시하고 있다.

⑤ 갈등이 해소되는 것이 아니라 새로운 사건이 발생할 것을 암시한다. 또 인물과 운명과의 갈등도 나타나지 않는다.

3 ⓔ은 서술자가 직접 작중 상황을 평가하는 편집자적 논평이 나타난 부분이다. 어사출두 장면에 대해 강산이 무너지고 천지가 뒤집히는 듯 초목금수가 떨 것이라며 서술자의 평가를 드러내고 있다.

| 오답 풀이 |

①, ③ 운봉의 행동을 서술하고 있다.

② 인물의 내면 심리를 서술하고 있을 뿐, 서술자의 의견이나 평가는 나타나지 않는다.

④ 어사또의 행동을 서술하고 있다.

4 제시된 부분은 구성 단계상 절정에 해당하지만, 등장인물 간의 갈등이 최고조에 달하고 있지는 않다. 어사출두로 본관을 비롯한 탐관오리들이 벌을 받고, 어사또가 옥에 갇힌 춘향을 대면하는 극적인 상황이 제시되어 있을 뿐, 인물 간의 갈등은 확인할 수 없다.

| 오답 풀이 |

② 춘향과 백성을 괴롭히는 부패한 관리인 본관이 벌을 받는 등 권선징악적 주제가 드러나는 장면이다.

③ 고전 소설이므로 산문에 해당하지만 판소리의 영향을 받아, 중간에 일정한 글자 수의 반복으로 리듬감을 느낄 수 있는 운문체가 삽입되어 있다.

④ 어사출두 장면에서 부패한 아전들이 도망치는 모습을 호흡이 짧은 어구와 문장을 사용하여 속도감 있게 표현하고 있다.
⑤ '문 들어온다 바람 닫아라. 물 마르다 목 들여라.'에서 도치에 의한 언어유희를 사용하여 부정적 인물인 본관을 풍자하고 있다.

5 어사또는 자신의 정체를 숨긴 채 춘향의 절개를 시험하고 있을 뿐, 춘향을 못마땅해하고 있지는 않다.

| 오답 풀이 |
① 본관은 봉고파직을 당하여 자신의 직책에서 파면당했다.
③ 본관 사또는 어사출두 후에 매우 당황하여 '똥을 싸고 멍석 구명 새앙쥐 눈 뜨듯 하고' 있다.
④ 어사또는 자신의 수청을 들라며 춘향을 시험하고 있다.
⑤ 어사또는 자신의 정체를 드러내지 않고 춘향을 떠보고 있다.

6 [A]는 어사출두 후에 수령들이 허겁지겁 도망가는 모습을 과장하여 풍자적으로 그리고 있으므로 '혼백이 어지러이 흩어진다는 뜻으로, 몹시 놀라 넋을 잃음을 이르는 말.'인 '혼비백산(魂飛魄散)'이 적절하다.

| 오답 풀이 |
① 군계일학(群鷄一鶴): 닭의 무리 가운데에서 한 마리의 학이란 뜻으로, 많은 사람 가운데서 뛰어난 인물을 이르는 말이다.
③ 설상가상(雪上加霜): 눈 위에 서리가 덮인다는 뜻으로, 난처한 일이나 불행한 일이 잇따라 일어남을 이르는 말이다.
④ 동상이몽(同牀異夢): 같은 자리에 자면서 다른 꿈을 꾼다는 뜻으로, 겉으로는 같이 행동하면서도 속으로는 각각 딴생각을 하고 있음을 이르는 말이다.
⑤ 사면초가(四面楚歌): 아무에게도 도움을 받지 못하는, 외롭고 곤란한 지경에 빠진 형편을 이르는 말이다.

7 '한참 이리 즐길 적에 춘향 어미 들어와서 가없이 즐겨하는 말을 어찌 다 설화하랴.', '고향을 이별하니 일희일비가 아니 되랴.', '모두가 총명하여 그 부친보다 낫더라.' 등에서 편집자적 논평, 즉 서술자의 개입이 드러난다. 또 고난을 이기고 사랑을 성취한 춘향과 몽룡이 행복한 일생을 보낸다는 행복한 결말이 나타난다.

| 오답 풀이 |
ㄱ. 주인공을 도와주는 조력자는 등장하지 않는다.
ㄴ. 기이한 사건이나 비현실적으로 도술을 부리는 등 전기적 요소는 나타나 있지 않다.
ㄷ. 제시된 장면에는 두 인물의 사랑의 성취를 보여 주는 장면만 나타나 있을 뿐, 우연에 의한 사건 전개는 나타나 있지 않다.
ㅂ. 주인공의 비범한 능력은 구체적으로 나타나 있지 않다.

8 '명관(名官)'은 정치를 잘하여 이름이 난 관리를 뜻하는 말로, ㉠은 말하고자 하는 바와 반대로 표현하는 반어법이 사용된 표현이다. 즉, 춘향은 자신의 수청을 들라는 어사또의 말에 '명관'이라고 비꼬며 반어적으로 표현하고 있다. ⑤의 '나 보기가 역겨워 / 가실 때에는 / 죽어도 아니 눈물 흘리우리다.'는 실제로는 매우 슬퍼하면서도 눈물을 흘리지

않겠다며 반어적으로 표현한 것이다.

| 오답 풀이 |
① 아우성은 떠들썩하게 기세를 올려 지르는 소리인데 '소리 없는 아우성'이라고 표현하고 있으므로, 논리적으로 모순을 일으키는 표현인 역설법이 사용되었다.
② '~듯이, ~같은, ~처럼, ~인 양' 등을 사용하여 원관념과 보조 관념을 직접 연결하는 직유법이 사용되었다.
③ 'A는 B이다'의 형식으로 원관념과 보조 관념을 연결하는 은유법이 사용되었다.
④ 사람이 아닌 것을 사람처럼 표현하는 의인법이 사용되었다.

9 '일희일비(一喜一悲)'는 '한편으로는 기뻐하고 한편으로는 슬퍼함.'을 뜻한다. 이는 어사또가 된 몽룡의 도움으로 죽게 될 위기에서 벗어나 그와 함께 서울로 가는 기쁨과, 태어나서 자란 남원을 떠나는 슬픔이 교차됨을 나타낸 것이다. 고향을 떠나 슬퍼하는 마음도 있으므로, 마냥 기뻐하는 춘향의 마음이 드러나 있다는 설명은 적절하지 않다.

| 오답 풀이 |
① '이화춘풍'은 '오얏꽃에 부는 봄바람'이라는 표면적 의미와 함께 어사가 된 몽룡을 비유하는 중의적 표현이다.
② '어찌 다 설화하랴.'는 설의법이 사용된 표현으로, 말로 다 설명할 수 없다는 의미이다.
④ 왕유의 한시를 인용하며 '나를 두고 이름이라.'라고 하였으므로 '떠난 객'은 춘향 자신을 가리키는 것으로 이해할 수 있다.
⑤ 춘향이 기생의 딸에서 정렬부인이 되었으므로 신분이 상승한 것이라 할 수 있다.

간단 확인

1 X   2 ○   3 ○   4 X

문제

1 ①   2 ⑤   3 ②   4 ②   5 ⑤
6 ①   7 ②   8 ④   9 ④

작품 독해

1 유교적(가부장적), 악인
2 겸손, 남성
3 첩, 가부장, 적자

사고력 키우기

예시 답

• 이 작품에서 교씨는 유 한림의 총애를 받기 위해 사씨를 모함하고, 결국 사씨는 쫓겨난다. 이러한 갈등 구조는 희빈 장씨가 숙종의 사랑을 얻기 위해 인현 왕후를 모함하여 결국 인현 왕후가 폐위된 일련의 사건과 흡사하다. 이 작품에서 사씨는 결국 고난 끝에 유 한림과 다시 만나 정실부인으로 돌아오고, 교씨는 그간의 잘못에 걸맞은 최후를 맞이하는데, 이를 통해 볼 때, 작가는 숙종이 희빈 장씨를 멀리하고 다시 인현 왕후를 받아들이도록 하고자 하는 의도로 이 작품을 창작했다고 추측할 수 있다.

|작품 해제|

이 작품은 조선 숙종 때 김만중이 지은 한글 소설로, 처첩 간의 갈등을 다룬 가정 소설이다. 중국 명나라를 배경으로 양반 사대부인 유 한림의 가정에서 일어난 일을 다루고 있으나, 당시 숙종이 인현 왕후를 폐위하고 희빈 장씨를 중전에 책봉한 사건을 두고 숙종의 마음을 되돌리기 위해 지은 작품이라고 전해지기도 한다. 현모양처로서 성품이 곱고 선한 사씨와 위선적이고 교활한 교씨를 중심으로 사씨와 같은 여인의 부덕(婦德)을 높이는 동시에 교씨와 같은 악인은 패망한다는 교훈을 전하고 있다. 이전의 고전 소설들이 영웅의 일대기나 남녀 사이의 애정을 주로 다룬 데 비해 이 작품은 가정과 가문의 문제를 사실적으로 그려 냈다는 점에서 가정 소설이라는 새로운 영역을 개척했다는 평가를 받기도 한다. 가문의 적통(嫡統) 계승과 처첩 제도 등 당시의 시대상을 엿볼 수 있으며, 고전 소설의 권선징악적 주제가 잘 드러나는 작품이다.

|주제|

사씨의 높은 덕성과 권선징악

1 유 소사는 새로 맞이한 며느리인 사씨의 성품을 알고자 여러 가지 질문을 던졌다. 이는 유 소사가 질문에 대한 대

답을 듣고 사씨의 명석함과 덕성에 크게 만족하며 사씨의 품성을 칭찬하는 것을 보아 알 수 있다.

|오답 풀이|

② 유 소사가 사씨의 과거 행적을 알려는 의도로 질문을 했다고 보기는 어렵다.
③ 유 소사가 사씨의 미래 계획을 알려는 의도로 질문을 했다고 보기는 어렵다.
④ 유 소사가 사씨에게 자신에 대해 어떻게 생각하는지 알려는 의도로 질문을 했다고 보기는 어렵다.
⑤ 사씨가 유씨 가문에 피해를 준 일에 대해서는 제시된 바가 없다.

2 사씨는 '장차 어떻게 남편을 도와 바른길로 이끌 것이냐?'라는 소사의 물음에 '반드시 공경하고 반드시 경계하여 지아비의 뜻에 어긋나지 마라'는 어머니의 말씀을 따른다면 큰 허물은 면할 수 있을 것이라고 대답하였다. 따라서 사씨는 지아비를 공경하고 뜻을 어기지 않는 것이 아내의 도리라고 생각함을 알 수 있다.

|오답 풀이|

① 사씨는 가문을 중요하게 생각한다.
② 사씨가 가문을 중요시하고는 있으나 국가와 사회보다 중요시한다고 볼 근거는 찾을 수 없다.
③ 사씨는 여성이 남성에 종속되어 있다고 생각한다.
④ 사씨가 변변찮은 남자와 혼인하기보다 미혼으로 사는 것이 낫다고 생각하고 있는지는 알 수 없다.

3 '어진 부녀자들'과 의미가 가장 유사한 것은 '어진 어머니이면서 착한 아내.'라는 뜻을 가진 '현모양처(賢母良妻)'이다.

|오답 풀이|

① 재자가인(才子佳人): 재주 있는 남자와 아름다운 여자를 아울러 이르는 말이다.
③ 갑남을녀(甲男乙女): 갑이란 남자와 을이란 여자라는 뜻으로, 평범한 사람들을 이르는 말이다.
④ 경국지색(傾國之色): 임금이 혹하여 나라가 기울어져도 모를 정도의 미인이라는 뜻으로, 뛰어나게 아름다운 미인을 이르는 말이다.
⑤ 선남선녀(善男善女): 1) 성품이 착한 남자와 여자란 뜻으로, 착하고 어진 사람들을 이르는 말이다. 2) 곱게 단장을 한 남자와 여자를 이르는 말이다.

4 교씨는 '첩의 속된 노래와 비루한 음악으로 군자의 귀를 더럽히면서'라고 말했을 뿐, 유 한림에게 들려줄 만하다고 말하지는 않았다.

|오답 풀이|

①, ③ '거칠고 졸렬한 줄도 모르고 ~ 웃으시도록 하고자 한 것일 뿐입니다.'라는 말을 통해 알 수 있다.
④ '오늘 아침 부인이 첩을 불러 꾸짖기를 ~ 명을 따르지 않았던 것입니다.'라는 말을 통해 알 수 있다.
⑤ '듣자 하니 네가 음란하고 바르지 못한 음악으로 장부의 마음을 미혹케 하며'라는 말을 통해 알 수 있다.

5 유 한림은 사씨가 평소 투기하지 않는다고 생각하고 있

으며, 교씨에게도 '(사씨가) 본성이 온화하여 자네를 해하려는 마음은 결코 없을 테니 만에 하나라도 의심하지 말게.'라고 말하고 있다.

| 오답 풀이 |
① 유 한림이 사씨가 노래를 잘 부르고 악기 연주를 잘한다고 생각하는지는 알 수 없다.
② 다른 사람의 미색을 질투하는 모습은 교씨가 유 한림에게 거짓으로 한 말이지, 유 한림이 그렇게 생각하는 것이 아니다.
③ 유 한림은 처음 교씨의 말을 들었을 때에는 평소에 알던 사씨의 모습이 아니어서 깜짝 놀라지만, 가만히 헤아려 본 후에는 사씨에 대한 믿음을 보여 주고 있다.
④ 유 한림은 사씨를 본성이 온화한 사람이라고 생각하고 있으므로, 순수한 인물이 아니라는 것은 유 한림의 평가로 적절하지 않다.

6 이 글에서 편집자적 논평이 드러나는 부분은 '오호라! ~ 어찌 조심하지 않겠는가.'이다. 이 부분에서 서술자는 교씨의 잘못된 품성과 행동을 지적하고 있다.

| 오답 풀이 |
② 서술자는 편집자적 논평을 통해 사씨가 품성이 훌륭한 인물이라는 점을 말하고 있다.
③ 서술자는 편집자적 논평을 통해 교씨의 교활함을 비판하고 있다. 또 내용 전개상 교씨는 악인형 인물의 전형적인 모습을 보이고 있으므로 독자가 교씨의 장점을 파악할 기회를 준다는 설명은 적절하지 않다.
④ 편집자적 논평이 나타나는 부분에서 교씨의 개과천선을 암시하는 부분은 찾아볼 수 없다.
⑤ 〈보기〉에서 편집자적 논평은 독자의 상상력을 제한할 수 있다고 하였으므로, 독자의 상상력만으로 작품을 감상하게 한다는 설명은 적절하지 않다.

7 이 글은 본처와 첩 사이의 갈등이 주요한 사건이고, 그것 때문에 가정 내의 불화가 찾아온 이야기를 다루고 있으므로 처첩 제도로 생긴 부녀자 간의 갈등을 반영하고 있음을 알 수 있다.

| 오답 풀이 |
① 이 글에 군신 관계가 무너진 모습은 나타나 있지 않다.
③ 이 글에 신분 제도로 인해 뛰어난 능력을 지닌 인물이 관리로 등용되지 못하는 모습은 드러나 있지 않다.
④ 처첩 간의 갈등이 장자 상속 제도와 연관이 있기는 하지만, 형제 간의 갈등이 심화되는 모습은 나타나 있지 않다.
⑤ 돈을 받고 부정적인 일을 행하는 인물이 나오기는 하지만, 부유하고 능력 없는 사람들이 권력을 획득하는 것에 대한 비판은 찾아볼 수 없다.

8 '교씨는 심기가 불편해 납매와 몰래 ~ 사씨가 마시는 약에 가만히 탔다.'라는 부분을 통해 자애롭고 덕성이 높은 사씨와 달리 교씨는 남을 해하려는 마음을 지니고 있음을 알 수 있다.

| 오답 풀이 |
① 사씨가 다른 사람을 질투하는 모습은 찾아볼 수 없다. 다른 사람

을 질투하는 것은 교씨이다.
② 사씨가 간악한 계교를 꾸미는 모습은 찾아볼 수 없다. 간악한 계교를 꾸미는 것은 교씨이다.
③ 장주의 유모는 한림이 인아만 사랑한다며 다른 사람을 모함하는 말을 교씨에게 하였고, 교씨는 이 말을 믿고 있다.
⑤ 교씨는 사씨가 아들을 낳자 기뻐서 애지중지하는 체했다. 이는 다른 사람을 대할 때 겉과 속이 다른 것이므로, 사람을 진심으로 대한다고 보기 어렵다.

9 〈보기〉에서는 「사씨남정기」가 백성의 도리를 돈독히 하고 세상에 교훈을 줄 수 있다고 하였다. 이는 작품의 사회적 가치를 제시하고 있는 것인데, 이 글의 내용을 바탕으로 하면 결국 사씨가 보여 주는 이상적인 여인상, 또 그녀가 추구하는 유교적 가치관 등이 당시 사람들에게 교훈을 주었을 것으로 보는 것이 적절하다.

| 오답 풀이 |
① 사씨는 여성은 남성에게 종속된다는 가치관을 가지고 있기 때문에 남존여비 사상을 지니고 있다고 볼 수 있는데, 그것이 양반층의 반감을 일으켰다고 보기는 어렵다. 오히려 양반 계층에서는 사씨를 긍정적으로 받아들였을 가능성이 크다.
② 유 한림의 사랑을 쟁취하려는 교씨를 독립적인 여성상이라고 보기 어렵고, 악인인 교씨를 당시 여성들이 좋아했을 것이라고 보기도 어렵다.
③ 교씨가 교활한 처세술을 보이는 것은 맞지만, 그 때문에 악행을 저지르게 되므로 당시 하층민에게 긍정적인 영향을 주었다고 보기는 어렵다.
⑤ 가부장 제도하의 조선 사회라는 것을 고려할 때, 사씨가 보여 주는 종속적이고 수동적인 여인상은 당시 사회의 이상적인 여인상으로 받아들여졌을 가능성이 크다.

간단 확인

1 ○ 2 X 3 ○ 4 X

문제

1 ④ 2 ③ 3 ② 4 ② 5 ⑤
6 ⑤ 7 ④ 8 ③ 9 ⑤

작품 독해

1 당황, 벌레, 저것
2 혐오, 소외
3 소외, 소통

사고력 키우기

|예시 답|

• 변신 모티프가 사용된 우리나라의 문학 작품으로는 「옹고집전」이 있다. 이 작품에서는 허수아비가 가짜 옹고집으로 변신하여 인색한 진짜 옹고집과 다투는 과정을 보여 주는데, 이를 통해 행한 대로 결과를 얻는다는 불교의 인과응보 사상과 유교의 효 사상을 강조하고 있다. 즉, 이 작품에서 변신 모티프는 '권선징악과 효'라는 작품의 주제를 효과적으로 드러내는 장치로 사용되고 있다.

|작품 해제|

이 작품은 현대인의 불안한 내면세계와 소외 현상을 그린 소설이다. 주인공인 그레고르가 벌레로 변한 것은 일상적 세계로부터 소외된 것을 의미하며, 벌레로 변신한 뒤 사람들과 단절된 모습은 가족과 주변 사람, 사회로부터 소외된 것을 의미한다. 이 작품에서 가족과 사회는 더 이상 따뜻한 공동체의 관계가 아닌, 자신의 필요에 따라 인간을 도구로 사용하는 계약적인 관계로 묘사된다. 여기에서 인간이 인간 자체로 존중받지 못하고, 관계로부터 소외되고 버려지는 인간성 상실의 시대에 대한 비판을 엿볼 수 있다.

|주제|

❶ 현대인의 고독과 소외
❷ 부조리한 삶에 대한 비판

1 이 글은 전지적 작가 시점의 작품으로, 작품 밖 서술자가 등장인물의 심리와 사건의 전모를 전달하고 있다.

|오답 풀이|

① 작품 안 서술자 '나'가 자신의 이야기를 전달하는 것은 1인칭 주인공 시점이다.
② 작품 안 서술자가 다른 사람의 이야기를 전달하는 것은 1인칭 관찰자 시점이다.
③ 작품 밖 서술자가 인물의 내면 심리는 모른 채 관찰한 내용만 전달하는 것은 3인칭 관찰자 시점이다.

⑤ 서술자가 작품 안과 밖을 넘나드는 것은 소설에서 극히 나타나기 어렵다. 이 글에도 이러한 모습은 나타나지 않는다.

2 〈보기〉에서는 이 글이 주인공인 그레고르의 갑작스러운 변신으로 이야기가 시작되어 독자의 관심과 흥미를 유발하면서, 소외된 현대인의 모습을 효과적으로 그려 냈음을 설명하고 있다.

|오답 풀이|

① 그레고르의 변신은 갑자기 제시된다. 이러한 갑작스러운 사건의 시작은 독자들에게 이질적인 느낌을 주는 동시에 호기심을 불러일으킬 수 있다.
② 벌레가 주는 흉측한 이미지가 있을 수 있으나, 〈보기〉의 내용과는 거리가 멀다.
④ 이 글에서 그레고르가 왜 변신을 하게 되었는지 설명되어 있지 않지만, 〈보기〉에서는 설명 없이 변신이 일어난 것이 독자의 관심과 흥미를 유발한다고 하였다.
⑤ 이 글이나 〈보기〉에서 자연 친화와 관련된 내용은 찾아볼 수 없다.

3 그레고르가 '사무실에서 근무하는 것보다 업무상 스트레스가 훨씬 더 심하다.'라고 생각하는 부분을 통해 업무 스트레스가 심하다는 것을 확인할 수 있다.

|오답 풀이|

① '날이면 날마다 여행이나 다녀야 하다니.'로 보아 거의 매일 출장을 다녀야 하는 상황임을 짐작할 수 있다.
③ '기차를 제대로 갈아타려고 신경 써야 하는 일'이라고 제시되어 있다.
④ '불규칙하고 형편없는 식사'라고 제시되어 있다.
⑤ '상대가 늘 바뀌는 탓에 결코 지속될 수도 없고 진실해질 수도 없는 만남 따위들'이라고 제시되어 있다.

4 아버지는 앞으로 기어 나오고 있는 그레고르를 하숙인들이 보지 못하도록 필사적으로 막으려고 하고 있다. 이러한 아버지의 행동은 그레고르의 존재를 숨겨 온 것을 하숙인들이 눈치채지 못하도록 하기 위한 것으로, 그레고르를 보호하기 위한 행동은 아니다.

|오답 풀이|

① 여동생은 돌연 연주가 중단된 후 넋이 나간 듯 멍하게 있는 모습을 보이고 있다. 이를 통해 여동생은 그레고르의 등장을 예상하지 못했음을 알 수 있다.
③ 아버지는 하숙인들이 그레고르의 모습을 보지 못하도록 두 팔을 벌려 가리는 동시에 그들을 자신들의 방으로 들어가게 하려고 애를 쓰고 있다.
④ 하숙인들은 아버지에게 현재 일어난 상황에 대해 역겹다고 하면서 화를 내고 있다.
⑤ 하숙인들은 갑작스런 그레고르의 등장에 흥분하기는커녕 바이올린 연주보다 더 큰 흥미를 보이는 것 같다고 서술되어 있다.

5 〈보기〉에서는 박씨가 둔갑술을 부려 허물을 벗고 절세가인으로 변신한다. 즉, 박씨가 긍정적 존재로 변신한 것이

라고 할 수 있다. 반면 그레고르는 흉측한 벌레로 바뀐 것이므로, 부정적 존재로 변신한 것이라고 할 수 있다.

|오답 풀이|

① 박씨의 변신은 행복을 위한 시련이라는 점에서 통과 제의적 성격을 지니지만 〈보기〉에서는 이러한 내용을 확인할 수 없다. 또 그레고르의 변신이 통과 제의적 성격을 지니는지는 알 수 없다.

② 그레고르의 변신 이유는 알 수 없으며, 박씨의 변신 계기는 〈보기〉에 제시되어 있지 않다.

③ 그레고르와 박씨의 변신을 도와주는 존재는 제시된 부분을 통해 확인할 수 없다.

④ 그레고르의 변신은 가족들의 핍박을 유발한다. 박씨의 변신은 가족들에게 긍정적인 반응을 얻지만 〈보기〉에서는 이를 확인할 수 없다.

6 하숙인들은 집을 나갈 것이라면서 지금까지 지낸 기간에 대한 방세를 내지 않는 것은 물론, 손해 배상 청구까지 고려하겠다고 말하고 있다. 이는 자신들이 전혀 인지하지 못한 상태에서 그레고르와 함께 생활하고 있었음을 알게 되었기 때문이다. 하숙인들은 가족들이 자신들을 속여 왔다고 보고 있다.

|오답 풀이|

① 아버지가 자신들을 밀친 행위에 대해 기분이 나빴을 수 있으나 그것이 근본적인 이유는 아니다.

② 여동생이 정리한 잠자리에 대한 하숙인들의 반응은 제시되어 있지 않다.

③ 하숙인들이 집에서 나가려고 하는 이유는 그레고르의 존재를 알게 되었기 때문이다.

④ 하숙인들은 그레고르가 등장했을 때 여동생의 연주가 중단된 것에 대해 별다른 반응을 보이지 않았다.

7 〈보기〉에서는 그레고르의 가족들이 그동안 자신들을 부양하던 그레고르가 경제적 능력을 상실하자 그를 홀대하고, 금전적 피해를 보자 곧장 그레고르를 내쫓으려고 하는 등 가족 간의 신뢰와 배려가 붕괴된 모습에 대해 설명하고 있다. 따라서 당시 사회는 가족 구성원 간의 배려와 나눔이 가장 중요한 가치로 인식되었을 것이라고 추측하는 것은 적절하지 않다.

|오답 풀이|

① 그레고르의 가족들은 가족 간에 유대와 믿음, 희생, 사랑 등이 존재하는 전통적인 가족의 모습에서 벗어난 모습을 보이고 있다.

② 가족들은 이익과 손해의 관점에서 경제력을 상실한 그레고르를 냉대한다. 이는 혈연관계로 대표되는 가족 관계마저 이해관계에 따라 저버릴 수 있게 된 시대적 상황을 보여 주는 것이다.

③ 가족 구성원에게 경제적으로 피해를 입히자 그 구성원을 없애야 할 존재로 생각하는 것에서 인간이 경제 활동을 위한 도구로 전락했음을 엿볼 수 있다.

⑤ 그레고르는 벌레로 변해 경제적 능력을 상실하자 가족이라는 테두리 안에서 전혀 보호받지 못한다. 이를 통해 당시 사회는 개인으로서의 능력을 중요시했을 것이라고 추측할 수 있다.

8 그레고르는 가족들에 의해 집에서 쫓겨날 위기에 처해 있다. '누란지세(累卵之勢)'는 '층층이 쌓아 놓은 알의 형세라는 뜻으로, 몹시 위태로운 형세를 비유적으로 이르는 말.'이므로 그레고르의 위기 상황을 나타낸다고 할 수 있다.

|오답 풀이|

① 어부지리(漁夫之利): 두 사람이 이해관계로 서로 싸우는 사이에 엉뚱한 사람이 애쓰지 않고 가로챈 이익을 이르는 말이다.

② 장삼이사(張三李四): 장씨(張氏)의 셋째 아들과 이씨(李氏)의 넷째 아들이라는 뜻으로, 이름이나 신분이 특별하지 아니한 평범한 사람들을 이르는 말이다.

④ 후안무치(厚顔無恥): 뻔뻔스러워 부끄러움이 없음을 뜻한다.

⑤ 연목구어(緣木求魚): 나무에 올라가서 물고기를 구한다는 뜻으로, 도저히 불가능한 일을 굳이 하려 함을 비유적으로 이르는 말이다.

9 그레고르가 집을 독차지하고 자신들을 길거리에 나앉게 하려 한다는 여동생의 말은 그레고르에 대한 분노가 반영된 일방적인 주장이다.

|오답 풀이|

① 그레고르를 '저것'으로 지칭하는 것에서 그레고르를 가족의 일원이 아닌 사물로 바라보고 있음을 알 수 있다.

② 그레고르를 어떻게 처리하면 좋을지를 묻는 말이므로 그레고르를 해로운 존재로 인식하는 여동생의 말에 동의하고 있다고 볼 수 있다.

③ 벌레로 변한 그레고르가 자신들의 말을 알아듣는 상황을 가정하고 있으므로 현재 소통이 되지 않는 상황임을 알 수 있다.

④ '저게'라는 표현에서 벌레로 변한 그레고르에 대해 부정적인 감정을 지니고 있음을 알 수 있다.

'땀인 양'에서 직유법이 사용되었음을 알 수 있다.

07 답 ④

상징은 다양한 의미를 지니는 경우가 많아 비유와 달리 원관념과 보조 관념이 일대일로만 대응하지는 않는다. 예를 들어, 한 편의 시 안에서도 '눈'이라는 하나의 시어가 '순수함, 깨끗함, 차가움' 등의 다양한 의미를 상징하기도 한다.

| 오답 풀이 |

① 관습적 상징에 대한 설명이다.
② 개인적 상징에 대한 설명이다.
③ 상징은 추상적인 관념이나 의미(원관념)를 구체적인 사물(보조 관념)로 표현하는 방법이다.
⑤ 원형적 상징에 대한 설명이다.

기본 개념　　　　　　　　114~117쪽

01 주제, 시적 화자　　**02** ③　　**03** ③　　**04** ③
05 ②　　**06** ①　　**07** ④

01 답 주제, 시적 화자

시의 의미적 요소이자, 시인이 시를 통해 전하고자 하는 중심 생각을 일컫는 말은 주제이다. 또 시 속에서 말하는 이를 일컫는 말은 시적 화자이다.

02 답 ③

제시된 시의 화자는 학생으로, 시 안에 직접 드러나 있다.

03 답 ③

시의 어조는 시적 대상 및 시적 상황에 대한 시적 화자의 목소리로, 시적 화자의 태도나 시의 분위기와 관련된다. 따라서 시의 어조를 파악하는 것은 시의 정서나 분위기, 나아가 주제를 파악하는 데 도움이 된다.

04 답 ③

제시된 시에서는 전통 의상의 아름다움을 예찬하고 있다. 이와 같이 대상을 기리거나 찬양하는 어조를 예찬적 어조라고 한다.

| 오답 풀이 |

① 의지적 어조는 망설임 없는 결의가 드러나는 어조이다.
② 애상적 어조는 슬픔이 드러나는 어조이다.
④ 관조적 어조는 대상을 차분하고 담담하게 관찰하는 어조이다.
⑤ 비판적 어조는 대상이나 상황을 비판적으로 바라보는 어조이다.

05 답 ②

제시된 시는 먼 곳에서 가까운 곳으로 화자의 시선이 이동함에 따라 시상이 전개되고 있다. 즉, '청운사의 낡은 기와집 → 자하산 → 계곡의 느릅나무 → 청노루의 눈에 비친 구름'으로 화자의 시선 이동에 따라 전개되고 있다.

06 답 ①

①은 원관념과 보조 관념을 동일한 것처럼 표현하는 방법인 은유법이 사용되었고, 나머지는 모두 '~듯이, ~같은, ~처럼, ~인 양'을 사용해 직접 빗대어 표현하는 방법인 직유법이 사용되었다.

| 오답 풀이 |

②의 '악수를 하듯이', ③의 '석류 속 같은', ④의 '살 껍질처럼', ⑤의

문제

1 ② **2** ⑤ **3** ②

작품 독해

1 친구, 아버지, 고향
2 신선, 웃음
3 부드러움

사고력 키우기

예시 답

• 이 시의 화자가 겪은 경험과 감정은 특정 개인만의 것이 아니라 일제 강점기 우리 민족이 느낀 보편적인 감정일 수도 있다. 일제의 수탈로 생존을 위협받는 상황에서 많은 이들이 고향을 떠나 타향에서 고향을 그리워하며 살았기 때문이다. 이때 이들이 그토록 그리워했던 고향은 단순히 자신이 태어난 지역을 가리키는 것이 아니라, 가족과 이웃의 따스한 사랑과 끈끈한 정을 느낄 수 있는 공동체적 삶을 의미하는 것이라고 이해할 수 있다.

| 작품 해제 |

이 작품은 낯선 타향에서 병으로 앓아 누운 화자가 자신을 진찰한 의원과 이야기를 나누다가 그에게서 따뜻한 정감을 느끼게 된 상황을 노래한 시이다. 대화의 형식과 다정다감한 어조를 통해 타향에서 느끼는 고향에 대한 향수와 가족에 대한 그리움의 정서를 효과적으로 그려 내고 있다.

| 주제 |

고향과 혈육에 대한 그리움

1 평안도 정주는 '나'가 현재 머물고 있는 곳이 아니라 '나'의 고향이다. 현재 '나'가 혼자 머물고 있는 곳은 '북관'이다.

| 오답 풀이 |

① 13행에서 '나'는 아무개 씨를 '아버지로 섬기는 이'라고 하였다. 상황으로 보아 아무개 씨는 화자인 '나'의 아버지이거나 '나'가 아버지처럼 생각하고 따르는 사람일 것이다.
③ 4행에서 의원을 '먼 옛적 어느 나라 신선 같은데'라고 하였다.
④ 6~7행을 보면 의원이 묵묵히 맥을 짚다가 문득 '나'에게 고향이 어디인지 묻고 있다.
⑤ 12행에서 의원이 아무개 씨와 '막역지간'이라고 하였다.

2 이 시에는 의원에 대한 '나'의 주관적인 느낌과 아무개 씨를 매개로 한 의원과의 인연을 확인하면서 커져 가는 고향과 가족에 대한 그리움 등이 구체적으로 드러나 있다. 따라서 주관적 감정을 배제한 채 상황을 객관적으로 전달하고 있다고 보기는 어렵다.

| 오답 풀이 |

① 이 시는 전체적으로 한 편의 이야기를 들려주는 듯한 느낌을 주고 있다.
② 이 시는 '나'와 의원이 고향과 아무개 씨에 관해 나눈 대화를 통해 시상을 전개하고 있다.
③ '여래', '관공', '신선' 등에 빗대어 의원의 외양(겉모습)을 묘사하고 있다.
④ 화자인 '나'가 북관에서 어느 아침 의원을 만나 경험한 일을 회상하며 시상을 전개하고 있다.

3 이 시에서 화자인 '나'는 의원이 자신이 아버지로 섬기는 이와 막역한 사이라는 것을 알고 나서, 진맥을 하는 의원의 손길에서 고향의 따뜻함과 아버지의 정을 떠올린다. 따라서 ㉠에는 '지그시 눈을 감고'와 같은 지시문이 들어가는 것이 가장 적절하다.

| 오답 풀이 |

①, ③ 의원의 말을 듣고 청년은 반가움을 느꼈을 것이다. 씁쓸하거나 부정적인 표정을 지을 이유가 없다.
④ 청년이 의원에게 의심을 품을 이유가 없다.
⑤ 시의 내용으로 볼 때, 각색된 시나리오에서 의원이 ○○○ 씨와 막역한 사이라는 사실을 청년이 예상했다고 보기 어렵다.

문제

1 ①　　**2** ②　　**3** ④

작품 독해

1 회의감, 부끄러움, 의지
2 현실, 광복
3 내면, 악수, 화해

사고력 키우기

예시 답

- 이 시에는 '시가 이렇게 쉽게 씌어지는 것은 / 부끄러운 일이다.'라는 표현이 나온다. 이는 〈보기〉에서 설명한 바와 같이 시인이 자기 자신에게 한없이 엄격했기에 나온 반응일 것이다. 시인은 일본으로 건너가 공부하는 유학생의 입장이었으나 이러한 처지를 고려하여 스스로를 이해하거나 용서하기보다는 식민지 현실로 고통받는 민족의 삶이 여전한 상황에서 자기 자신은 시나 쓰고 있다는 것에 부끄러움을 느낀 것이다. 즉, 시인은 무기력한 자신의 모습을 '부끄러움'으로 표현한 것이라고 이해할 수 있다.

│작품 해제│

이 작품은 어두운 시대 현실에서 비롯된 고뇌와 자기 성찰의 모습을 그린 시이다. 1942년에 창작된 작품으로 알려져 있으며, 시인 윤동주가 쓴 마지막 작품으로 추정되고 있다. 현실적 자아와 내면적 자아 간의 대립과 갈등, 화해의 과정이 시상 전개의 중심을 이루고 있으며, 상징적 시어를 통해 시적 의미를 강조하고 있다. 어두운 시대 현실 앞에서 무기력한 자기 자신에 대해 부끄러움을 느끼고, 자기반성을 통해 현실 극복 의지를 다지는 모습이 담긴 작품이다.

│주제│

자기 성찰을 통한 암울한 현실의 극복 의지

1 화자는 창밖에 비가 속살거리는 밤에 육첩방에 앉아 자신의 삶과 현재 상황을 차분히 돌아보고 있다. 따라서 이 시의 어조로 가장 적절한 것은 성찰적 어조라고 할 수 있다.

│오답 풀이│

② 이 시에서 화자는 왜곡된 상황을 비꼬는 풍자를 하고 있지 않다.
③ 이 시에 그려진 현실이 부정적인 것은 맞지만, 그것에 저항하고 그것을 비판하는 어조가 작품 전반에 드러나 있지 않다.
④ 사소한 일이나 세속적인 일에 얽매이지 않고 활달한 식견이나 인생관을 보이는 것을 달관적인 태도라고 하는데, 이는 이 시의 상황이나 정서와 관련이 없다.
⑤ 이 시의 화자가 서글픔을 느끼고 있는 것은 맞지만, 비통함을 격정적으로 토로하고 있는 것은 아니다.

2 '늙은 교수의 강의'는 식민지 시대를 살아가는 젊은이의 정신적 고통을 치유해 주는 역할을 하는 것이 아니라, 오히려 그 정신적 고통을 가중시키는 역할을 하는 것에 가깝다. 〈보기〉에서 언급한 '어려움에 처해 있는 조국을 떠나와 편안히 공부하는 것을 자책하며 우울함을 느끼'는 것과 관련이 있기 때문이다.

│오답 풀이│

① 화자 본인이 있는 '육첩방'을 '남의 나라'라고 표현한 것은 고향이 아닌 일본에서 유학하면서 느끼는 외로움과 현실적 구속에 대한 인식을 담은 것이라고 볼 수 있다.
③ 조국이 처한 암담함을 외면하고 편안히 공부하며 시나 쓰고 있는 자신의 모습에서 부끄러움을 느끼고 있으므로 자책감을 가지고 있다고 볼 수 있다.
④ '어둠'이 조국이 처한 암담한 시대 현실을 상징한다고 할 때, '등불을 밝혀' 어둠을 조금 내모는 것은 그 암담한 현실을 극복하려는 화자의 의지와 관련이 있다고 볼 수 있다.
⑤ '어둠'이 물러간 '아침'은 암담한 현실이 개선되는 상황을 의미하므로, '시대처럼 올 아침'은 조국의 광복을 의미한다고 볼 수 있다. 따라서 '시대처럼 올 아침을 기다리는' 것은 광복에 대한 희망을 의미한다고 볼 수 있다.

3 [A]에서 분열된 두 자아는 '눈물과 위안'으로 손을 잡으며 '최초의 악수'를 하고 있다. 여기서의 '눈물과 위안'은 자기 연민과 위로에 가까운 감정이지, 고통받는 이웃들에 대한 태도로 보기는 어렵다.

│오답 풀이│

① [A]에서 두 개의 '나'가 등장하는 것은 자아가 분열된 것처럼 표현한 것인데, 이는 암울한 상황에서 현실과 이상 사이의 어긋남을 표현한 시적 장치라고 할 수 있다.
② 둘 중에서 앞에 나오는 '나'는 손을 내미는 주체로, 이는 성찰을 통해 만나게 된 내면적 자아, 즉 부정적 현실을 극복하고 새로운 시대를 맞이하려는 의지를 지닌 바람직한 자아라고 할 수 있다.
③ 둘 중에서 뒤에 나오는 '나'는 현실에 안주하며 무기력하게 살고 있는 부정적 자아, 즉 부끄러움을 느끼는 현실적 자아이다.
⑤ 두 자아가 '최초의 악수'를 한다는 것은 서로 화해하게 되었다는 것이며, 이는 치열하게 고민한 끝에 도달한 용서와 화합의 단계라고 이해할 수 있다.

03 눈

문제

1 ③   2 ③   3 ③

작품 독해

1 눈, 가래, 정화, 순수
2 청유, 반복, 운율
3 순수함, 의지

사고력 키우기

예시 답

• 나는 자연물 가운데 '물'이 본받을 만한 삶의 태도를 상징적으로 보여 준다고 생각한다. 물은 맑고 깨끗하여 속에 감춘 것이 없이 투명하며, 항상 낮은 데를 향할 줄 알고, 어디에 담기는지에 따라 자신의 모양을 유연하게 바꾸는 특성을 지녔기 때문이다.

| 작품 해제 |

이 작품은 순수를 표상하는 '눈'을 제재로 삼아 순수하고 정의로운 삶을 살고자 하는 소망을 노래한 시이다. 시인은 정권의 장기 집권으로 부패가 만연했던 1950년대의 부정적 현실을 극복하려는 의지를 담기 위해 전체적으로 '눈'과 '가래'의 대립적 구도를 설정하고, '눈은 살아 있다', '기침을 하자' 등의 시구를 반복하고 변주하여 점층적으로 표현함으로써 주제를 강조하고 있다.

| 주제 |

순수하고 정의로운 삶에 대한 소망과 의지

1 이 시의 화자는 죽음을 잊어버린 영혼과 육체를 위하여 밤새도록 살아 있는 눈처럼 순수하고 정의로운 삶이 회복되는 상황을 열망하고 있다.

| 오답 풀이 |

① 이 시의 화자는 의지적인 태도를 보이고 있다.
② 자연물인 눈이 등장하고 있으나 눈의 아름다움을 찬양하고 있지는 않다.
④ 화자가 과거에 어리석은 행동을 했는지 여부는 알 수 없으며, 이에 대해 자책하는 화자의 모습도 나타나 있지 않다.
⑤ 부정적 현실을 극복함으로써 이루어질 순수하고 정의로운 삶에 대한 소망과 의지가 드러나 있을 뿐, 그리움의 정서는 나타나 있지 않다.

2 이 시에서 '젊은 시인'은 부패한 현실에 책임을 져야 할 지도자층이 아니라, 부정적 현실에 맞서려는 순수함과 정의로움을 가슴속에 지닌 존재를 뜻한다. 화자가 함께 기침을 하자고 권유하는 대상으로, 화자 자신을 가리키는 것으로 이해할 수도 있다.

| 오답 풀이 |

① '눈'은 '새벽이 지나도록 살아' 있는 강인한 생명력을 지닌 존재로, 깨끗하고 순수한 속성을 지니고 있어 화자가 지향하는 삶을 상징적으로 보여 주는 시어이다.
② '기침'은 '밤새도록 고인 가슴의 가래'를 뱉는 행위로, 온갖 부정적인 것들을 쏟아 버리고 순수함을 회복할 수 있게 하는 자정의 노력을 의미한다.
④ 〈보기〉에 나타난 창작 배경을 참고할 때 '눈더러 보라고 마음 놓고 마음 놓고 / 기침을 하자.'에서 '마음 놓고'를 반복한 것은 당시 사회 분위기가 자유롭지 못하고 억압적이었음을 반영한 것으로 이해할 수 있다.
⑤ '가래'는 '기침'을 통해서 뱉어 내야 할 부정적인 것들, 즉 〈보기〉에서 말한 비겁함, 속물근성, 소시민성 등과 같은 것들을 의미한다.

3 이 시는 '눈은 살아 있다'와 '기침을 하자'라는 시구의 반복을 통해 리듬감을 형성하고 있으며, 이 시구들의 확장 및 변형을 기반으로 한 점층적 구조를 통해 의미를 강조하고 주제를 부각하고 있다. 또한 '기침을 하자'와 같은 청유형 문장을 사용하여 동참을 권유함으로써 순수하고 정의로운 삶에 대한 소망과 의지라는 주제 의식을 강조하고 있다.

| 오답 풀이 |

ㄹ. 이 시는 주로 눈으로 보는 듯한 시각적 심상을 활용하여 순수함의 상징인 '눈'의 이미지를 부각하고 있다. 공감각적 심상이 나타난 부분은 찾아볼 수 없다.

문제

1 ④   **2** ⑤   **3** ②

작품 독해

1 애국가, 세상 밖, 현실
2 억압, 좌절
3 흰 새 떼들, 애국가, 자유

사고력 키우기

예시 답

- 이 시에서 화자는 개인의 자유를 억압하는 부정적 사회 현실을 살아가는 무력한 소시민으로, 이 세상 밖 어디론가 자유롭게 날아갈 수 있는 새 떼들의 모습을 보면서 부러움을 느낀다. 한편 〈보기〉의 화자도 죽으면 파랑새가 되어 푸른 하늘 푸른 들을 날아다니며 푸른 노래를 부르고 푸른 울음을 울겠다는 것으로 보아, 자유로이 돌아다니며 살 수 없는 사람이라고 짐작할 수 있다. 따라서 두 작품 모두 자유롭지 못한 상황에 있는 화자가 자유로이 날아다닐 수 있는 새를 동경한다는 측면에서 공통점이 있다고 할 수 있다.

| 작품 해제 |

이 작품은 1980년대 초 영화관에서 영화 시작 전에 무조건 애국가를 경청해야 했던 시대상을 배경으로 현실에 대한 비판과 좌절감을 형상화한 시이다. 화자는 애국가가 상영되는 동안 화면에 나오는 을숙도 새 떼들의 비상을 보면서 자신도 이 세상을 벗어나 새들처럼 자유롭게 날아가고 싶다는 상상을 해 보지만 이내 현실을 자각하고 좌절하게 된다. 획일적 행동과 조국애를 강요하고 곳곳에 군사 문화가 만연해 있던 당시 사회, 그리고 그것에 저항하지 못하고 무력하게 순응하며 소시민적 삶을 살아가야 했던 현실을 냉소적인 태도와 비판적 인식으로 고발하고 있다.

| 주제 |

암울한 현실에 대한 비판과 좌절감

1 이 시는 영화관을 배경으로 현실에 대한 비판적 정서를 드러낸 작품이다. 토속적 시어가 등장하지 않으며, 향토적인 정서를 전달하고 있지도 않다.

| 오답 풀이 |

① 이 시는 영화를 보기 전 애국가가 상영되는 동안의 시간 흐름에 따라 시상을 전개하고 있다.
② '자기들끼리 끼룩거리면서 / 자기들끼리 낄낄대면서', '낄낄대면서 / 깔쭉대면서' 등에서 유사한 시구를 반복하여 현실에 대한 비판과 냉소적 태도를 강조하고 있다.
③ 비자발적으로 들어야만 하는 애국가를 '경청한다'고 반어적으로 표현하여 비판적 주제를 뒷받침하고 있다.
⑤ 자유로운 새 떼들과 현실의 억압 속에서 벗어나지 못하는 억눌린 사람들을 대비하여 시적 상황을 제시하고 있다.

2 '이 세상 밖 어디론가 날아갔으면' 하고 생각하는 것은 자유란 결코 도달할 수 없는 허구에 불과하다는 비판적 인식의 표현이 아니라, 억압으로부터 자유롭고 싶은 열망의 표현이라고 볼 수 있다.

| 오답 풀이 |

① 영화관에서 영화를 관람하는 일상적 행위에서도 애국가를 들으며 조국애를 강요받던 당시의 사회상을 엿볼 수 있다.
② 화자는 일어서서 애국가를 들어야 하는 억압적 상황에 저항하지 못하고 무력하게 순응하는 모습을 보인다. 이는 〈보기〉에서 설명한 소시민의 나약함에 해당한다.
③ 흰 새 떼들을 행군하는 군인들의 모습처럼 '일렬 이열 삼렬 횡대'라고 표현한 것은 〈보기〉에서 설명한 군사 문화와 관련이 있다.
④ 낄낄대고 깔쭉대며 '한세상 떼어 메고 / 이 세상 밖 어디론가' 가고 싶다고 표현한 것에서 억압된 현실에 대한 냉소적 태도를 엿볼 수 있다.

3 서서 애국가를 들어야 했던 상황은 끝이 났지만 그것이 개인을 억압하는 상황이 종료되었음을 상징한다고 볼 수는 없다. 화자가 느끼는 절망적인 심정은 '앉는다'에 이어 '주저앉는다'를 통해 더욱 심화되어 나타나며, 억압적 사회상과 소시민의 무력한 일상성은 애국가가 끝났다고 해서 종료되는 것이 아니기 때문이다.

| 오답 풀이 |

① 새들이 이륙하는 것을 보고 '우리도' 그렇게 '이륙'했으면 좋겠다는 상상을 할 때 화자의 정서는 다소 고양되어 있다고 할 수 있다. 억압적 상황에 있는 현실이 아니라 '이 세상 밖 어디'에 대한 꿈을 잠깐이나마 꾼 것이기 때문이다. 그런데 애국가가 끝나고 자리에 주저앉는 행위는 다시 암울한 현실로 돌아오는 절망의 심정, 정서의 침잠과 조응된다.
③ 애국가가 끝나고 각자가 자기 자리에 앉는 영화관은 캄캄한 공간일 것이다. 이 어둠은 답답하고 암담한 현실과 조응된다.
④ '앉는다'로 끝나지 않고 '주저앉는다'고 반복하고 있는데, 그냥 앉는다고 하는 것과 주저앉는다고 하는 것은 의미와 어감에 차이가 있다. 주저앉는다는 것은 암울한 현실에 순응하고 살아갈 수밖에 없는 절망감이 더욱 심화된 표현이라고 볼 수 있다.
⑤ 새 떼들의 모습을 화면으로 보면서 '우리도' '우리의 대열을 이루며' 날아가는 모습을 꿈꿔 보지만 현실은 '각각 자기 자리에 앉는' 모습일 뿐이다. 이로부터 소시민들의 무력하고 순응적인 태도와 비관적 인식을 엿볼 수 있다.

문제

1 ②   2 ③   3 ②

작품 독해

1 좌절, 희망

2 (1) 절망, 시작 (2) 아름다움, 절망, 아름다움

사고력 키우기

예시 답

• 이 시에서 화자는 살면서 몇 번은 '파도가 끊임없이 땅을 먹어 들어오는 막바지'이자 '뒷걸음질만이 허락된' 장소인 땅끝에 서게 되었다며 현실을 절망적으로 인식하고 있다. 〈보기〉의 화자도 '강물은 흐르다가 멈추고 / 새들은 날아가 돌아오지 않고 / 하늘과 땅 사이의 모든 꽃잎은 흩어'지는 절망적인 현실의 모습을 보여 준다. 이러한 상황에서 이 시의 화자는 '위태로움 속에 아름다움이 스며 있다'는 역설적인 깨달음을 얻고, '그걸 보려고 / 또 몇 번은 여기에 이르리라'는 생각까지 하게 된다. 〈보기〉의 화자 역시 '길이 끝나는 곳에서도 / 길이 있다'는 역설적 인식을 통해 아무리 절망적인 상황일지라도 희망이 있음을 이야기한다. 결국 두 시의 화자는 모두 역설적인 인식을 바탕으로 절망적 상황에서도 희망을 찾을 수 있다는 태도를 보여 준다고 할 수 있다.

| 작품 해제 |

이 작품은 땅끝을 소재로 하여 위태로움 속에 스며들어 있는 아름다움, 절망적 상황에서 발견하는 삶의 희망과 아름다움을 노래한 시이다. 화자는 아름다움과 꿈을 좇던 어린 시절에 경험한 좌절과 두려움에 이어, 살아가면서 시련과 고통으로 맞닥뜨리게 되는 삶의 한계 상황에 대해 이야기한다. 그리고 불안하고 위태롭지만, 그 안에 아름다움을 품고 있는 땅끝의 모습을 발견하고 절망 속에서도 희망이 존재할 수 있음을 깨닫는다. 절망적인 상황에서 희망을 발견하는 역설적 인식이 돋보이는 시로, 삶에 대한 긍정적인 태도를 엿볼 수 있는 작품이다.

| 주제 |

절망 속에서 깨달은 삶의 아름다움과 희망

1 이 시에 특정 소재를 통해 계절적 배경을 떠올릴 수 있는 부분은 드러나 있지 않다.

| 오답 풀이 |

① '노을은 ~ 잡아먹혔지', '파도가 아가리를 쳐들고 달려드는 곳' 등에서 활유법이 사용되었다.

③ 3연의 '그런데 이상하기도 하지 ~ 이르리라는 것이'는 어순이 도

치된 문장으로 시상을 마무리하여 여운이 느껴진다.

④ 1연 5행의 '삐걱삐걱'은 '크고 단단한 물건이 자꾸 서로 닿아서 갈릴 때 나는 소리'를 나타내는 음성 상징어이다. 1연의 4~5행이 이처럼 음성 상징어를 활용하여 그넷줄이 소리를 내며 흔들거리는 모습을 묘사하였다.

⑤ 이 시는 어린 시절, 그리고 지금까지 살아오면서 한계 상황에 부딪혔던 때에 대한 회상을 바탕으로 하고 있으며, 땅끝이라는 소재에 대한 생각의 변화 과정을 고백적 어조로 전개하고 있다.

2 ⓑ는 살아가는 과정에서 시련과 고난으로 맞닥뜨리게 되는 절박한 한계 상황을 의미하는 것으로, 화자로 하여금 관계의 소중함을 재확인하도록 하는 부분은 찾아볼 수 없다.

| 오답 풀이 |

① 2연 1~2행에서 화자는 어릴 때 '나비를 쫓듯 / 아름다움에 취해' ⓐ에 갔다고 하였다.

② 화자는 ⓑ에 대해 '파도가 끊임없이 땅을 먹어 들어오는 막바지'라고 하였고, '뒷걸음질 치면서' 서게 되는 곳이자 '파도가 아가리를 쳐들고 달려드는 곳'이라고 하였다. 따라서 ⓑ는 살면서 맞닥뜨리는, 더 이상 물러날 곳이 없는 한계 상황을 의미한다고 할 수 있다.

④ ⓒ에 선 화자는 '늘 젖어 있'는 땅끝을 보며 '위태로움 속에 아름다움이 스며 있다는 것'을 발견한다. 이는 땅끝이라는 공간이 지닌 역설적 속성을 인식하게 된 것이라고 할 수 있다.

⑤ 땅끝의 위태로움 속에 아름다움이 함께 스며 있다는 것을 느끼게 되었다는 것은 땅끝에서 절망만이 아니라 희망을 보게 되었다는 것이며, 이는 삶에 대한 긍정적인 태도를 갖게 된 것이라고 이해할 수 있다.

3 '고운 노을'을 보기 위해 그네를 힘차게 구르는 것은 아름다움에 대한 동경을 삶에서 구현해 보고자 하는 것을 의미한다. 그러나 노을이 어둠에게 잡아먹혔다고 한 데서 알 수 있듯이 그 동경은 좌절되고 말았으며, 그로 인해 두려움에 떨게 되었다는 것을 '나를 태우고 날아가던 그넷줄이 / 오랫동안 삐걱삐걱 떨고 있었어'라는 표현으로 드러내고 있다. 결국 [A]는 어린 시절 자신의 동경이 좌절됨으로써 두려움을 느꼈던 경험을 회상하며 말한 것이라고 이해할 수 있다.

| 오답 풀이 |

① 화자가 과거의 삶의 자세를 반성하고 있다고 보기는 어렵다.

③ 어린 시절에 외로웠는지 확실히 알 수 없고, 설사 그렇게 본다 하더라도 그것이 현재의 성격 형성에 영향을 미쳤는지 [A]에서는 확인할 수 없다.

④ 고운 노을이나 떨고 있는 그네 모두 화자가 후대에 전달하려는 가치와는 무관하다.

⑤ 고운 노을을 보려고 그네를 힘차게 구르는 것은 자신의 노년기를 상상하는 것과 관련이 없다.

06 만흥

138~141쪽

문제

1 ①   **2** ⑤   **3** ①

작품 독해

1 분수, 소박, 자연, 임금
2 그 모르는 남들, 보리밥 풋나물, 삼공
3 만족, 자부

사고력 키우기

예시 답

• 두 작품의 화자는 두 가지 면에서 태도상의 공통점을 지닌다. 첫째, 자연에서 한가롭게 살아가는 삶에 대한 기쁨과 만족감을 드러내고 있다는 것이다. 예컨대 이 작품에서는 '말씀도 웃음도 아녀도 못내 좋아하노라' 같은 시구를 통해 자연에서의 삶에 대한 기쁨과 만족감을 엿볼 수 있고, 〈보기〉에서도 '미친 흥이 절로 난다'라는 시구를 통해 이를 확인할 수 있다. 둘째, 임금의 은혜를 드러내고 있다는 것이다. 이 작품에서는 '임금 은혜를 이제 더욱 아옵니다'라고 하면서 현재의 기쁨을 누리는 것이 임금의 은혜 덕분임을 밝히고 있고, 〈보기〉에서도 '이 몸이 한가 하옴도 역군은이샷다'라며 자신이 느끼는 흥취가 임금의 은혜 덕분이라는 생각을 드러내고 있다.

| 작품 해제 |

이 작품은 자연과 더불어 유유자적하며 지내는 즐거움을 노래한 총 6수짜리 연시조이다. 시인이 병자호란 때 임금이 탄 수레를 호위하며 따르는 일을 하지 않았다는 이유로 유배되었다가 풀려난 뒤 고향인 해남에 은거하면서 지은 것으로 알려져 있는데, 세속과 멀리 떨어져 안분지족하며 살아가는 자연 친화적인 삶이 벼슬길에 나아가 부귀영화를 추구하는 삶보다 훨씬 더 낫다는 자부심이 잘 드러나 있다. 자연에 묻혀 사는 즐거움을 노래하면서 임금의 은혜에 감사하는, 강호가도의 특징이 잘 드러나는 작품이다.

| 주제 |

자연에 묻혀 사는 즐거움과 임금의 은혜

---

1 〈제1수〉의 '바위 아래 띳집'과 〈제2수〉의 '바위 끝 물가'는 모두 자연 속에 은거하는 공간이므로 둘 사이에 공간적 대립이 있다고 보기는 어렵다.

| 오답 풀이 |

② 자신을 어리석고 사리에 어두운 사람으로 표현하거나, 자신의 본성이 게을러서 인간 세상의 한 가지 일도 맡지 못했다고 하는 것은 자신을 겸손하게 표현한 것이라고 할 수 있다.

③ 〈제2수〉에서 자신은 '그 밖의 여남은 일'을 부러워할 리가 없다고 했고, 〈제5수〉에서 '인간 만사'를 하늘이 하나도 맡기지 않고 강산을 지키라고 했다고 하였다. 이 둘은 화자가 추구하는 자연 속 공간과 달리 세속적 가치가 지배하는 바깥세상과 관련된 것들이다.

④ 〈제3수〉에서 '먼 산'을 바라보면서 '그립던 임'이 온다 해도 이만큼 반갑지는 않을 것이라고 하였다. 이는 '먼 산'을 보는 것이 좋다는 것으로, '먼 산'으로 대표되는 자연에서 유유자적하며 지내는 화자의 흥취를 엿볼 수 있다.

⑤ 〈제4수〉의 '만승의 지위가 이만하랴'는 자신의 삶이 황제의 삶에 뒤질 바 없다는 뜻이고, '비길 곳이 없구나'는 자연 속에서의 한가한 흥취가 비길 데 없이 좋다는 뜻이므로 현재의 삶에 대한 화자의 만족감과 자부심을 느낄 수 있다.

---

2 ⊙은 세속적인 일에는 부러움도 관심도 없다는 의미를, ⓒ은 임금의 은혜가 없었다면 자신이 지금 이렇게 편안히 지낼 수 없었을 것이라는 의미를 설의적 표현으로 강조한 것이다.

---

3 이 시의 화자는 초가집을 짓고 보리밥 풋나물을 알맞게 먹고 살면서도 그것을 자기 분수로 알고, 정승이나 황제의 삶도 부러워하지 않을 만큼 만족하는 모습을 보이고 있다. 따라서 '편안한 마음으로 제 분수를 지키며 만족할 줄을 앎.'을 뜻하는 '안분지족(安分知足)'이 이 시에 드러나 있는 삶의 모습을 나타내기에 적절하다.

| 오답 풀이 |

② 외유내강(外柔內剛): 겉으로는 부드럽고 순하게 보이나 속은 곧고 굳셈을 뜻한다.

③ 입신양명(立身揚名): 출세하여 이름을 세상에 떨침을 뜻한다.

④ 전전긍긍(戰戰兢兢): 몹시 두려워서 벌벌 떨며 조심함을 뜻한다.

⑤ 부화뇌동(附和雷同): 줏대 없이 남의 의견에 따라 움직임을 뜻한다.

Ⅲ 수필·극

기본 개념　　　144~145쪽

01 ②	**02** 연극, 제약	**03** ②, ⑤

01 답 ②
수필에는 일상의 경험을 다루는 경수필, 사회적·학문적·철학적 문제를 다루는 중수필 등이 있다.

02 답 연극, 제약
희곡은 무대 상연을 전제로 하여 쓴 연극의 대본으로, 무대에서 이루어지는 연기를 전제로 하기 때문에 시간적·공간적 제약, 등장인물 수의 제약을 받는다.

03 답 ②, ⑤
제시된 부분에서 독백이나 방백은 찾아볼 수 없다.
| 오답 풀이 |
① 등장인물인 '촌장'과 '다'의 대화가 나타나 있다.
③ '바람 부는 소리가 거칠게 들려온다.'는 음향을 지시하는 무대 지시문에 해당한다.
④ '한갓진 곳으로 데리고 가서'는 인물의 동작을 지시하는 행동 지시문에 해당한다.

---

01 봄
146~149쪽

문제

① ②	② ④	③ ③

작품 독해

1 노년, 의지
2 기쁨, 슬픔, 노년
3 유추, 대조, 재산, 물결

사고력 키우기

예시 답

• 어릴 때에는 목표를 이루겠다는 열의만 앞서 속도나 강약을 조절하지 못하고, 그것 때문에 인간관계를 비롯하여 소중한 다른 여러 가지를 잃는 경우가 많다. 그러나 나이가 들어 다양한 경험이 쌓이고 세상을 보는 눈이 더 넓어지면 목표를 이루는 과정에서 완급을 조절할 수 있는 여유가 생기고, 이로 인해 불필요한 상실감을 느낄 일이 줄어들 수 있을 것이다.

| 작품 해제 |
이 작품은 봄을 맞이하는 노년의 상념(想念)을 개성적으로 풀어낸 수필이다. 글쓴이는 젊은이의 봄과 달리 늙은이의 봄은 기쁨과 슬픔을 아울러 지녔다고 하면서, 봄을 보는 관점과 생(生)의 의지에 따라 봄을 봄답게 느끼고 과거를 되새기는 것이 생활을 더욱 풍부하게 해 줄 수 있을 것이라고 말한다. 봄을 청춘의 상징으로 보는 일반적인 시각에서 벗어나 노년의 관점에서 봄의 새로운 의미를 발견한 작품이다.

| 주제 |
노년에 맞이하는 봄의 기쁨과 봄을 바라보는 자세

1 이 글에서 독자의 주의를 환기하기 위해 봄에 관한 명언을 인용한 부분은 찾아볼 수 없다.
| 오답 풀이 |
① '누가 봄을 젊은이의 것이요, 늙은이의 것이 아니라 하던가.'에서 알 수 있듯 봄에 대한 기존의 통념에 의문을 제기하면서 노년의 봄이 더욱 의미 있고 가치 있는 것일 수 있다는 주제와 연결하고 있다.
③ 과거를 '귀중한 재산'이자 '호수에 가득 찬 물결'이라고 비유하면서 과거가 오늘을 아름답게 만들어 준다며 긍정적으로 평가하고 있다.
④ '홑겹의 봄'인 젊은이의 봄과 '겹겹의 봄'인 늙은이의 봄을 대조하여 늙은이의 봄이 더 아름답고 풍요로운 것일 수 있다는 점을 부각하고 있다.
⑤ 나무의 나이테가 해를 거듭하며 과거의 시간을 차곡차곡 기록한 것처럼 사람의 흰 터럭도 지나간 봄과 가을을 쌓아 느낌이 커 간다고 하였다.

2 ㉣은 존재에 따라 봄보다 가을이 더 소중할 수도 있음을 인정해야 한다는 뜻이 아니다. 글쓴이는 한 해를 사는 곤충과 달리 여러 해를 사는 교목은 여러 번의 봄을 경험할 수 있다면서 노년에 봄을 맞이하는 태도가 여유로울 수 있어야 함을 강조하고 있다.

| 오답 풀이 |

① ㉠은 소녀는 봄에 꽃만을 보고 반기지만, 그 소녀의 시기를 인생의 봄으로 느끼는 노년의 관점에서는 꽃뿐 아니라 소녀도 봄의 일부로 볼 수 있다는 말이다.

② ㉡은 늙었다고 해서 앞으로 남은 봄이 많지 않음을 슬퍼하지 말고, 기쁨과 슬픔을 아울러 지닌 여러 번의 봄에 또 한 번의 봄이 더해지는 것을 기쁘게 생각하라는 말이다.

③ ㉢은 인생을 산에 오르거나 먼 길을 걷는 것에 비유하여 자신이 지나온 곳을 돌아보면 정작 그곳을 걸어올 때에는 느끼지 못했던 아름다움을 지니고 있음을 발견할 때가 있다는 것이다. 이는 과거 어느 때의 삶을 회고할 때 당시에는 미처 몰랐던 가치를 깨닫게 될 수도 있음을 나타낸 말이라고 할 수 있다.

⑤ ㉤에서는 '봄을 봄답게 느끼고 지나온 모든 봄을 회상하며 과거를 잃지 않고 되새기는 것'을 노년에 봄을 맞이하는 바람직한 태도로 제시하고 있다.

3 글쓴이는 뜰 앞에 서 있는 밀감나무의 동쪽 가지가 눈 속에서도 생명을 기르며 추운 겨울을 살아왔기에 싹이 움 돋기 시작했다고 보고, 그 씩씩한 생의 의지, 안타까운 저항, 남모르는 분투와 인내에 경의와 찬사를 보내고 있다. 이는 늙었다는 사실에 슬퍼하지 말고 왕성한 생의 의지를 키워 봄을 적극적으로 맞이해야 함을 강조한 것이다.

| 오답 풀이 |

① ⓐ는 인생에서 현재 이 순간을 빗댄 표현으로 쓰였다.

② ⓑ는 과거를 돌아볼 때 흐뭇함과 자랑스러움을 느끼게 되는 가치 있는 경험을 의미한다.

④ ⓓ는 일 년만 살기에 봄이 가면 봄이 없다고 슬퍼하는 존재로, 여기서는 앞으로 봄을 못 볼까 슬퍼하기만 하는 노년을 빗댄 것으로 볼 수 있다.

⑤ ⓔ는 뜰을 거닐며 지난 여러 번의 봄을 추억하는 글쓴이를 고요하고 따스하게 비추어 주는 것으로, 생의 의지를 상징적으로 보여 주는 것과는 무관하다.

문제

1 ⑤　　**2** ③　　**3** ⑤　　**4** ④　　**5** ④

작품 독해

1 난초, 무소유

2 집착, 소유욕(욕심)

3 무소유사

사고력 키우기

예시 답

• 어플루엔자가 만연한 사회에서 살아가는 사람들은 더 풍요로워지기 위해 더 많은 것을 추구하게 된다. 그러나 실제로는 삶에 꼭 필요하지 않은 것까지 집착하거나 여유를 잃고 물질에 종속된 삶을 살아갈 수밖에 없다. 글쓴이는 삶이 끝날 때 우리는 빈손으로 돌아갈 것이고, 그전까지 더 많은 물건을 가질수록 더 많은 것에 얽매이게 된다고 생각하고 있으므로, 아무것도 갖지 않으려고 노력해야 더 많은 것을 가질 수 있다는 역설적인 진리를 깨달아야 한다는 반응을 보일 것이다.

| 작품 해제 |

이 작품은 진정한 마음의 자유를 얻기 위해서는 소유에 대한 집착을 버려야 한다는 교훈을 전달하고 있는 수필이다. 글쓴이는 간디의 말을 인용하면서 그에 비해 너무 많은 것을 가진 자신을 부끄러워하고, 난초를 기르면서 집착 때문에 괴로웠던 경험을 통해 무소유의 의미와 가치에 대한 깨달음을 전하고 있다. 또 인간의 역사가 소유의 역사였음을 지적하면서 물질 만능주의에 빠진 현대인들에게 무소유의 자세를 지닐 것을 권하고 있다. 진정한 자유와 무소유의 의미에 대한 깨달음을 주는 작품이다.

| 주제 |

무소유의 참된 의미와 정신적 자유의 소중함

1 글쓴이는 ㉠을 인용한 후에 그 구절을 보고 자신이 부끄러움을 느꼈던 경험을 밝히고 있다. 글쓴이는 부끄러웠던 이유가 '내가 가진 것이 너무 많다고 생각되었기 때문'이라고 하였으므로 자신이 소유한 물건이 필요에 비해 너무 많다는 반성을 이끌어 내기 위해 ㉠을 인용했다고 볼 수 있다.

| 오답 풀이 |

① 자신이 가장 존경하는 인물이 간디라고 하지는 않았다.

② 자신이 소유하고 싶은 물건들이 구체적으로 무엇인지 제시하고 있지 않다.

③, ④ 이 글은 민족의 운명에 대한 고민이나 간디의 불교적 교리 중시 여부와는 관련이 없다.

2 A와 B 모두 자신이 소유한 것을 다른 이들과 나눌 수 있는 여유를 중시하고 있다고 볼 근거를 찾을 수 없다.

| 오답 풀이 |

① B는 자신뿐 아니라 누구든 '자신 있게 이건 내 것'이라고 말할 수 있는 사람은 없다고 하였다. 그러나 A에게서 이런 생각은 드러나지 않는다.

② B는 '어쩌면 여기 있는 나마저도 ~ 잠시 빌린 겁니다.'라고 말하고 있으나, A가 자기 자신마저 빌린 것이라는 생각을 드러낸 부분은 찾아볼 수 없다.

④ A는 '무엇인가를 갖는다는 것은 다른 한편 무엇인가에 얽매인다는 뜻'이라고 하면서 소유로 인해 발생하는 구속의 상황을 언급하고 있다. 그러나 B는 그런 생각을 드러낸 부분이 없다.

⑤ A는 세상에 날 때 아무것도 갖고 오지 않았으며 세상을 떠날 때도 빈손으로 갈 것이라고 하였으므로 이 세상에서의 소유는 일시적인 성격을 지닌 행위라고 보고 있음을 알 수 있다. B 역시 소유를 두고 '언제까지나 영원한 것이 아닌, 잠시 빌려 가진 거'라고 말하고 있다.

3 글쓴이는 '만약 인간의 역사가 소유사에서 무소유사로 그 방향을 바꾼다면 어떻게 될까. 아마 싸우는 일은 거의 없을 것이다. 주지 못해 싸운다는 말은 듣지 못했다.'라고 하였다. 따라서 인류 역사가 무소유사로 바뀌면 새로운 종류의 갈등이 생기는 것이 아니라 대부분의 갈등이 사라질 것이라고 이해하는 것이 적절하다.

| 오답 풀이 |

① '나는 이때 온몸으로, 그리고 마음속으로 절절히 느끼게 되었다. 집착이 괴로움인 것을. 그렇다. 나는 난초에게 너무 집념해 버린 것이다.'를 통해 확인할 수 있다.

② '그것은 개인뿐 아니라 국가 간의 관계도 마찬가지다. 어제의 맹방들이 오늘에는 맞서게 되는가 하면, 서로 으르렁대던 나라끼리 친선 사절을 교환하는 사례를 우리는 얼마든지 보고 있다. 그것은 오로지 소유에 바탕을 둔 이해관계 때문이다.'에서 확인할 수 있다.

③ '우리들의 소유 관념이 때로는 우리들의 눈을 멀게 한다. 그래서 자기의 분수까지도 돌볼 새 없이 들뜬다.'를 통해 확인할 수 있다.

④ '소유욕에는 한정도 없고 휴일도 없다. 그저 하나라도 더 많이 갖고자 하는 일념으로 출렁거리고 있다. 물건만으로는 성에 차질 않아 사람까지 소유하려 든다.'에서 확인할 수 있다.

4 ㉠의 뒤에 이어지는 내용을 참고하면, ㉠은 자신이 무엇을 가져 버리면 다른 사람들은 그것을 똑같이 가질 수 없으므로 범죄처럼 자책하지 않을 수 없다는 뜻임을 알 수 있다.

| 오답 풀이 |

① ㉠은 간디 자신의 기준에서 자신이 소유를 하는 것이 범죄처럼 느낀다는 뜻이기는 하지만, 사람마다 소유가 범죄인지 아닌지 그 기준이 다르다는 것을 말하기 위한 의미는 아니다.

② ㉠은 범죄를 누가 더 많이 저지르는지에 대한 이야기가 아니다.

③ 간디의 관점에서 보면, 누구든 갖고 싶은 것을 똑같이 가질 수 있는 상황은 오히려 바람직한 상황이라고 할 수 있다.

⑤ 간디가 자책감을 느낀다고 한 이유는 자신의 소유로 다른 사람이 그것을 갖지 못하게 되기 때문이지 절제를 못했기 때문이 아니다.

5 ⓐ와 ⓑ는 모두 역설적인 표현이라고 할 수 있다. ⓐ의 크게 버리는 것과 크게 얻는 것, ⓑ의 아무것도 갖지 않는 것과 온 세상을 갖는 것은 양립하기 어려운 사실들을 연결해 놓아 논리적으로는 말이 안 되는 듯하지만, 이를 통해 무소유를 추구함으로써 마음의 평안과 진정한 자유를 얻을 수 있다는 주제 의식을 강조한 것이다.

| 오답 풀이 |

① 도치법은 일반적인 어순에 어긋나게 앞뒤를 바꾸는 표현법으로, ⓐ와 ⓑ에서는 쓰이지 않았다.

② 의문형이 아니므로 ⓐ와 ⓑ 모두 설의적 표현이 아니다.

③ 반어는 말하고자 하는 바와 반대로 표현하는 것으로, ⓐ와 ⓑ 모두 반어와는 무관하다.

⑤ ⓐ와 ⓑ 모두 비유를 통해 대상의 특성을 생동감 있게 그리고 있지는 않다.

문제

1 ③   2 ①

작품 독해

1 의문, '나', 반성
2 무상, '나'

사고력 키우기

예시 답

• 글쓴이는 '나'란 잠시라도 살피지 않으면 어느 곳이든 가지 않는 곳이 없다면서 '이익으로 유혹하면 떠나가고, 위험과 재앙으로 겁을 주면 떠나가며, 질탕한 음악 소리만 들어도 떠나가고, 미인의 예쁜 얼굴과 요염한 자태만 보아도 떠나간다.'라고 하였다. 따라서 '나'를 지킨다는 것은 유혹에 빠지지 않고, 위험과 재앙에 겁먹지 않으며, 이익 앞에서 흔들리지 않는 태도나 행동을 의미하는 것으로 이해할 수 있다.

| 작품 해제 |

이 작품은 큰형님이 서재에 붙인 '수오재'라는 이름을 생각하며 얻은 깨달음을 기록한 고전 수필이다. '나를 지키는 집'이라는 이름에 의아함을 느끼던 글쓴이는 귀양을 온 이후 자신을 성찰하다가 '수오재'라는 이름에 담긴 의미와 참된 자아를 지키는 일의 중요성을 깨닫는다. 한문 문학 양식 가운데 하나인 '기(記)'에 해당하며, 글쓴이의 경험을 바탕으로 삶에 대한 성찰을 제공하여 독자로 하여금 자신의 삶을 되돌아보게 하는 작품이다.

| 주제 |

참된 '나'를 지키는 일의 중요성

1 성현의 말씀을 인용해 주장의 근거로 삼은 부분은 큰형님의 말을 인용한 부분이 아니라, 맹자의 말인 '무엇을 지키는 것이 큰일인가? 자신을 지키는 것이 큰일이다.'를 인용한 부분이다.

| 오답 풀이 |

① 〈보기〉에 따르면 정약용과 그의 형제들을 비롯한 많은 남인 선비들이 신유박해를 시작으로 정치적인 탄압을 받았다고 하였다. 이를 이 글의 상황과 연결 지으면 '장기로 귀양 온' 것은 그 탄압 때문이라고 추론할 수 있다.

② 이 글에서 정약용은 자신을 가리켜 "'나'를 허투루 간수했다가 '나'를 잃은 사람'이라고 하였다. 이처럼 자기가 본질적인 자아를 잃고 살아왔다는 깨달음이 가능했던 것은 〈보기〉에서 설명한 것처럼 극심한 고통 속에서도 치열하게 자기를 응시했기 때문이라고 볼 수 있다.

④ 정약용은 '나'를 지키지 못한 자신이나 둘째 형님과는 달리, 큰형

님은 유독 '나'를 잃지 않고 편안하게 수오재에 단정히 앉아 계신다고 하면서, 본디부터 지키는 바가 있어 '나'를 잃지 않은 덕분일 것이라고 말한다. 이는 이 글의 교훈적 주제인 '참된 '나'를 지키는 일의 중요성'을 부각하는 효과로 이어진다.

⑤ 이 글의 처음 부분에는 정약용이 '수오재'라는 집 이름을 보고 의아함을 느꼈다는 이야기가 나온다. 이는 〈보기〉에서 설명한 대로 처음에 의문을 제기하는 '기(記)' 양식의 보편적 특징에 해당한다고 볼 수 있다.

2 글쓴이는 '나(ⓒ)'를 제외한 천하 만물은 지키지 않아도 된다고 하였으므로, '내 밭(㉠)'은 지키지 않아도 된다. 그러나 천하 만물 중에 잃어버리기 쉬운 것으로는 '나'보다 더한 것이 없으므로, 꽁꽁 묶고 자물쇠로 잠가 '나'를 굳게 지켜야 한다고 하였다.

| 오답 풀이 |

② '내 밭(㉠)'은 남이 쉽게 가져갈 수 없는 것이라고 하였다.
③ '나(ⓒ)'는 그 성품이 달아나기를 잘한다고 하였다.
④ '나(ⓒ)'는 출입이 무상하다고 하였다.
⑤ 한번 떠나가면 돌아올 줄 몰라 붙잡아 만류할 수 없는 것은 '나(ⓒ)'에 대한 설명이다.

문제

① ②　② ⑤　③ ③　④ ①　⑤ ④
⑥ ②　⑦ ①　⑧ ①　⑨ ①

작품 독해

1 고층 건물(높은 빌딩), 부정
2 전쟁, 전통
3 변화, 신세대, 척박한

사고력 키우기

예시 답

• 원작인 「불모지」는 전후의 혼란기였던 1950년대 후반기를 배경으로 한다. 당시는 구세대와 신세대 모두 현실에 제대로 적응하지 못하고 방황하는 경우가 많았는데, 이에 이 작품에서도 이들이 좌절하는 것으로 결말이 난다. 반면 「태양을 향하여」는 1961년에 개작한 작품으로, 당시는 국가가 재건되며 경제적 부흥기가 시작되던 시기이다. 따라서 작가는 새로운 시대를 맞이하여 새로운 희망이 있을 것이라는 점을 강조하기 위해 결말을 바꾸었을 것으로 추측할 수 있다.

|작품 해제|

이 작품은 1950년대 후반, 서울 중심가에 위치한 낡은 기와집을 배경으로, 전후 현대화 과정에서 소외된 최 노인 일가의 비극을 통해 1950년대 전후 한국 사회의 현실을 형상화한 희곡이다. 종로의 번화한 상가 사이에 자리한 낡은 기와집, 신식 면사포와 전통 혼구의 대조 등은 서구 문화와 전통 문화가 충돌하던 당시 사회의 모습을 압축적으로 보여 준다. 또 제대 군인으로 실업자 신세를 면치 못하는 경수, 영화배우가 되기를 꿈꾸는 경애의 모습도 당시 사회의 실제적인 모습을 보여 주며, 낡은 집을 지키고자 하는 최 노인과 자식들의 대립은 세대에 따른 가치관 충돌을 보여 준다. 당시의 사회상을 사실적으로 반영하면서, 강도가 되어 체포된 경수와 사기를 당해 스스로 목숨을 끊는 경애의 비극적 결말을 제시함으로써 전후 한국 사회의 불안한 시대상을 상징적으로 보여 준다.

|주제|

전후 근대화 과정에서 일어난 가족의 해체와 가치관의 변화

1 이 글은 무대 상연을 전제로 하는 희곡이다. 그러므로 장면을 전환하는 데 물리적 제약이 따른다. 장면 전환의 제약이 거의 없는 것은 시나리오이다.

|오답 풀이|

① 희곡은 무대 상연을 전제로 하는 문학 갈래이다.
③ 희곡의 형식 요소는 해설, 지시문, 대사이다.

④ 무대 상연을 전제로 하기 때문에, 무대 위에 등장하는 인물의 수에 제약을 받는다.
⑤ 희곡은 배우가 등장인물을 연기하며 사건을 재연한다는 특성을 지니므로, 희곡 속 사건은 인물의 대사와 행동을 통해 전개된다.

2 최신식 고층 빌딩 사이에 있는 낡은 기와집은 최 노인의 집으로, 무대 해설을 통해 낡은 기와집처럼 근대화에 적응하지 못하는 최 노인의 상황을 암시하고 있다.

|오답 풀이|

① 고층 빌딩은 현대화되는 사회 현실을 보여 주는 것으로, 최 노인의 신분과는 관련이 없다.
② 햇볕이 들지 않는 낡은 기와집은 음습하고 음울한 최 노인 집안의 분위기를 보여 준다. 또 최 노인은 집에 애착을 갖고 있어 이사를 원하지 않고 있다.
③ 오랜 풍상을 겪은 낡은 기와집은 최 노인이 그 집을 오랫동안 지켜왔음을 보여 준다. 전통 있는 명문 집안이라는 것과는 직접적인 관련성이 없다.
④ 번화한 상가는 낡은 기와집과 대비되는 장소일 뿐, 최 노인의 부유함을 보여 주지는 못한다. 또 최 노인은 낡은 기와집에 살고 있으므로 부유하다고 보기도 어렵다.

3 ①, ②, ④, ⑤는 모두 속담으로 관용구에 해당하며, 특정한 상황이나 대상의 유사성을 바탕으로 과거로부터 이어져 내려오는 표현을 활용한 것이다. 이러한 표현 방식을 풍유법이라고 한다. 그러나 ③의 '절간같이 조용하다'는 직유법이 쓰인 표현으로, 절간의 조용함에 빗대어 대상이나 상황이 매우 조용한 상태임을 표현하고 있다.

|오답 풀이|

① 엎드려 절받기: 상대편은 마음에 없는데 자기 스스로 요구하여 대접을 받는 경우를 비유적으로 이르는 말이다.
② 집도 절도 없다: 가진 집이나 재산도 없이 여기저기 떠돌아다닌다는 말이다.
④ 절에 가서 젓국 달라 한다: 사람 또는 물건 따위가 있을 수 없는 데에 가서 엉뚱하게 그것을 찾는 경우를 비유적으로 이르는 말이다.
⑤ 절에 가면 중노릇하고 싶다: 일정한 주견이 없이 남이 하는 일을 보면 덮어놓고 따르려고 하는 경우를 비유적으로 이르는 말이다.

4 허리가 불편한 어머니를 걱정하는 모습에서 부모에 대한 경운의 효심을 엿볼 수 있다.

|오답 풀이|

② 동생인 경재에게 '깍쟁이'라고는 하지만 동생을 미워하는 마음으로 말한 것은 아니다.
③ 허리가 불편하여 고생하는 어머니에게 관심을 드러내고, 집안의 경제를 책임지는 모습으로 보아 경운이 가족들에게 무관심하다고 보기는 어렵다.
④ 아버지인 최 노인이 고집스럽기는 하지만, 경운이 그것에 분노하는 모습은 드러나 있지 않다.
⑤ 경운이 집안의 어려움을 일부러 모른 척하는 모습은 나타나지 않는다. 오히려 '우리의 재무 장관인 작은누나'라는 경재의 말로 미루어 볼 때 경운은 집안 경제를 꾸려 가고 있음을 알 수 있다.

5 최 노인과 어머니는 오래전부터 알고 지내온 집인데다가 최선을 다해 주기 때문에 강 약방의 처방이 좋다고 생각한다. 이는 오래된 것에 대한 믿음이 바탕에 깔려 있는 것이다. 따라서 과거 지향적인 가치관을 지녔다고 볼 수 있다.

| 오답 풀이 |

① 친구의 처방이기 때문에 무조건 신뢰하는 것이 아니라, 오래전부터 다닌 곳의 처방이기 때문에 경험적으로 믿는 것이다. 또 친구의 처방이라고 무조건 신뢰한다면 합리적이 아니라 비합리적이라고 볼 수 있다.

② 고약을 붙인 것만을 근거로 한약이나 양약 중 어느 것을 더 신뢰한다고 판단하기는 어렵다. 또 서구 지향적인 가치관을 지녔다고 보기도 어렵다.

③ 고약을 붙이면 무조건 낫는다고 믿는 것이 아니라, 오래전부터 다닌 강 약방의 처방이기 때문에 신뢰하는 것이다.

⑤ 어머니는 허리가 아파 고약을 붙였으므로 약을 쓰지 않고 회복하려 한다고 보기는 어렵다.

6 최 노인은 전통적 가치관을 지닌 인물로, 이러한 까닭에서 집을 팔기를 꺼리며 낡은 기와집에서 살아가고 있다. 그러므로 높은 빌딩 사이에서 살아가는 삶을 운명으로 받아들였다고 보기는 어렵다.

| 오답 풀이 |

① 높은 빌딩을 보고 '말세'라고 했기 때문에 빌딩이 상징하는 사회적 변화를 부정적으로 생각한다고 볼 수 있다.

③ 최 노인은 빌딩 탓에 햇볕을 보지 못해 화초와 고추 모 등이 자라지 못한다고 생각하며 이웃을 생각하지 않는 현대인들에 대해 '말세'라고 말하면서 분노하고 있다.

④ 최 노인이 지금의 세상을 '말세'라고 표현했으므로, 최 노인은 최근의 변화로 도덕, 풍속 등이 쇠퇴하여 끝판이 된 세상이 될 거라고 생각하고 있음을 알 수 있다.

⑤ 최 노인은 '이러다간 땅에서 풀도 안 나는 세상이 될 게다!'라고 안타까워하는데, 이는 앞으로 세상이 '불모지'가 될지도 모른다는 불안감의 표현이라고 볼 수 있다.

7 최 노인은 군대를 다녀왔음에도 불구하고 취직을 하지 않고 놀고 있는 아들 경수를 못마땅해한다.

| 오답 풀이 |

② 아들은 이미 군대를 다녀왔다.

③, ⑤ 딸인 경운이 버는 돈으로 가족들이 생계를 이어 나가고 있다.

④ 아들이 최 노인의 가업을 잇지 않으려고 하는지 여부는 드러나 있지 않다.

8 윗사람의 단점을 은근히 꼬집고 있는 것은 경운이다. 경운은 경애가 연기력이 없음을 은근히 꼬집고 있다.

| 오답 풀이 |

② 연기력보다는 용모가 중요하다고 말하는 부분을 통해 알 수 있다.

③ 시집을 가라는 어머니의 말에 '시시하게 시집이 다 뭐요? 전 시집 안 가요!'라고 말하는 것을 통해 알 수 있다.

④ 최신식 미제 면사포를 사 오겠다는 경애의 말에 아버지인 최 노인은 전혀 믿지 않는다는 표현을 하고 있다.

⑤ 심사 위원과 미리 언약이 되어 있다는 말을 웃음을 지으며 하고 있는 것으로 보아 알 수 있다.

9 〈보기〉에서 1950년대는 구세대는 쇠퇴해 가고, 신세대도 성공의 기회를 갖지 못했다고 하였다. 따라서 이 글의 제목인 '불모지'는 낡은 기와집에 살며 현실 변화에 적응하지 못하는 최 노인과 불완전하고 불안한 삶을 사는 자식들의 모습을 통해 구세대와 신세대 모두 고통을 겪는 상황을 상징하는 것이라고 할 수 있다.

빠작ON⁺

빠작온플러스와 함께 독해력 플러스!

빠작ON⁺는
빠작 중학 국어(비문학 독해, 문학 독해)에서
제공되는 온라인 학습 서비스입니다!

온라인 학습 콘텐츠

빠른 채점	지문/작품 해제	배경지식 영상	추가 어휘 퀴즈	학습 이력 관리

내신과 수능의 빠른시작!
중학 국어 빠작 시리즈

비문학 독해 0~3단계

독해력과 어휘력을
함께 키우는
독해 기본서

문학 독해 1~3단계

필수 작품을 통해
문학 독해력을 기르는
독해 기본서

빠작ON⁺와 함께
독해력 플러스!

문학X비문학 독해 1~3단계

문학 독해력과
비문학 독해력을 함께 키우는
독해 기본서

고전 문학 독해

필수 작품을 통해
고전 문학 독해력을 기르는
독해 기본서

어휘 1~3단계

내신과 수능의
기초를 마련하는
중학 어휘 기본서

한자 어휘

중학 국어 필수 어휘를
배우는 한자 어휘 기본서

서술형 쓰기

유형으로 익히는
실전 TIP 중심의
서술형 실전서

첫 문법

중학 국어 문법을
쉽게 익히는 문법 입문서

문법

풍부한 문제로 문법 개념을
정리하는 문법서